20世纪佛学经典文库

十力语要初续

麻天祥　主编

熊十力　著

中原出版传媒集团
大地传媒
大象出版社
·郑州·

图书在版编目（CIP）数据

十力语要初续／熊十力著．——郑州：大象出版社，2017.4
（20世纪佛学经典文库）
ISBN 978-7-5347-9179-6

Ⅰ.①十… Ⅱ.①熊… Ⅲ.①熊十力（1885—1968）—哲学思想—文集 Ⅳ.①B261.5-53

中国版本图书馆 CIP 数据核字（2017）第 039919 号

20世纪佛学经典文库

十力语要初续

SHILI YUYAO CHUXU

熊十力　著

出 版 人	王刘纯
策划编辑	卢海山　王大卫
责任编辑	王曼青
责任校对	牛志远
封面设计	张　帆

出版发行　大象出版社（郑州市开元路16号　邮政编码450044）
　　　　　　发行科　0371-63863551　总编室　0371-65597936
网　　址　www.daxiang.cn
印　　刷　北京汇林印务有限公司
经　　销　各地新华书店经销
开　　本　787mm×1092mm　1/16
印　　张　15.75
字　　数　172千字
版　　次　2017年8月第1版　2017年8月第1次印刷
定　　价　32.00元

若发现印、装质量问题，影响阅读，请与承印厂联系调换。
印厂地址　北京市大兴区黄村镇南六环磁各庄立交桥南200米（中轴路东侧）
邮政编码　102600　　　　电话　010-61264834

科学与理性的佛学百年(代序)

佛教自传入中国至今已有 2000 余年,作为制度化的宗教,在组织上蓬勃发展,在思想理论上的诠释也层出不穷,尤其自宋以后,佛教文化的渗透无所不在。思想家游走于儒、释之间,士大夫玩习庄、禅,风流余泽,丰富了每个时代的精神风貌。虽然佛教作为一种制度化的宗教,同样需要坚固信仰以凝结教团而求其发展,对觉悟的追求异化为对十方诸佛的顶礼膜拜,而求福田和瑞应,但是佛教毕竟以"觉悟"为终极追求,表现了高度理性思辨的哲学特征。初传与鼎盛时期,中国思想家也多在佛门,至少同佛门有着割不断的思想上的纠葛;西行求法,也不同于基督教、伊斯兰教礼拜耶路撒冷、麦加,而在于学问。正因为如此,近代思想家一再强调,"佛教乃智信而非迷信",佛教思想的广泛渗透也导致其自身由缁衣而流入居士学者之间。至 20 世纪,以科学、理性为显著学术特征的知识分子,公然与往圣大德同气相求,而研究佛学。他们弄潮涛头,以"为往圣继绝学"为使命,以科学和理性的学术精神,考校史迹,辨析源流,厘正文献,梳寻义理,"同情理解,广搜精求",续佛慧命。显而易见,近百年的佛教研究是建立在历史和逻辑相结合的基础上的现代科学和现代文明,佛教哲学、史学、文学、艺术等也就堂而皇之地登上"赛先生"的讲台,作为系统的学术思想也在百年的科学领域焕发异彩。这是佛教文化理性的百年,是佛学科学研究的百年!

17 世纪,整个西方文明在文艺复兴运动的基础上,以欧洲为中心,孕育而成一股工业革命的浪潮。新兴的资产阶级作为一种社会力量登上了历史舞台,把一切封建的、宗法的、田园诗般的社会关系荡涤殆尽。它日甚一日地消除生产资料、财富和人口的分散状态,使物质文明突飞猛进地膨胀和发展,思想学术也变成了公共产品,而表现为多元并存的状态和世界化的趋势。然而,曾经辉煌、具有悠久历史文明的中华帝国却又上演了一出朝代更迭的"易姓革命",直到 18 世纪初,虽然历经了鲜花着锦、烈火烹油的康乾盛世,但在多元化和世界化文化的大潮中再也不能维系其自诩为天朝上国的封闭格局,而呈现出每况愈下的末世光景。值得庆幸的是,封闭的精英集团早已不满足于这种封闭的格局和封闭的文化,尤其当以扩张为主要特征的西方殖民主义文化及其赖以发生的资本主义生产方式借鸦片和坚船利炮撞开中国的封闭之门时,他们痛定思痛,幡然醒悟于歌舞升平、妄自尊大的酣梦之中。传统的忧患意识、经邦济世的救世思想,使他们意识到不仅要"师夷长技以制夷",尤其要"用宗教发起信心""用国粹增进国民道德",借以救亡图存;在学术上,对西方文化的挑战,以及文化多元化、世界化的趋势,应以理性的思维和科学的方法给予全面的、积极的回应。原本外来的、向全人类开放的、以救世为己任的佛教文化,在这千古未有的变局中,更是捷足先登,脱颖而出,从哲学、史学、语言文字、翻译和比较文化等学术领域给予佛教文化全面的整合,与以儒家思想为代表的传统文化、科学民主的西方文明成鼎足之势。由晚清伏流到民国时期全面复兴的中国百年佛学,以新的姿容彪炳于世,继往开来。

多元与整合

佛教传入中国,与儒、道传统文化拒斥、渗透、融合,集数百年之英华,至隋唐完成自身中国化的过程,不仅形成了天台、华严、法相、禅、净等分宗并弘的寺僧佛教与寺僧佛学,而且援孔、孟、老、庄入佛,把觉悟的终极追求转向人的心性问题的探究,超越一切、普度众生的心外佛,一变而为人心本具、"心佛众生三无差别"的心内佛,外在的超越转向内在的超越,实现了中国佛教的第一次革命。宋元以降,经历了鼎盛时期的中国佛教,思想理论的发展已臻极致,佛门的清规戒律、世俗的逻辑思辨留在了彼岸,清通简约、直接明快的方法也发挥殆尽,关注的目标也就转向整个社会。佛教重铸了华夏民族的人生哲学,丰富了传统哲学的理性思维,陶冶了文人学者的审美观念。特别是禅宗直觉体悟、凝思寂虑、超二元对立的非理性、非逻辑的思维方式,物我两忘的精神境界,随缘任运的生活态度,淡泊自在、亦庄亦谐的审美情趣,直接影响了整个知识阶层并向社会全面渗透,日复一日地积淀在中国文化的各个层面,以中国传统文化的一个组成部分面向世界,继往开来。佛门香火鼎盛,禅风炽如烈火,理论上虽无新的建树,方法上却花样翻新,从而把佛家义理推向"窄而深"的发展方向。简易直接的方法一变而为神秘主义,斗弄机锋,绕路说禅,目标置换而趋向奇诡乖戾之途。尤其自百丈怀海创禅院清规以后,僧人尽洗云游乞食、不事劳作之习,既以寺产奠定了佛门发展的经济基础,同时进一步巩固了佛教制度化的组织形式。"朝参暮请"之礼,"集众作务"之法,"一日不作,一日不食"的律己精神和自食其力的住寺原则,虽然维护了佛教组织自身的独立,保持了与佛教传统大体一致的戒律,凸显了和合、民主乃至超世俗的追求,但寺产与宗门形成固定的所有关系,使原本追求解脱的释迦弟子难免为寺产所累,封建宗法的社会关系乘虚而入,寺院因此成生利之所,僧人也便自然而然、心安理得地处运筹之境,登利禄之场。也就是说,宋元以后的中国佛教,一方面肯定了自身参与世间活动的价值,另一方面却又不能不削弱伽蓝的超越和民主意识。它或超亡送死,与鬼为邻;或厌世逃禅,神道设教,也流入左道而成奇衰。诚如汤用彤所言,虽有宋初之奖励、元代之尊崇、明清诸帝对佛教的诱掖或逢迎,然则佛教精神非旧,寺僧多乏学力,宗风衰颓,隋唐时期教理昌明过于六朝的景象丧失殆尽,"破戒僧人"层出不穷。[①] 不过,佛教文化的全面渗透显而易见蔚成了士子学人研习佛典之风,佛学自然也就由缁衣而流入居士学者之间,佛教文化之花既烂漫于中华,也结成了华夏文明之果。当然,佛教思想的全面渗透及其导致的儒、释会通的思想整合,无疑强化了佛学的入世转向和参与精神。

19世纪末,国势陵夷,附庸风雅、浅斟低唱的宣政风流早已是明日黄花,威加海内、歌舞升平的康乾气象转瞬成过眼烟云。年少气盛之士无不疾首扼腕,倡言变法,以济时艰。然而,入清以来在严酷政治氛围禁锢中的传统文化,寻章摘句,成六经之奴婢;渐次输入的欧美文明,来源

[①] 汤用彤:《五代宋元明佛教事略》,《隋唐佛教史稿》,中华书局,1982年,第294页。

浅觳,且同民族心理格格而不相入,均不足以起衰振弊、承担救亡图存之重任。于此"学问饥荒"之时,思想界的有识之士,尤其是所谓新学家无不祈向佛学,欲冶中西、儒佛、新学旧学于一炉,以成"不中不西,即中即西"的新学问,从而使海蹈山埋、佯狂放荡、玄渺难测、凝思寂虑的佛学与当时社会思潮谐振,谱写出愤世嫉俗的慷慨悲歌。反观内照,以心性问题为中心,追求内在超越的佛学,"顿悟"而成关注国家兴亡、关注社会政治和人生问题的经世之学。历史上长期为僧团独家经理,且为释迦弟子终极追求、行为准则的中国佛学,率先走出封闭,索性由"山林"步入"闹市",上契无生,下教十善,源出佛典,饰以南华,既补传统心性学说和经世之学理性思维之不足,亦表现对社会无痕换骨的期盼。正所谓"佛法不在缁衣,而流入居士长者间"①,于是以居士、学者和寺僧三种不同形态的佛学,直接参与当时学术界古今中西文化之争,与传统、西学成鼎足之势。佛学的多元化,实际上标志着20世纪中国佛教与以往不同的多元发展的趋势。

可以这样说,在形式上,由单一的寺僧佛学衍化为居士、学者、寺僧佛学三种形态,呈多元发展之趋势,推动了近现代社会的变革;在思想内容上,超越回归参与,出世呼唤入世,高蹈佳遁、空灵幽隐一变而为回真向俗、救亡图存。如此世俗化的总体态势,显然植根于佛教理论上的系统整合,自然也就推进了中国哲学的革命。中国近百年的佛教和佛学,就是在多元发展和系统整合中,将晚清佛学的伏流汇聚而成系统的理性思维和科学思潮,在新的社会环境中与时俱进并走上复兴之路的。

毫无疑问,20世纪佛教的复兴,以及多元与整合的形式和内容,是

---

① 章太炎:《支那内学院缘起》,《近现代著名学者佛学文集·章太炎集》,中国社会科学出版社,1995年,第133页。

佛教顺应文化发展的总体趋势,按照时代的需要所进行的科学与理性的自我调适,而非与历史断裂的全面创新或重建。佛学的双相否定、双向价值取向、宗教社会功能的二律背反,同样为佛学百年的涉世精神奠定了理论基础。佛家追求超现实的觉悟,关注的却是"有漏皆苦"的芸芸众生及"如梦幻泡影"的现实社会;佛说"无常""无我",却又强调反求自心,不仅超越个体,而且寄心于与本体合一,包容一切、创造一切的主体意识;佛门"缘生"之理,假、空、中三观之论,以超二元对立的创造性思维,谈超时空、超世俗的无尽因果,同时公然取儒道心性之学、承负之说,宣扬善恶果报的行为准则及扬善惩恶的社会道德。它以人生为苦,对彼岸世界的向往,既是对社会、人生的否定,表现为遁世思想,又批判俗界,以济世度人为己任,熔铸了强烈的入世精神;既以"无明"否定人性,追求"觉悟"的佛性,再由佛性复归"本净"的人性,否定现世而趋向净土,并将净土置于现世;既以灰身灭志的绝世思想企求自我解脱,又以入世之激情,点燃觉悟,普度众生。正是如此系统的理性思维、八面玲珑的说理形式,为百年来的佛教提供了入世转向的理论基础,为佛教文化研究开拓了更为广阔的领域。

  佛门三宝,僧是宝中之宝。他们既是佛的继承人,又是法的载体和弘扬者,无论从哪个意义上讲,历史的还是现实的,思想的还是组织的,寺僧都是佛教和佛教文化的主体。然而,自宋以后,与佛教文化广泛渗透的同时,佛教组织迅速膨胀,僧之素质却良莠不齐,僧才摧萎,每况愈下,早已非六朝隋唐光景。入清以后,诸帝尊崇佛法,至乾隆十九年(1754),又通令取消官给度牒制,在社会上为出家大开方便之门。寺院也顺水推舟,滥剃度、滥传戒、滥住持,三滥不绝,寺僧既乏学力,又多破戒,半起白徒,何论经教?甚至以贩卖如来家业、侥取货利为常事。诚如敬安所言,"池无九品之花,园有三毒之草"①,佛教自身发展已成强弩之末。庙产兴学之风潮,豪强、军人对寺产之侵夺,犹如雪上加霜,使原本趋于衰颓的佛教,尤显出下世光景。如此,内部就衰,外部国势危殆,加之学术上避虚趋实之风,佛教也就非变革无以图存,非与时代潮流相结合无以求发展。于是僧宝也在千古未有的变局中,以复兴佛教为己任,在科学、理性和文化多元发展的态势中,借佛法净心、救世的道德理想和社会功能,实现对佛教度人济世思想的科学和系统的整合:

变成佛的超越追求,为成菩萨的救世精神;

融上求佛道的终极关怀于下化众生的实践理性之中;

对彼岸净土的关注反归人间净土的建设。

总之,20世纪的中国佛教与寺僧佛学同样以理性的思考,在自救的"救僧运动"中致全力于人间佛教的崛起,以回应西方文明的挑战和文化发展的科学趋势,表现出忧国忧民、救亡图存,全方位参与社会生活的社会意识和进取精神,以及鲜明的保教扶宗即"卫教"的特色。如太虚、虚云、敬安、印光、弘一、能海等,在佛教复兴和人间佛教建设方面各领风骚,影响及于今日而绵延不绝,对湮灭不传的法相宗繁难艰涩的名相分析也起到了推涛助浪的作用。

居士学者研习佛典,也是佛学理性化的推助力量。以金陵刻经处为中心的居士道场,独树一帜,桃李悉在,跻身弘扬佛法之前列,大有取代僧宝而为佛教文化主体的趋势。

居士佛学导源于雍乾年间,雍正以超等宗师自居,自号圆明居士,编撰语录,干预僧诤;至乾隆时彭绍升开其端绪,龚自珍、魏源受菩萨戒推波于前,杨文会"栖心内典","专以刻经弘法为事"而助浪于后,不仅今

---

① 敬安:《衡山清凉寺碑》,《八指头陀诗文集》,岳麓书社,1984年,第471页。

文经学家,包括康(有为)门弟子顶礼佛法,乃至治学严谨、以科学考据为长的社会精英,"凡有真信仰者率皈依文会","往往推挹佛教","殆无一不与佛学有关系"①。徐蔚如创北京刻经处于北方,在京城发起讲经会,1935年后,每晚讲经天津功德林。南杨北徐,遥相呼应,僧俗各界尊称之为华严二大师。杨门弟子欧阳竟无在金陵刻经处、祇洹精舍的基础上建支那内学院、法相大学,专弘玄奘之学;韩清净设三时学会于北京,亦倡导唯识。南欧北韩均以唯识学饮誉当时,但方法进路迥异。欧阳力主抉择,扼其大意;韩氏则穷究瑜伽,旁及十支,即所谓一本十支。另有蒋维乔显密兼备,首先于东南大学讲授佛学;刘洙源晚眈禅悦,创佛学社于成都,独领讲筵十余载。如此南北东西,性相禅净,交相辉映,蔚为居士佛教、居士佛学之大观。清末维新派、革命派思想家,以至民国时期的著名学者,如康有为、梁启超、谭嗣同、章太炎、杨度、熊十力、汤用彤、梁漱溟、周叔迦、朱芾煌及胡汉民、陈独秀等,也都公然为佛弟子而兼治佛学,促使专重信行的佛教跻身于并重知解的大雅之堂。居士佛教和居士佛学,刻经、兴学,而立足于"弘法",推动了近代佛教文化的长足发展。

　　普泛地讲,当时佛教学者多为居士,但他们与纯粹的居士不同,对佛学立足于求知而非基于信仰,是历史、理性的分析而非"结论后的研究",重在知解而非信行。不过,他们对佛学的知解也有两个不同的进路,即直接关涉人生、社会,重铸圣王人格的人生观,济世度人、救亡图存的通经致用之路与以历史、理性、考据、诠释佛教和佛教义理的探赜索隐之路。前者如康有为的佛教救世主义,梁启超的东方人生哲学,蔡元培的佛教护国论,杨度的逃禅,大多是从普遍的意义上彰显佛教陶冶心性

---

① 梁启超:《清代学术概论》,《梁启超全集》第十卷,北京出版社,1999年,第3105页。

的作用,突出表现为佛教对人生观和经世思想的影响;后者则是对佛教历史、哲学、语言文字的研究,而表现为纯粹理性的学术性格。

整个20世纪佛教之复兴,有得于寺僧以"卫教"为重心的人间佛教建设,有得于在家居士志在"弘法"的刻经兴学,更有得于思想家对佛教全面、深入的条分缕析。复兴的佛教,除涵育直面惨淡人生的参与精神外,原本重信行即修证型的佛教越来越趋向于知解。以求知、求真为不懈追求,在无涯的学海中长袖善舞的知识分子,也就祈向佛学,在汪洋恣肆的佛教历史、典籍中纵横捭阖,学者型的佛教应运而生。他们不仅重视佛法的思想内容和社会功能,而且着意于佛教的历史演变与文化的渗透和积淀,于是通经致用,探赜索隐,分途并进,表现出与前此以往任何时期不同的重知解的鲜明特征,使佛教登上了科学研究、现代化教育的大雅之堂。一位日本历史学家说,清末学者"公然为佛弟子以研究佛教者,实最近八十年以内所起之现象"①,一语道破独辟蹊径的学者型佛教但开风气的历史功勋。

中国学者,因传统文化的孕育,立身行事,素以天下为己任;立天地之心,立生民之命,继往圣之绝学,以开万世太平于当时,于是乎忧国、忧民、忧世间之苍生。与以往不同,清末民初,朝代更迭,"万代不易"的"家天下",超稳定的封闭结构——封建政体寿终正寝;西方文明进逼,多元文化兴起,打破了封闭地域的封闭文化,动摇了思想界传之数千年

---

① [日]稻叶君山:《清朝全史》第三册卷下二,中华书局,1931年,第65页。原文说公羊派多"公然为佛弟子以研究佛教",其实何止公羊派。

"经学一尊"的地位①。"姬、孔遗言,无复挽回之力,即理学亦不足以持世"②,现实世界的没落为新思想的诞生清扫出一块空旷之地,社会革命呼唤着哲学革命。于是,屡经丧乱的知识分子,逐渐由皓首穷经以经学形式论证王治问题,转向谈空说有的辩证思维,借形上之学探讨心性问题和经世理论,并在不同的学术领域以同情理解的态度,平情立言,钩深致远,为释氏之学广搜精求历史和实验的证据,推动了新时期佛教哲学、历史、语言文字多学科的发展及科学方法的建设。他们或以己意进退佛说,"六经注我",借佛家无常、无我即"空"的否定性思维浇胸中之块垒,于佛法中求世法:识心见性,独善其身,普度众生,兼善天下;或以系统理性思维诠释佛学,"我注六经",以三性、六尘、八识、缘生、因果、真如诸如此类佛家之范畴,以及有无之辨,宗、因、喻三支说法的因明逻辑,探求人的本质、人在社会自然中的位置、人的认识来源和借以实现认知过程的形式,由是建立以人为本位,以心识为本体,并从本体高度反观人生的新学问,即以佛学"淬厉其所本有而新之"③的新的世纪哲学。前者是"回真向俗",下教十善,后者乃"转俗成真",上契无生,皆以济学进而利生为特征,为复兴的百年佛学增添了异样的光彩。

寺僧、居士、学者不同形态的佛教与佛学,在中国近代佛教史上成鼎

---

① 详细内容参考拙著《中国近代学术史》第一章"绪论",第一节"封闭格局的解体与传统的嬗变",湖南师范大学出版社,2001年,第3~13页。

② 章太炎:《人无我论》,《章太炎全集》(四),上海人民出版社,1985年,第429页。

③ 梁启超:《新民说》,《饮冰室合集》第6册《饮冰室专集之四》,中华书局,1989年,第5页。

足之势,或重在"卫教",或志在弘法,或意在济学①,济思想革新之学。虽形式不同、重心不同,但皆以入世思想整合释尊之教,在发起信心、救亡图存的社会革命,以及淬砺本有、弃旧图新的哲学革命的社会思潮的洗礼中,以通经致用、探赜索隐两条道路复兴并通向未来。

趋向知解的多学科研究

佛说觉悟,或者直接说觉悟真如,与道家之"道"亦多雷同,也是不可说的形而上的超越追求。所以,法门强调"不立文字""说似一物即不中",尽管有"不离文字""说不可说"之论,表现宗教组织在社会实践中的二律背反,但突出的还是以心体道,识心成佛,倾向于非理性、非逻辑的直觉思维,而重在信仰和修持。20世纪,佛教不仅以入世整合释尊之教,而且由重信行的修证型佛教趋向重知解的研究型佛学。学者、居士皆以空有之说、心识之学、真伪之辨,游走僧俗之间,醉心三藏之中。释迦弟子亦步亦趋,修证与知解并重,在在以知解为觉悟真如及"卫教"的必由之路。他们同样以语言文字相高尚,诗词吟咏、义理词章、典籍考据,运斤成风,逞辩才于居士名流之间;即使闭关幽室,也不尽在修心,而热衷问学;并因与"庙产兴学"相抗,重言传、重知识、重理性的学校教育遍于江淮而风靡全国。佛学研究过于前朝,戒律、禅定相形见绌。简单地说,百年佛学重知而不重行,重学而不重修,是以学术研究光前裕后、载诸佛教史册的。

---

① 拙著《晚清佛学与近代社会思潮》等认为,重在卫教、弘法、利生为三者的不同,虽然立足佛学谈它们的重心,但确如同仁批评,似不严密。这里从佛教史上看,突出以佛学济世学,故与前说不尽相同。思想上的犬牙交错,致分类的捉襟见肘,也是其他著作(如《民国学案》)中的困惑。

如前所言，重知解的研究型佛学，分通经致用、探赜索隐两路并驾齐驱，从政治、伦理、心性等不同层面探索人与人、人与社会及人的终极关怀等问题。前者着重借佛教发起信心、纯化道德，以无我无畏、博施济众、为而不有、自强不息等崭新的佛儒结合的人生观，强化忧国忧民、救亡图存的忧患意识，打造自由平等的社会理想与政治制度，应当说是学以致用，故多以己意进退佛说，而表现儒释、中西多文化的吸纳与兼包并容，或者说杂糅。后者走的却是"学以求是，不在致用""有学无术"①的纯学术道路，而且是以现代的学术规范在历史、哲学、科学等学术领域高度理性的"我注佛经"之路。

不过，任何一种学术思想，虽然可以摆脱外在的偶然性，呈现逻辑的必然性，但是绝不可能离世或遗世而求独立存在和发展。它既是社会发展的超前觉悟，又是正在反思历史的时代精神。正如黑格尔所说，一定的文化形态，一定的哲学，与它基以实现的民族形态同在，与受这一特定原则支配的旧国家的没落、新国家的兴起同在。通俗地讲，当一个国家或民族由盛而衰，盛筵难再，也就是整个制度和文明濒临没落的时候，民族的心理结构将随着内在的追求与外在现实的裂痕与日俱增而发生改变，现有的生活方式、共同奉守的伦理道德和传统信仰因之动摇。一个思想上的破坏期出现之后，便是新思想的酝酿期，精神在空旷的学术领域中开始营建新的理想王国。正因为如此，历史研究总是借总结过去的经验确立此岸世界及现实社会的真理；既属于历史又服务于未来的哲学，则通过对实在界的反思，揭示非神圣形象异化的本质；17世纪以来突飞猛进的自然科学，不仅用作改造自然、丰富物质文明的工具，而且在

---

① 章太炎：《规新世纪》，《民报》第二十四号。这里的"术"意指应世之用，与治学方法截然不同。

不同程度上也为理论思维提供实验的证据。中国近代佛教也不例外,同样在新旧交替、千古未有的变局中与时俱进,以多学科的学术研究闪亮登场。

从哲学上说,佛教西来,与中国儒道传统相结合,以非空非有的辩证思维认识自然、认识社会、认识人生,并将觉悟真如、同登彼岸的超越追求向内积淀为即心是佛、心净则佛土净的心性之学。百年佛学虽然由超越转向参与,但在哲学上还是更多地表现了反观内心的超越性质,并用以建构以心识为本体的心性哲学。

20世纪的思想家,无论学者、居士还是寺僧,由于佛教无常无我、缘生实相、空有辩证思维,以及超二元对立、无差别境界的潜移默化,思想上倾向于对超越有限的终极问题的探索,倾向于将一切事物——自然的、社会的、人生的,即一切有为法,视作某种统一体,并消泯在人的心识之中,以实现个体、主体与本体合一,即神我合一的终极关怀。如此"借花献佛"的形而上思维,烘托出百年佛教哲学明心见性、反本为学,并重视认识论、方法论探究的显著特征。梁启超的佛教哲学研究虽然远不如其佛教历史、典籍研究贡献之大,但他同样强调,"欲使佛教普及于今代,非将其科学的精神力图发展不可。质言之,则当从认识论及心理学上发挥而已"①。梁氏此说应当是对上述特征的印证。远绍龚自珍晚年对天台法华心性论的初探而开启端绪,虽然他始终徘徊在"不可思议"的般若智慧门外;继而有谭嗣同冶科学、哲学、宗教于一炉,以禅之本心、华严真心、法相宗的阿赖耶识,旁征博引"天文、地舆、全体、心灵四

---

① 梁启超:《说大毗婆沙》,《饮冰室合集》第9册《饮冰室专集之六十四》,中华书局,1989年,第15页。

学"①,融会贯通孔、释、耶古今中外之理,建立以心为本体、反本体仁、多环状经世佛学的逻辑结构,着重论述心本体的态势、心与心力、仁、以太的关系,以及体用、道器各种范畴的外延与内涵,尽管它洋溢着浓厚的政治色彩和应世哲学的特征;直到20世纪初,以理性主义为基本性格的章太炎,"中遭忧患,而好治心之言"②,尤其强调"学"之目的在于求真、求是,虽然是向外追寻,确立佛家真如本体的本体论,但又突出"识"本自证、真如即识,进一步以"万法唯识"的方法论、以庄解佛的"齐物观",即以"心""识"奠定其法相唯识哲学的理论基础;熊十力则在他们的基础上,"依傍章太炎的学说"③,"评判佛家空有二宗大义,而折衷于《易》"④,同时征引西方哲学,突出"反本为学""反求实证"的创造性思维,用主体构建客体,并在新旧唯识的争论中建设其本心本体的"新唯识论"的哲学体系。章太炎的法相唯识哲学、熊十力本心本体的"新唯识论",应当说是百年佛教哲学研究的主线。还有梁启超的佛教心理学、比较哲学研究,严复的佛法不可思议说,也在这一领域或多或少地焕发出异样光彩。

就认识论、方法论而言,百年佛学偏重法相唯识学的钩深致远。毫无疑问,法相唯识宗义实在是比较纯粹的印度佛学,其种姓之说,思深义密、繁难艰涩的名相分析,偏重方法论探究的倾向,与以佛性为核心而且

---

① 谭嗣同:《仁学》卷上,《谭嗣同全集》,生活·读书·新知三联书店,1954年,第9页。

② 章太炎:《支那内学院缘起》,《近现代著名学者佛学文集·章太炎集》,中国社会科学出版社,1995年,第133页。

③ 巨赞:《评熊十力所著书》,《近现代著名学者佛学文集·巨赞集》,中国社会科学出版社,1995年,第369页。

④ 熊十力:《新唯识论》,中华书局,1985年,第240页。

日趋简易的中国佛教大相异趣,与传统文化心理亦多不合,故晚唐之后,禅宗日盛,法相益衰,而几至绝灭。近代科学思潮兴起,实证哲学、分析哲学风靡一时,学者心理为之一变,学术研究也弃空就实,而重客观考察。佛教界也一反禅宗束书不观之习,对精细的名相分析更是趋之若鹜。法相唯识学则大契其机,在哲学领域中如日中天。中国近代,法相宗虽然湮没无闻,唯识学却尽显风流。思想家不仅借以营造自己的哲学体系,诸如章太炎的法相唯识哲学、熊十力的新唯识论等,而且名僧、居士及德高望重的人文学者和科学家,对唯识学别开生面而作专门研究。前起杨仁山,后至吕秋逸的宁系居士,在北京创立三时学会的韩清净,与汉系的沙门弟子,以及佛教心理分析的梁启超,还有尤智表、王季同等,都是玄奘之学在近代复兴的有功之臣。欧阳竟无的唯识抉择、太虚的科学唯识说,显然也是佛学理性思潮的结晶。

因明学研究着重三支与三段论之比较,也占有一席之地。

中国佛教史研究也是近百年佛教复兴中新起之学科,是佛学的科学产品。追求超越、重视修证的释迦弟子素乏历史观念,佛门虽曾有僧传之类的历史文献,但在20世纪之前,绝无系统的中国佛教史著作。而且,僧传之类的资料中"往往以莫须有之史实为象征,发挥神妙之作用",如此神秘其说、自张其军,故真伪羼杂其间,史实与传说混为一谈,"中国佛教史未易言也"[1]。20世纪初,专重知解的研究型佛学日升月恒,新文化运动各壁垒中学深识广,四众弟子中博雅好古之士皆属意于佛教兴衰变迁之迹,对佛教输入、发展、转化、融合条分缕析,探赜索隐,推动了佛教历史研究的开展。他们或承乾嘉风流,钩稽靡密,从不同角

---

[1] 汤用彤:《汉魏两晋南北朝佛教史·跋》,《汤用彤全集》第一卷,河北人民出版社,2000年,第655页。

度考订佛教初传、兴起及宗派源流之佚事,辨识一经一典之真伪与成书年代;或以义理之学,界说不同时期佛教宗风变革及其由致。历史资料的去伪存真,与传统的考据之学相得益彰。在佛教与社会、与固有的本土文化关系,以及经典翻译的考察中,既总结过去的经验,以资现实参考,又为思想文化的积淀作出显著的贡献。于是,中国佛教史著作相继问世,佛学研究也在历史的考辨中于20世纪三四十年代蔚成显学。

其中有梁启超关于佛教初传、佛典翻译、西行求法、中国佛教的兴衰沿革,以及对中国天文、地理、历算、医药、语言文学影响的论文三十余篇。他确信佛法是"求得最大之自由解放而达人生最高之目的者"①,同时强调:"吾以为今后而欲昌明佛法者,其第一步当自历史的研究始。"②显而易见,佛教史研究也是他独善其身,进行文化自由创造和人格自我完善的心路历程。

蒋维乔取诸东籍,断之己意,拾遗补阙的《中国佛教史》可谓中国第一部系统佛教史作,其虽以日本学者境野哲《支那佛教史纲》为依据,有人甚至认为是抄袭之作,殊为不雅,但也不能否认其中有他自己的创见。他广泛搜罗官书及私家著述,往来南北寺观,集清代以后的佛教史料,据正、续《藏经》对《史纲》作了严格的校勘,"于其错误者改正之,缺略者补充之"③,在原有的框架上予以增益,因此可以说大部分为创作而非译作,尽管不如同时及日后的中国佛教史研究著作精详和影响之广。

---

① 梁启超:《佛陀时代及原始佛教教理纲要》,《饮冰室合集》第9册《饮冰室专集之五十四》,中华书局,1989年,第9页。
② 梁启超:《〈大乘起信论考证〉序》,《梁启超全集》第十三卷,北京出版社,1999年,第3897页。
③ 蒋维乔:《中国佛教史·凡例》,《民国丛书》(第一编),上海书店,1989年,第1页。

汤用彤,幼承庭训,早年留学哈佛,深受白璧德新人文主义的影响,系统接受了西方学术思想、方法之训练,博学多识,"于中印欧三方思想之同有造诣"①。于佛教,汤氏但开风气,首先采取宗教学和比较宗教学的方法,系统研究佛教在中国传播和演化的历史,通过佛教内外因素的分析与比较,重点突出了已经系统化、中国化的佛教,从政治到经济,从学术到民俗,普遍向中国各社会阶层广泛渗透。他的《汉魏两晋南北朝佛教史》、《隋唐佛教史稿》(包括《五代宋元明佛教事略》)及其他相关著作,以同情默应的心性体会,广搜精求、平情立言、多维比较的严谨方法,综合全史,多有创获,因而享有"价值至高的工具与导引"②之盛誉,时至今日,依然是治斯学之导引,而无超越其成就者。汤氏尽管对宋元以后佛教只作了提纲挈领的论述,但是他特别指出,隋唐以前追求发展与创新的历史使命已经完成,加之宗法思想的影响,佛门已非昔日光景,佛法由缁衣流入居士和学者之间也就成为历史的必然,而为后世治斯学者既塑造了一个典型的范式,也凿开了一条通向未来的小路。

黄忏华的佛教研究基本上沿袭宗门旧说,强调禅宗作为教外别传、不立文字的特点,即所谓"所重在宗通而不在说通,在证道而不在教道"③,所以,上起涅槃会上传无上正法,至达摩衣钵东来,而后以心传心,五世而至慧能,有南北二宗顿悟、渐修的对立。其下南岳、青原独繁衍于后世,终成五家七宗,虽然带有浓郁的宗通色彩,但也是以历史的眼光和文字的理性审视禅宗思想和佛教在中国的发展。

胡适以考证的方法还原禅宗历史,在禅学研究史上颇具振聋发聩的

---

① 钱穆:《忆锡予》,《燕园论学集》,北京大学出版社,1984年,第23页。
② Zurcher, *The Buddhist Conquest of China*, Lei den, 1959.
③ 黄忏华:《佛教各宗大意》,弥勒出版社,1983年,第358~359页。

作用。他把自己的研究作为一种新的看法,认为禅宗"是中国思想史、中国宗教史、佛教史上一个很伟大的运动"①。他指出禅宗上承印度瑜伽派哲学,而瑜伽的发展分两路并进:一方面致力于繁琐的"分析牛毛的把戏"而为唯识;另一方面"越变越简单",终于致使禅宗脱颖而出②。因此声明要"全部从头改写"③禅宗史。他说:"印度禅变成中国禅,非达摩亦非慧能,乃是道生!"④如此基于历史和理性的结论无疑更接近禅在中国传播的真实。

冯友兰着重从哲学发展的历史剖析禅宗。他强调:禅宗是一个改革运动,是由于"社会中的门阀士族的统治的崩溃,也引起了佛教中的门阀士族的统治的崩溃。代之而起的是一种新兴的僧侣,这就是禅宗的'祖师'们"。所以他说:"禅宗并不仅只是佛教和佛学中的一个宗派,而且是中国佛学发展的一个新阶段,第三阶段"⑤,是"超佛越祖之谈","严格地说,不是教'外'别传,而是教'上'别传。所谓上,就是超越的意思"⑥。与哲学家冯友兰不同,侯外庐则是从思想发展的脉络中看待禅宗的,他引用黄绾的话"宋儒之学,其入门皆由于禅",因而把"禅宗思想当作道学的先行形态",同时又着重从社会关系的变化中考察思想变化的依据。显而易见,在 20 世纪学术界前辈的思维领域,禅宗不只是禅

---

① 胡适:《禅学史的一个新看法》,《胡适文集》(12),北京大学出版社,1998 年,第 388 页。

② 胡适:《禅学古史考》,《胡适文集》(4),北京大学出版社,1998 年,第 225 页。

③ 胡适:《从整理国故到研究和尚》,《胡适文集》(1),北京大学出版社,1998 年,第 386 页。

④ 胡适:《中国禅学的发展》,《胡适文集》(12),北京大学出版社,1998 年,第 314 页。

⑤ 冯友兰:《三松堂全集》第九卷,河南人民出版社,2001 年,第 552、553 页。

⑥ 冯友兰:《三松堂全集》第九卷,河南人民出版社,2001 年,第 558 页。

宗,佛教也不只是佛教,而是中国传统文化的重要组成部分。

20世纪的僧侣,也在宗门可以接受的范围内,同样转向知解型的学术研究,其中印顺为出类拔萃者。他认为,佛教的中国化是一个递嬗方便演化的过程。保持印度禅性质的达摩禅,不断融摄牛头禅学,并由慧能开拓了中国化的道路,终至洪州,特别是石头门下,才完成了佛教文化的全面转化。从文化的地域性来看,以玄学为重心的江东正是牛头禅盛行不衰之地;从文化背景上分析,魏晋兴盛起来的佛教,"是与'以无为道本'的玄学相互呼应";由文化载体上推究,号称"东夏之达摩""博涉道书"的法融,学兼内外,不以闻思的义学为满足,而求禅心之自证,故易于产生会通般若与玄学的倾向。如此,以"因缘"为一贯,非本体论的佛教,一变而为"道本体"的老庄思想。佛教中国化的契机不仅在于牛头的玄学化,而且禅宗的形成即中国化了的佛教的产生,也由牛头开始并在与牛头禅更为接近的洪州、石头门下臻于完成。其后年轻而欲有所为的佛门弟子,也以学问僧为追求,传承佛教的历史,借以把佛教利世济人的思想推向新的阶段。

与哲学、历史研究并行不悖的是对佛教科学的比较研究与佛学的科学分析。其意在为佛教义理寻求实验的证据,以坚定佛教信仰,这既是科学思潮对佛教研究的影响,又是佛教对西方客观性研究的"宗教学"(Science of Religion)的回应,显然也是从新的角度认识佛教,作佛法起信的新的尝试。

近代佛教的科学研究虽然不绝如缕,毕竟收效甚微。学者中有谭嗣同的虚空、以太、脑气之比附;梁启超借现代心理学层层剖析佛家之"法",论证他那"境由心造"的哲学命题;蔡元培的蔬食主义对佛教慈爱、戒律、卫生、节用的肯定;还有建设人间佛教的太虚,也以有限的自然科学知识比较详细地论证佛法的科学性。至于尤智表、王季同关于佛教的科学研究,则是精于数理化工程技术的自然科学家欲在知识界普及佛法而进行的具有学术性质的探索。它们的内容虽然浅白,结构亦偏于支离,也有如胡适者,认为纯系牵强附会而予以否定,但不能否认佛教的科学研究在百年佛教史上的存在。其价值不在于说明了什么,而在于要做什么,在于它的科学的时代意义。

毫无疑问,20世纪佛学研究刚刚全面展开,接着而来的一个个"革命"又使得这一门方兴未艾的学科归于沉寂。所幸有任继愈"如凤毛麟角"的"谈佛学的文章"①,为20世纪80年代至今的佛学研究承前启后。佛学研究如今已是花团锦簇、硕果累累了。

上述重知解的倾向,或通经致用,或探赜索隐,并在哲学、历史、科学三个领域中全方位实现学术转向,其损益是显而易见的。虽然在教团内部也有视之为损的,比如东初的《中国近代佛教史》,但对此历史事实同样给予重量级的描述。如若一定说于佛教自身为损,那么,于中国乃至世界文化的发展则无疑是益。

总之,从逻辑框架上看,百年佛学呈现寺僧、居士、学者三种形态,分别以卫教、弘法、济学为重心,有知解、信行两种方法,通经致用、探赜索隐两条道路,深入在哲学、历史、科学三个领域。总的来说,知解重于信行,学理盛于教宗,也就是说,与僧团活动相比较,科学、理性的学术研究占据主要地位,故谓之科学、理性的佛学百年。这正反映了宗教和制度化宗教思想发展的方向。

人生不满百,常怀千岁忧,可以说是"生也有涯,而知也无涯"。"殆"也好,不"殆"也罢,事实上人类一直都在"以有涯随无涯",即以有限的生命不断地追寻、获取无限的知识。人类就是在知识的不断积累中

---

① 毛泽东同志1963年12月30日关于宗教研究问题的批示。

日益前进的。佛学研究也是如此——前有古人,后有来者,过去的百年承前启后,开辟了佛学的新纪元;温故知新,光前裕后,则是我们的责任。余谓之"20世纪佛学经典文库"以作累土,计划集结20世纪国内外所有佛学研究经典相继出版。然涉及著作权、版权诸多细事,唯有权宜行事,并请学界前辈、海内外朋友指正和帮助。

麻天祥

2008年5月30日整理于珞珈

目 录

卷头语	/1
与人谈易	/2
答杜生	/3
略谈新论要旨	/5
与美国柏特教授	/11
与人论关尹与老子	/13
纪念北京大学五十年并为林宰平祝嘏	/14
答王星贤	/21
答徐见心	/22
答某生	/25
答某生	/25
答徐令宣	/26

答牟宗三 /28

答郦君 /28

与池际安 /29

命仲女承二姓记 /31

与次女仲光 /32

漆园记 /33

与友人 /34

答仲光 /35

与王伯尹 /35

与朱生 /36

答敖均生 /37

仲光记 /38

答谢幼伟 /39

答徐复观 /41

答某生 /42

仲光记 /45

新论平章儒佛诸大问题之申述 /46

与冯君谈佛家种子义 /140

与林宰平 /143

仲光记 /145

与友人 /146

与某生 /147

与李生 /148

与友人 /149

与林宰平 /150

与林宰平	/152
仲光记	/153
仲光记语	/155
仲光记语之二	/158
答唐生	/163
答杨钧	/167

附：困学记　熊池生仲光　撰

自序	/171
成论四大要领	/171
主宰义	/175
五蕴与八识及种子义	/176
法相宗种子义	/200
阅张稷若学案	/200
邵子观物	/206
读胡石庄学案	/206
赖耶与下意识	/208
种子古义与无著、世亲唯识义	/209
先儒禅境	/211
郭善邻	/213
陈白沙先生纪念	/214
释显扬论法与法空俱非有无	/217

卷头语

及门诸子旧辑有《十力语要》四卷,三十六年鄂省印一千部。昨年栖止杭州,次女仲光又辑《语要初续》一卷。余已衰年,而际明夷之运,怀老聃绝学之忧,有罗什哀鸾之感,间不得已而有语,其谁肯闻之而不拒?奚以存为?客曰:先生语语自真实心中流出,不俟解于人而人其能亡失此心乎?姑存之以有待可也。余笑颔之。己丑一月十五日漆园老人识。

与人谈易

吾少误革命，未尝学问。三十左右，感世变益剧，哀思人类，乃复深穷万化之原，默识生人之性，究观万物之变。盖常博考华梵先哲玄文。而一归于己之所实参冥会，虽复学无常师，而大旨卒与儒家为近。平生学在《新论》，推原《大易》，陶甄百氏，所以挽耽空溺寂之颓流者，用意尤深也。儒学有六经而《易》为其原，汉儒相传如此。窃玩《易》之蕴，盖深于数理，夫数立于虚而相待相含以成变。《易》每卦三爻，由初而二而三，然则初于何而著？其有始乎、无始乎？曰初所由始，不可致诘，其冲虚无朕，而《易》之所谓太极者乎？言冲虚，则与空虚异。空虚即无有，冲虚非无有也，但以无形无相而名冲虚耳。太极本无定在，无在而无不在。然群爻皆太极之显，即群爻统体一太极，一爻各具一太极也。盖太极冲虚而含万有，此中含者，言其潜具种种可能。则初于此始，故曰数立于虚。有初则有二，有二即有三，自斯以往而万有不齐之数，不可胜穷，要皆不越奇偶二数之变。《易》以《乾》《坤》为万变之基数。乾阳，奇数也；坤阴，偶数也。三百八十四爻，皆奇偶二数之变动为之。故《系传》曰"《乾》《坤》，《易》之门"，言其为万物之所从出。奇偶二数相待而亦互相含，举奇数即有偶数，举偶数已有奇数，故是互相含，非可截然离异。由奇偶演为众多数，悉循相待互含之则，故曰相待相含以成变也。大哉互含义！一微尘摄三千大千世界，三千大千世界入一微尘，此乃实理，非故作玄谈，以是观物而众妙之门可睹矣。互含故无尽，数之演至于零，极于无穷小，明无尽也，六十四卦终于《未济》以此；使《易》以《既济》终，则大化有止境，是尽也。推此义也，衰者盛之胎，相含故。死者生之始。自大化言，无死即无生。庄生云"方生方死，方死方生"，是彻了语。吾侪丁衰世，哀而不伤可也。《易》道广大悉备,其于数理尤深。吾平生不通数学,深以为憾。今年力就衰,无复可言;唯于《大易》潜玩数理,虽少所获,而已有深味。向者国人盛称英儒罗素氏数理哲学,余览时贤译述及从人询其概略,似不外解析关系,其于万化大原盖全不涉及。《易》之数理,上穷化源而下详物理人事,其以爻变明事物由互相关联而有,亦复变动不居,精诣绝伦!惜乎今之学子以其为吾数千年前旧物,莫有措意!上哲证真之言,无时空之限,学者宜知。吾国数学发达最早,其所造当不浅。秦政一统,民各锢于穷乡僻壤,无向时列国交通与竞争之益,百家之学日以废绝,数学典籍高深者,想秦汉之际已无人传习,而散亡殆尽矣。古代数学重大发明,究有几许,今日已不可详。昔人有言,八卦与《九章》相表里,故治《易》者须通数。然精数学者又不必长于搜玄以穷性命之蕴也。

答杜生

来函云:《十力语要》卷一第五页有云,如说窗前有一棵树,这一棵树正吾人意计中是与其他底东西分离而固定的,这样分离而固定的东西决不是事物底本相,只是吾人意计中一种执著的心相而已云云。此"心相"二字何解?吾人日常所见各各互相分离而固定的物事,如一棵树等,如何说是一种执著的心相?愿闻其义。

答曰:心相者,心上所现之相曰心相。此相非实有,但是意识上现似某种物相而执著为有,故云一种执著的心相。吾子所由致疑者,正以一向妄执有各个固定的物事耳。今试就一棵树言,汝以为实有此物乎?吾且问汝:汝眼识但见青等色,何曾见有一棵树?汝耳识但闻声,何曾闻得一棵树?乃至汝身识但触坚,何曾触得一棵树?若夫综合色、声乃至坚等,而计为与他物分离而很固定的一棵树,则是意识虚妄分别所组成而继执为实有如是物耳。故此一棵树相纯是一种执著的心相,元非离心实有,此事甚明。一棵树如是,余物可准知。若汝犹有疑者,吾更问汝:由科学家言,汝所计一棵树,彼说为一堆原子电子,而一棵树果何有乎？又复当知谈原子电子者至波动说,则质的观念根本打消,物质的小颗粒已不存在,尚何有于一棵树乎？又波动之说犹复着相,哲学于此当更遣之。故吾《新论》于宇宙论方面,直明大用流行。学者脱然超悟,当了吾人在日用宇宙中所见各个固定的物事都如捏目生华、竟无所有,非独一棵树如是,三千大千世界乃至吾身汝身,无不如是。唯依妄心,妄有所执而已。如其照破妄心而真心显发,亦不妨施设有一一物事,然以无妄执故,即皆见为大用流行,亦云天理流行。即用显体,故云。至此,则欲贪俱尽,攻取都亡,唯有天地万物同体之爱油然不容已,孔之仁、佛之悲是也。此超理智境界。

来函云:《十力语要》卷一第七页答刘生后一则,有"真实流"一词,似费解。又有云:俗所见为每一器之现,只是一真实流之过程中之一节序,而甲乙等等节序相互间莫不有则云云。亦不甚了。

答曰:本体显为大用流行,譬如大海水显为众沤,参看《新论》卷上《明宗》章及卷中后记。从众沤言,其起灭腾跃而不住,浑是一大流,吾所谓大用流行者,可由此譬而悟。然复当知,大用既是本体之显,即非虚妄,故名真实流。章太炎以儒者天命流行拟之佛氏赖耶生相,正未了此。真实之流超越时空,本不应置"过程"一词,而言过程者,随顺俗谛安立众器故。众器犹言宇宙万象或万物。节序者,节目省云节,秩序省云序,俗所谓每一器之现即是大流中一段节目,亦是自成秩序的,故云节序。此一段节序与其互相关联的许多节序之间,都不是紊乱的,故云莫不有则。全宇宙只是秩然众理灿著。《书》言天叙天秩,极有义味。天者,自然义。

略谈新论要旨

（答牟宗三）

《新论》《新唯识论》之省称。一书，不得已而作，未堪忽略。中国自秦政夷六国而为郡县、定帝制之局，思想界自是始凝滞。参考《读经示要》第二讲。典午胡祸至惨，印度佛教乘机侵入，中国人失其固有也久矣。两宋诸大师奋起，始提出尧舜至孔孟之道统，令人自求心性之地，于是始知有数千年道统之传而不惑于出世之教，又皆知中夏之贵于夷狄、人道之远于禽兽，此两宋诸大师之功也。然其道嫌不广，敬慎于人伦日用之际甚是，而过于拘束便非。其流则模拟前贤行迹，循途守辙，甚少开拓气象。

逮有明阳明先生兴，始揭出良知，令人掘发其内在无尽宝藏一直扩充去。自本自根，自信自肯，自发自辟，大洒脱，大自由，可谓理性大解放时期。理性即是良知之发用。程朱未竟之功，至阳明而始著，此阳明之伟大也。然阳明说《大学》格物，力反朱子，其工夫毕竟偏重向里，而外扩终嫌不足。晚明王、顾、颜、黄诸子兴，始有补救之绩，值国亡而遽斩其绪。

今当衰危之运，欧化侵凌，吾固有精神荡然泯绝，人习于自卑、自暴、自弃，一切向外剽窃而无以自树。《新论》固不得不出。是书广大悉备，略言其要：一、归本性智，仍申阳明之旨，但阳明究是二氏之成分过多，故其后学走入狂禅去。《新论》谈本体，则于空寂而识生化之神，于虚静而见刚健之德，此其融二氏于《大易》而扶造化之藏、立斯人之极也。若只言生化与刚健，恐如西洋生命论者，其言生之冲动与佛家唯识宗说赖耶生相恒转如暴流、直认取习气为生源者，同一错误。赖耶生相，参考《佛家名相通释》。若如东方释与道之只证寂静,却不悟本体元是寂而生生、静而健动,却不悟,至此为句。则将溺寂滞静而有反人生之倾向,如佛。至少亦流于颓靡。如老庄之下流。《新论》所资至博,非拘于某一家派之见。所证会独深远,其视阳明不免杂二氏者,根柢迥异。夫寂者,无昏扰义,非枯寂之寂。故寂而生生也;静者,无嚣乱义,非如物体静止之谓。故静而健动也。是故达天德而立人极者,莫如《新论》。天者,本体之目,非谓神帝;德者,德性及德用。天德,谓本体具无量德,而寂静与生化或刚健等德,则举要言之耳。佛老只见为寂静而未证生生不息之健,则非深达天德之全也,宋明儒以主静立人极,犹近二氏。人道继天,继天,谓实现本体之德用。在继其生生不息之健、富有日新而不已也,若止于守静趣寂,人道其将穷乎?

二、《新论》归于超知而实非反知。《明宗》章曰:今造此论,为欲悟诸究玄学者,令知一切物的本体非是离自心外在境界及非知识所行境界,唯是反求实证相应故云云。《新论》本为发明体有而作,理智思辨不可亲得本体,故云非知识所行境界。证者,即本体之炯然自识,唯本体呈露方得有此,故云唯反求实证相应。此但约证量之范围而言其非知识所及,证量者,证得本体故名。此义详谈,当在量论。实非一往反知。而读者每不察,辄疑《新论》为反知主义,此则不审《新论》立言自有分际而误起猜疑;或由《量论》尚未作,读者不深悉吾思想之完整体系,其猜疑无足怪。《新论·明心下》卷下之二第九章,丛书本一四页右。云:性智全泯外缘,性智,即目本体。亲冥自性。亲冥者,谓性智反观自体而自了自见,所谓内证离言是也。盖此能证即是所证,而实无能所可分,故是照体独立、回超物表。此中所言,即证量境界,亦即超知之诣,斯时智不外缘,独立无匹。易言之,即是真体呈露、夐然绝待,佛氏所谓非寻思境界,即非智识安足处所,正谓此也。又曰:明解,缘虑事物。明解,即性智之发用。此发用现起时,即以所缘虑之事物为外境,所谓外缘是也。"事物"一词,不唯有形之事物,即如思量义理时,此时心上现似所思之相,亦得名事物。明征定保,必止于符。言其解析众理,必举征验而有符应。先难后获,必戒于偷。知周万物而未尝逐物,世疑圣人但务内照而遗物弃知,是乃妄测。设谓圣人之知亦犹夫未见性人之凿以为知也,则夏虫不可与语冰矣。凿者穿凿。刻意求人而不顺物之理;又乃矜其私智,求通乎物而未免殉于物也。圣人之知不如此。此明性智之发用,缘虑事物而成知识,是乃妙用自然,不容遏绝者也。《语要》卷三谈《大学》格物有云:若老庄之反知主义,将守其孤明而不与天地万物相流通,是障遏良知之大用,不可以为道也。良知,即《新论》所云性智。故经言"致知在格物",正显良知体万物而流通无阂之妙。格者,量度义。良知之明周运乎事事物物而量度之,以悉得其有则而不可乱者,此是良知推扩不容已,而未可遏绝者也。余于《大学》格物,不取阳明,而取朱子,此即不主反知之明证。《语要》卷二答任继愈有云:向来以尊德性、道问学为朱陆异同。中略。佛家有宗与教之分,教则以道问学为入手工夫,宗则以尊德性为入手工夫。西洋哲学家有任理智思辨即注重知识者,亦有反知而尚直觉者,其致力处虽与陆王不可比附,要之,哲学家之路向常不一致。而尚直觉者,虽未能反诸德性上之自诚自明,要其稍有向里的意思,则与陆子若相近也;注意"若相近"三字。重知识者,比吾前儒道问学之方法更精密,然朱子在其即物穷理之一种意义上,亦若与西洋哲学遥契。人类思想大致不甚相远,所贵察其异而能会其通也。哲学家路向略分反知与否之二种,殆为中外古今所同。《新论》本主融通,非偏于一路向者。学问之功始终不可废思辨,是未尝反知也。学必归于证量,游于无待,证量,即真体呈露,故无待。则不待反知而毕竟超知矣。夫学至于超知,则智体湛寂而大用繁兴,所谓无知而无不知是也。《新论》附录与张君有曰:吾生平主张哲学须归于证;求证必由修养,此东圣血脉也。然学者当未至证的境地时,其于宇宙人生根本问题,有触而求解决,必不能不极用思辨。思辨之极而终感与道为二也,则乃反求诸己而慎修以体之、涵养以发之,始知万化根源无须外觅。宋人小词云"众里寻他千百度,回头蓦见那人正在灯火阑珊处",正谓此也。又曰:玄学者,始乎理智思辨,终于超理智思辨而归乎返己内证;及乎证矣,仍不废思辨。但证以后之思思辨,省云思,后仿此。与未证以前之思自不同。孟子曰"如智者,若禹之行水也,行其所无事也",为证后之思言也。又曰:玄学亦名哲学,是固始于思,极于证,证而仍不废思;亦可说资于理智思辨而必本之修养以达于智体呈露,即超过理智思辨境界而终亦不遗理智思辨;亦可云此学为思辨与修养交尽之学。又曰:若其只务修养者,喜超悟,厌支离,即在上贤脱然大澈,向下更有事在。其本之一原而显为万事万物者,律则井然,岂得谓一澈其源便无事于斯乎?征事辨物之知,要有致曲一段功夫,致曲,即分析与推求等方法。非可凭一澈而尽悉也。澈,只是洞识万化之源。灼然证得自家与天地万物同体之真际。譬如高飞绝顶,其下千径万壑未曾周历,终不能无迷罔之感,证而仍不废思,是义宜知。总之,哲学应为思修交尽之学,余当俟量论畅发此旨。《新论》归于超知而未尝反知,此于前所说二种路向中,即知识的与反知的,亦云理智的与反理智。在吾国朱陆二派,道问学即是知识的,尊德性则近于反知。无所偏倚,此亦与阳明作用大异处。

三、从来谈本体真常者,好似本体自身就是一个恒常的物事。此种想法,即以为宇宙有不变者为万变不居者之所依。如此,则体用自成二片,佛家显有此失。西洋哲学家谈本体与现象纵不似佛家分截太甚,而终有不得圆融之感。因为于体上唯说恒常不变,则此不变者自与万变不居之现象对峙而成二界,此实中外穷玄者从来不可解之谜。《新论》言本体真常者,乃克就本体之德言,此是洞澈化源处。须知本体自身,即此显为变动不居者是,譬如,大海水之自身,即此显为众沤者是。非离变动不居之现象而别有真常之境可名本体。譬如非离众沤而别有澄湛之境可名大海水。然则本体既非离变动不居者而别有物在,奚以云真常耶?《新论》则曰真常者,言其德也。德有二义:德性,德用。曰寂静,曰生生,曰变化,曰刚健,曰纯善,曰灵明,皆言其德也。德本无量,难以悉命之名。凡德通名真实,无虚妄故。通字恒常,无改易故。真常者,万德之都称,谈本体者从其德而称之,则曰真常,非以其为兀然凝固之物、别异于变动不居之现象而独在,始谓之真常也。"非以其"三字,至此为句。凡读《新论》者,若不会此根本义,虽读之至熟,犹如不读。《新论》卷中后记有释体用、释体常义、释理三则,提示全书纲要,见三十六年所印丛书本。学者所宜尽心。又复应知,本体真常系就德言,则玄学之所致力者,不仅在理智思辨方面,而于人生日用践履之中涵养功夫,尤为重要,前言哲学为思修交尽之学,其义与此相关。科学于宇宙万象虽有发明,要其所窥,止涉化迹,"化迹"二字,宜深玩。非能了其所以化也。备万德故,化化不穷。苟非体天德者,恶可了其所以化哉!天德谓本体之德,非谓神帝,体天德之体是体现义,谓实现之也。此则哲学之所有事,而非几于尽性至命之君子,不足与闻斯义。渊乎微乎!尽性至命,解见《读经示要》第二卷。东土儒释道诸宗于天德各有所明,世无超悟之资,置而弗究,岂不惜哉!

四、西哲谈变,总似有个外在世界肇起变化者然。《新论》却不如此,略明其概:(一)以本体之流行现似一翕一辟,相反而成化,此谓之变,亦谓之用。(二)本体无内外,不可妄计为离自心而外在。吾人如自识本体,便见得自己兀是官天地、府万物,更无内外二界对峙。斯理也,自吾人言之如是,自一微尘言之亦然,一切物皆从其本体而言,都无内外。(三)本体不可当作一物事去猜拟,至神而非有意也,非如人有意想分别或图谋造作也。实有而无方所与形象也,故老云"玄之又玄,众妙之门"。

五、《新论》之义，圆融无碍，若拘一端，难窥冲旨。

浑然全体流行，是云本体。依此流行现似一翕一辟，假说心物。说翕为物，说辟为心。都无实物可容暂住，是称大用。

以上体用别说，用上又假分心物。

自体上言，浑然全体流行，备万理、含万德、德即是理，天则秩然名之以理，是为本体之所以得成为本体者，故亦名德，德者得也。肇万化。说之为物，岂是物！说之为心，亦不应名心。心对物而彰名，此无对故。

以上体用分观，心物俱不立。

如大海水现作众沤，众沤喻用，大海水喻体。故不妨隐大海水而直谈沤相。全体显为大用，不妨隐体而直谈用相，义亦犹是。

用不孤行，必有翕辟二势反以相成。翕者，大用之凝摄之方面，凝摄则幻似成物，依此假立物名。辟者，大用之开发之方面，开发则刚健不挠、清净离染，恒运于翕之中而转翕以从己，己者，设为辟之自谓。是为不失其本体之自性者，譬如沤相依大海水起而不失大海水之湿润等自性，辟依本体起而不失其本体之刚健清净等自性，义亦犹是。依此假立心名。

以上摄体归用，心物俱成。

体用可分而究不二，故于用识体，则可于心之方面即辟之方面。而径说为体。以心即辟、确与其翕之方面不同，翕有物化之虞，而心却不失其本体之自性。故严格谈用，心才是用。即用而识体，不妨直指心而名体，譬如于众沤而知其体即大海水，便于沤相而径名之曰大海水。

又复应知，翕虽物化，而不可偏执一义以言之，所以者何？翕非异辟而别有本事，毕竟随辟转故，则翕亦辟也，同为本体之显也。是故"形色即天性"，儒言不妄也；"道在屎溺"，庄谈不虚也；"一华一法界，一叶一如来"，禅师家证真而有此乐也。

以上即用识体，心物同是真体呈露。

如上诸义,异而知其类,暌而知其通。庄生所谓"恢诡谲怪,道通为一",其斯之谓也。

六、西哲总将宇宙人生割裂,谈宇宙实是要给物理世界以一个说明,而其为说鲜有从人生真性上反己体认得来。终本其析物之知以构画而成一套理论,其于真理不谓之戏论不得也。《新论》贯通东方先哲之旨,会万物而归一己,不割裂宇宙于人生之外。故乃通物我而观其大原,会天人而穷其真际,合内外而冥证一如,融动静而浑成一片,即上即下,无始无终,于流行识主宰,于现象睹真实。是故迷人自陷于相对,悟者乃即于相对而证绝对,体斯道者。小己之见亡,贪嗔痴诸惑自泯,而天地万物一体之仁发于不容已。

七、本体虽人人俱足,然人之生也,形气限之,又每缚于染习。参看《新论》中卷。故本体不易发现,人生如不务扩充其固有之德用,是失其本体也。《新论》归于创净习与成能,最有冲旨。《语要》卷三答宗三难《示要》释《大学》一书,是承《新论》而作之一篇重要文字,宋明学误于二氏,当以此救之。

以上所言,皆关《新论》之根本旨趣旨者主旨,趣者归趣。与其精神所在,凡所以鉴观西洋、西洋哲学家谈本体,大概任理智思辨而向外穷索,即看作为外界独存的物事而推求之。平章华梵、括囊大宇、折中众圣、不得已而有言者。其所蕴难以殚论,兹之所及,粗举大意而已。若夫理论之条贯与其中甚多要义,或为读者所不必察者,是在勿以粗心逸智临之而已。

与美国柏特教授

昨承枉过,获悉尊意愿将世界各派哲学及各宗教观其会通,冶于一炉,此意甚善。拙著《新唯识论》本主张哲学贵融通,不可存门户私见,不可入主出奴。兹略言二义：一者，理无穷尽，一派或一门之学可有窥于斯理之一方而未可得其全也。故必各除偏见，暌而观其通，如天上地下若暌隔矣，然实互相维系成一整体，非不通也。异而知其类，譬如动植诸物千差万别，异亦甚矣，然会之于生物一类。乃于分殊而睹大全，亦于大全而见分殊，然后知各执分殊者，无当于穷理也。譬如人各以管窥天，而各以为天乃如其所窥也，非迷谬之甚乎？

二者，昔人有言，人类之大苦有三：一自然之苦，二世人之苦，三内心之苦。自科学发明，自然之苦可救治者固多，而后之二苦要非可仅恃科学，必须有哲学以救治之，此中有千言万语，兹不及详。世人相与之际不得无苦，内心常有众苦。推其所以，恒由所见者小而不闻大道，所持者狭而莫获旷观，是故狭小成乎心，则顽强、偏激、猜忌、嫉妒、恐怖、排斥种种之恶，日积而不自知，驯至毒焰炽于五中，战祸弥乎大宇，故世人与内心二苦系从两方面言而实为一事。一事者，所见小、所持狭是也。哲学者，本所以对治小知而进之于大道，荡除狭执而扩之以旷观，世人与内心二苦将赖此得拔。若使各派哲学皆门户自封、胶固不化，是使人习狭小而终成乎恶，人类永无宁日也。

余主张哲学贵融通之意，略如上述。先生昨询及融通之方法，此事详谈，自非著专书不可，然遭时衰乱，实无斯兴趣。但就原则上言之，则孔子所谓"博学于文，约之以礼"二语，实学者所当奉为金科玉律。

云何博学于文？既曰融通，则凡治哲学者，必不可仅治一派一门之学，而必博治各派各门之学。虽云群书难尽读，而各大派之根本巨典，苟为力之所可及者，要不可不通及也。如中国人于其国内各派不可不究，倘能习外学，自须博求。若学之不博，则于异派思想全没了解，何以融通？夏虫不可语冰，井蛙不可语海，故博文至要。

云何约之以礼？此一语，从来注家或未得其旨，余以为不若求征于

《礼经》。《礼经》明礼之大义,曰"毋不敬,俨若思"。毋不敬,言无时无地而不敬也,敬即不轻肆、不昏怠,常使清明在躬、志气如神,绝非拘束之谓。俨若者,敬貌。俨若思,则敬以运思而不敢师其成心,成心谓素所习成也。不肯师之者,执一成之心以测无穷之理,鲜有不失也。不肯安于浅见,所贵乎浅者,入深必由乎浅,浅之未达而求极乎深,鲜不虚妄也。然滞于浅而不肯极深,则暗于至理,无可救药。不妄逞夫曲说;曲说者,偏曲之说,足以障大道也。逞曲说、安浅见、师成心,皆不能敬以运思之故也。毋不敬、俨若思,则曲说、浅见、成心三者之患去,而可以博文矣。故博文必须约礼。约者,言其所守者约,只是毋不敬而已。专一于敬而不纷,故云约也。

　　博文而能约礼,即是博治乎百氏之学而一皆运之以敬慎之思,于彼于此,各求其真是真非,而后乃于彼此之是是非非,可任其各止一隅而大通之道自见。是故博文必归约礼而后可语融通之业,否则以轻心泛涉众学,欲免于耳剽目窃、杂乱比附,其可得乎?孔子在吾国古代即融通群经之学,故孟子称其集大成,孔子之大博而有约故也。余平生治学,奉博约为准绳,至欲语方法之详,则非区区一函所可及。吾国昔时大将岳武穆论用兵,曰"运用之妙,存乎一心",为学又何独不然?

与人论关尹与老子

　　早起得阅贵刊驳郭氏著《宋钘尹文遗著考》,只匆匆浏览,未及细核,吾姑略言己意。《天下篇》以关老合叙,其撮述老旨,与今本《老子》适合,详吾《读经示要》。其述关氏,与老诚近,而境地似比老为高。"在己无居",居者,藏义。无居谓无藏,空一切障也,障字义深,须究佛氏学。是体乎真空也,真实而空曰真空。此空非空无之空,乃以无形、无象、无作意、无惑染等义,说为空。形物自著,真空而妙有也。真空故成妙有,不空即是对碍,焉得肇群有、著形物乎？对碍一词，借用佛籍。"其动若水，其静若镜"二语，不可分析去理会。动静一原，若判而二之，则非其旨矣。宋明理家，其学多缘于道而稍参以禅，往往求所谓静若镜，而失其所谓动若水。此其流弊甚大，而实未闻关学也。老言"上善若水，水善利万物而不争"，则就应物处说，与关氏动若水绝不同义。关氏则就心德言，心之体原是动若水而静若镜的，吾人不能保任与涵养之，则蔽于物欲而失其动静合一之本体，是孟子所谓放心，庄生所哀夫心死者也。夫心，动用不息者也。故言若水，是生生活跃之极也；然常动而常寂，非昏扰之动也，故又言其静若镜。老氏言"致虚极、守静笃"，则偏于求静之意为多，而于关学尚隔一层。"上善若水"云云，则从其在本体论上偏于处静之领会，与修行方面偏于求静之主张，而本之以因应事变，但取如水之顺流而无所争。此虽不能谓之全无是处，此处须严辨，兹不暇辨。而无《大易》健以动与开物成务之本领。则中国人之有今日，中老氏之毒已深也。余今此非欲阐明《管子》书中道家言之必出于关氏，但触及素怀，而略言关尹尚有不必同乎老者。故随笔之，以达于足下。宋尹决非《管》书《心术》诸篇之学，当俟另谈。为学勿徒作考据工夫，尤所切盼。

纪念北京大学五十年并为林宰平祝嘏

九年前，余欲作一文纪念蔡孑老，将上下古今之变而论及孑老在革命党时期与长北京大学时期，其影响于国家民族者为何如，孑老之胸怀与志事及爱智之情趣，并其感人入深之所以，欲一一详述之。此余所铭诸心而未忍一日忘者，然迄今未得作。余平生极喜汪大绅文，顷不忆题目，似历述与罗有高并弟侯等平生之感。其文广博浩荡，气盛而足以包络天地，情与慧俱深，融万里，运万化，通万类，极幽微繁杂之感，如死生、哀乐、世出世、名无名,众生迷妄之所系,一一照察。乐不淫,哀不伤,心不忘当世之务而放乎孤海,虽游孤海而帝皇王伯之道运之宥密,待群情交喻,举而措之亦易耳。余昔阅大绅文,兴此感,尝欲拟是作二三篇大文字,平生庶几称快,无稍憾矣。纪念孑老,当为大文字之一,然而迄今未敢作也。其后欧阳大师示寂,余逃难在川,感怀万端,亦思为大文字以申哀仰,而复未作。今年有两大文字应作,一为北大五十周年,一为《哲学评论》拟为吾友林宰平先生七十哲诞出专号。北大自孑老长校,领导诸青年教授,今校长胡适之先生及诸名贤首倡文学改革,其被及于思想界与社会政治各方面之影响者,不可谓不巨。至其得失之端,欲详论之,决非简单篇幅可以了事。由历史眼光论之,自秦政混一以迄于兹,称明世者,汉唐宋明四代,实则四代之中,皆治日短、乱日多,而二千余年来,直是夷狄与盗贼交扰之局。先后出生于此等局面下之仁人哲士,或参佛道以耽玄,<small>六代以来,文学聪明之士,鲜不杂二氏。</small>或周旋于凶夷狗盗帝制之下,立补偏救弊、稍息生世之功,间有一二睿智者出,有抉破藩篱之思,而在思想界长期锢蔽之下,亦无缘得同声同气之感应而立就埋塞。余著《读经示要》第二讲颇谈及此。呜呼!千岁睡狮,沉沦不醒,疲惫乏力,其亦可悯之甚矣!明世,阳明先生令人反求固有无尽宝藏,自本自根,自信自足,自发自辟,以此激引群伦,可谓理性最开放时期。濂洛关闽未竟之绪,至此蔚然可观。梨洲称明之理学远过两汉唐宋,有识之言也。及明之季,王、顾、颜、黄诸大儒辈出,其思想多与西洋接近,在当时虽矫王学末流之弊,而实承王学根本精神,则不容否认也。何图生机甫启,大运已倾,阎若璩、胡渭之徒,以考核之业锢智慧于无用,媚事东胡,以此率天下而群然效之。有明诸儒之绪,斩焉殆尽,民智民德民力之堕没,亘二千年,至是而益颓矣。清之末弃,西化东渐,挟荡海排山之力以临疲敝之族,群情骤愤,清以不支,帝制更,而昏乱滋甚,祸患可以更端迭出,而创新无望也。北大诸青年教授,骤欲破除痼疾,效法西洋,一时热情锐气,颇有揭天地以趋新、负山岳而舍故之概,漪欤盛哉!然而黄炎贵胄经二千年之停滞不进,今不务掘发其固有宝藏、涵养其自尊自信之毅力,而徒以一切扫荡是务。譬彼久病之夫,良医必谨其攻伐而善护其元气,政治适度,足以消其郁滞而止,则锢疾自除,而生命力乃日益充沛而不自知矣;若遇医师缺经验者,将横施攻泄、大伤根柢,病夫立毙,可哀孰甚!吾于五四运动以后菲薄固有、完全西化之倾向,窃有所未安焉!吾国自唐虞以迄晚周,有悠久高深之文化。《易》《春秋》二经,通天化、物理、人事,观变动不居而随时以各协于中道,天者,宇宙本体之目,天化,犹云本体之流行。执中之道自颛顼始明,《史记》称其"濬执中而天在下平"是也。《论语》尧命舜曰"允执其中",舜亦以命禹。孟子言汤执中。《春秋》周室刘康公曰"民受天地之中以生"云云。《易》道随时处中。孔门演《易》之旨作《中庸》,故孟氏称孔子集大成。其脉络的然可寻也。下推之治理,极于位天地、育万物之盛。视夫仅以矛盾法测变者,不亦得其似而未究其真乎?矛盾法者,《易》家别子老氏所云"反者道之动也"。然反,而未尝不归于冲和。冲和者仁也,仁也者中也。仁何以亦名为中?须深玩刘子人受天地之中以生语。儒者之道,含弘万有,究其极,不外中道而已。人类如有趣向太平之几,必待儒学昌明而后可,此余所断然不疑者。三十余年来,六经四子几投厕所,或则当作考古资料而玩弄之。畴昔以经籍为常道所寄、崇信而不敢轻叛之观念,迄今荡然无存。学者各习一部门知识,或且稍涉杂乱见闻,而无经籍起其信守,无大道可为依归,身心无与维系,生活力如何充实?此余所不能无忧者。晚周学术思想,已称极盛,诸子百家,二者分途。家者,专门之目,如算学、天文、物理、周公造指南针,古代已有物理知识。医药、古代发明最早。工程、秦时李冰,工程知识已高。机械、孟子称公输子之巧。地理邹衍之说略存。等等知识是也。子学,即各派思想,犹今云哲学。儒、道、名、墨、法、农、皆大宗也,而儒者为正统派。秦人残暴,毁文物,民亦不安生,百家之业先亡,其书不易传,子学书存者亦残缺不全,然诸大宗略可寻究。百家之业虽亡,今可吸收西洋科学,则绝而复续也。哲学有国民性,诸子之绪,当发其微,若一意袭外人肤表以乱吾之真,将使民性毁弃、绝无独立研究与自由发展之真精神。率一世之青年以追随外人时下浅薄风会,人虽不自爱,何可暴弃如斯?分析名词与考核之业,只是哲学家之余事,万不可仅以此当作哲学。哲学家不是钻研某一家派之说,而当上下古今观其会通;不仅是翻弄名词,而当深穷真理;不仅是依据科学,而当领导科学,使科学知识得哲学之启示与批判而涉入宇宙真相;不仅是解释宇宙,而当改造宇宙;不仅是思辨,而当如《礼经》所云"博学、审问、慎思、明辨、笃行",阳明所谓知行合一之学。变更人类思想,激扬时代精神,涵养特殊人才,此等大责任全在哲学。昔年孑老出长北大,首重文哲,今者适之先生仍秉孑老精神。兹后,哲系师生之所努力,似当上追晚周诸子,名、墨取其辨,农、法通其变,法家主法治,农家社会主义,亦近无政府主义。道家用其长,其家谈本体只见为虚静,固是其短,然未至如佛氏谈体绝不语生化,究有所长;道家言治,抨击独裁者宰割万物之暴厉,而主自由,亦是其长。然后董理孙孟,孙卿《天论》遥合西洋思想,然一归于礼,则超于西化远矣。孟子言性善而重民生,言王道而隆法守,非迂阔也,西洋之治宜折中于此。以仰宗于宣圣。造化之奥、天人之故、道德之宗、治化之原,一皆昭澈而远于迷乱。规矩设而天下之方圆可裁也,尺度立而天下之短长可衡也。至此,则旁搜外学、不患无主,博涉异方、自有指南,温故知新,含弘光大,深造自得,非随他转,大人之学,不当如是耶?清季迄今,学人尽弃固有宝藏不屑探究,而于西学亦不穷其根柢,徒以涉猎所得若干肤泛知解妄自矜炫,凭其浅衷而逞臆想,何关理道?集其浮词而名著作,有甚意义?以此率天下而同为无本之学,思想失自主,精神失独立,生心害政,而欲国之不依于人、种之不奴于人,奚可得哉?天积众刚以自强,董子《繁露》语。世界积无量强有力分子以成至治。有依人者,始有宰制此依者,有奴于人者,始有鞭笞此奴者,至治恶可得乎?吾国人今日所急需要者,思想独立、学术独立、精神独立,一切依自不依他,高视阔步而游乎广天博地之间,空诸倚傍,自诚、自明,以此自树,将为世界文化开发新生命,岂惟自救而已哉!圣人吉凶与民同患,佛氏大悲,亦同此精神。故裁成天地之道,辅相万物之宜,以左右民。参看吾著《读经示要》第三卷释《易》处。此与西洋人主张征服自然、纯为功利动机者,截然异旨。吾先哲为学之精神与蕲向,超脱小己与功利之私,此等血脉,万不可失。哲学无此血脉,不成哲学;科学无此血脉,且将以其知能供野心家之利用,而人类有自毁之忧。吾人今日必延续此血脉以为群生所托命,哲学固应发挥吾固有伟大精神,科学尤须本吾伟大精神发展去。体现真理,担当世运,恐非西洋人识量所及,吾黄农虞夏之胄,不能不勇于自任也。在五四运动前后,适之先生提倡科学方法,此甚紧要。又陵先生虽首译名学,而其文字未能普遍,适之锐意宣扬,而后青年皆知注重逻辑。视清末民初,文章之习显然大变。但提倡之效似仅及于考核之业,而在哲学方面,其真知慎思辨明者,曾得几何?思想界转日趋浮浅碎乱,无可导入正知正见之途,无可语于穷大极深之业。世乱日深,需哲学也日亟,而哲学家不足语于己立立人、己达达人也,乃益堪浩叹。此其故安在?哲学者,智慧之学,而为群学之源,亦群学之归墟也。此等学问,纯为伟大精神之产物。学者从事哲学,必先开拓胸次,有上下与天地同流之实,则万理昭著,不劳穷索。否则狭隘之衷,惑障一团,理道终不来舍。故学问之事,首在激发精神,而后可与讲求方法。今之学者,似于一己之地位与温饱外,无四海困穷之实感,无虚怀纳善之真诚,无遁世无闷、精进不已之大勇。其外日侈,其内日亏,其于小己得丧计较甚,其于大道无可入,精神堕落莫甚于今之人。世运艰危,余以寡昧,愿向天下善类尽忠告，言诚过当，闻者足戒，庶几不以人废言之义。北大自孑老长校以来，诸君子贡献于国家民族者甚巨。今兹哲系师生所处之时会，比以前更困，所负之责任，比以前更大，继今为学，其将随顺时风众势之所趋而漫无省觉乎？抑将怵目惊心而有无穷之感、不容不向至大真处着力乎？余老钝，无复长进，唯好学之意未衰，于同学深寄无限之希望。吾年三十八始至北大，迄今向衰，始终未离北大，唯以疾患不常到校，而余之精神固无一日不与同学相感召。此番纪念，本欲精心作一文字，而精力不给，终未能作，略进芜词，未堪达意。余与林宰平先生，同在哲系，为日良久。宰平行谊，居夷惠之间，和不流，清不隘，夷惠未之逮也。宰平学问，方面极宽，博闻而尊疑，精思而喜攻难。二十年前，余与宰平及梁漱溟同寓旧京，无有暌违三日不相晤者。每晤，宰平辄诘难横生，余亦纵横酬对，时或啸声出户外，漱溟默然寡言，间解纷难，片言扼要。余尝衡论古今述作，得失之判，确乎其严，宰平戏谓曰：老熊眼在天上。余亦戏曰：我有法眼，一切如量。宰平为学，首重分析，其术盖得之印度唯识法相，而亦浸染西洋逻辑。唯识之论，自唐以来号为难究，宰平析其名相，详其条贯，辨其思想脉络，如大禹治水，千流万派，穷源究委，疏壅解滞。余劝其述作，宰平谦让未遑。盖其中年后思想，渐由佛以归于儒。自汉太史谈已言"儒者劳而无功，博而寡要"，六经浩博，史谈在汉初尚作是说，况后儒杂以二氏推演益纷！儒学难穷，后生所苦。宰平尝欲为一书，阐明儒学，大概以问题为主，列举诸重要概念，释其含义，究其根依，谓其立义所根据。析以类别，综以统纪，庶几宗庙之美、百官之富，粲然可观。余曰：是将以法相家论籍之组织达儒宗之冲旨，是书若出，后生其有赖乎！闻积稿已不少，不久当可公之于世。宰平少年好为诗，诗人富神趣，其于物也，遇之以神而遗其迹；中年尚西洋实测之术，其穷理，务明征定保，远于虚妄；五十以后，践履日纯；晚而穷神知化，庶几尽性。余与宰平交最笃,知宰平者,宜无过于余;知余者,宜无过于宰平。世或疑余为浮屠氏之徒,唯宰平知余究心佛法而实迥异趣寂之学也;或疑余为理学家,唯宰平知余敬事宋明诸老先生而实不取其拘碍也;或疑余简脱似老庄,唯宰平知余平生未有变化气质之功,而心之所存,实以动止一由乎礼为此心自然之则,要不可乱也。宰平常戒余混乱,谓余每习气横发而不自检也。见吾《语要》卷四。世或目我以儒家,唯宰平知余宗主在儒而所资者博也;世或疑余《新论》外释而内儒,唯宰平知《新论》自成体系,入乎众家,出乎众家,圆融无碍也。余与宰平相知之深,欣逢七十晢诞,应有大文字为祝,而复未能作。凡吾之所欲作而皆未作者,非吾心之诚有所未至也。文章本乎情思,运乎气势,情思气势二者同发于精力,精力不裕,则情难活跃而思易凝滞,气势不易充盈持久,如是而欲为大文字,断不可能。精力强盛者,操笔之前,稍一凝敛,恰恰无心用,恰恰用心时,忽然情如热焰,思若涌泉,气势如天油然作云,如长风鼓众窍,凡大文字之成,未有不如此者也。文学之文与著书说理,其事有异,说理只要平日义精仁熟,临写出时务求信达,雅其次也,故精力稍弱者,犹可积渐为之。文学之文,兴会为主,精力贫乏则兴会不生,虽生而不恒不盛,情思乍动而歇,气势弱而难举,欲为美文不可得也。余于汪大绅三录之文及其与罗有高等感怀之记,宏廓深远,得未曾有,每有大感触,思效之作一篇大文字,而终束手不一就。呜呼!大文字,天地之真善美也,非唯个人不易成功,而文章盛衰实世运升降所系。吾虽孤陋,犹思独握天枢,以争剥复。傥世运稍转,老怀无苦,精力康复,虽不必能为大文字,终不至以无物上惭前哲,此则余之所自矢也。此番笔语,烦自昭主任付北大纪念册及《哲评》祝宰翁晢诞专刊两处发表,聊以志感。

答王星贤

来函谓"《语要》卷三六九页谓朱子以柔训仁,杂于佛老。私意以为圣人阴阳合德,刚柔有体。要而言之,不外仁之一字。是以发强刚毅固为仁之大用,而温柔敦厚亦是《诗》之特长。《诗》教本仁,故婉而多讽,乃若过而成病,则刚柔维均,柔固违仁,刚亦失礼"云云。此段话,似是而实未彻其原也。《礼》云"温柔敦厚,《诗》教也",此就已发处说。《论语》言"《诗》三百,蔽以一言,思无邪"。无者,禁止辞。无字甚有力。儒言克治,佛言对治,皆此无邪之无字所含也。无字正显刚健。有无邪之本而后形诸咏歌,自然温柔敦厚,否则能温柔敦厚乎?又复须知,《易》明乾元始万物而曰乾为仁,此汉师所存古义也。乾,刚健也。此云刚健非与柔为对待之辞。《新论·明心》章有附记一段,略言及此。生生不息,刚健也;变动不居,刚健也;中正纯粹精,刚健也;含万理、备万善、藏万化,贞恒而不可变易,皆刚健也。老只曰虚曰柔,佛只曰寂曰静,此皆耽空溺寂之病,《新论》中卷所以谓其不识性德之全也。刚健之刚,与常途以刚柔并举之刚非同义,刚柔对举者,是就已发处说,《系传》"立天之道曰阴与阳,立地之道曰柔与刚",明明在天地剖判时说,故曰已发也。若夫阴阳刚柔虽已含蕴而实未判之全体,则可以刚健言之,而不当以柔静言之。《诗》曰:"维天之命,于穆不已。"不已,正是刚健,非处怀深体之,可识此义乎?如只见为柔静,则生化息;体其刚健,则万善之长于是而存。《系传》曰:"天下之动,贞夫一者也。"一者,阴阳未剖,刚柔未形,刚健之体也,是以主乎万动而皆贞也。吾之学,与《易》同符而矫二氏之偏,子犹疑乎?前引"思无邪",非体刚健,其能无邪乎?明儒言"工夫即本体",此语广大精确。本体未得,工夫即失;工夫失,亦无由见本体。此中有千言万语，无从说。

刚而失礼，仍是气质未化，未能体乎刚也；真体乎刚健者，自有以胜物而不为物胜，何失礼之有？吾到老，常自谓知及而不能仁守，自知明也。然吾工夫虽未至，而平生"不自欺"三字则可质天地鬼神，斯犹体强健之效也。不为私欲所蔽，即刚也、健也；若从柔字上用功，吾不知下流所极矣。

答徐见心

来函问事物之理与天理分开，此说谛否？吾于诸公文字尚少见，但就来函度之，似未妥。天理岂与事物对立者乎？前需言天理，谓本心也。此主乎吾身之心，本心，省言心。即是万物之本体，非可截成二界也。阳明讲《大学》诚意处，谈好恶确误，吾《示要》已辨之；然只不应以此解《大学》诚意传文，其义亦自有适当处。吾人自省，好恶性得其正时，即是本心呈露；好恶失其正时，却是私情私欲或意见用事，而其本心早放失也。本心发用，无有私好，无有私恶，此时之心应事接物，无往不是天理流行。心物本非二界对立，《新论》谈此义甚明。心是天理流行，即物是天理流行，故孟子云"形色即天性"，禅师家说"一叶一如来"，深远矣哉！惜凡夫不悟耳！彼或滞于常识，以为科学上事物之理与天理不相涉，殊不知天理周行而不殆，就其主乎吾身而言，则心即理也，就其显为万事万物而言，则物即理也。《新论》卷中后记有释理一段文字，宜细玩。如心物果为对立而不相融之二界，则物之理何可以心知之乎？唯心物不二，故心是万理皆备之心，即物是万理皆备之物。就理上言，元无心物或内外等分别，人生溺于实际生活中，妄见有分。以为内心研穷于外物而得其理，不悟心物成二、内外隔绝，吾心云何可得物理？又如阳明云"心在物为理",亦未安。此理之退藏于密者名心,其显为众形名物,物不离心外在,阳明所知也;然心物究是浑然一体流行不息之二方面,不可只许有心之一方面而否认物之方面,则阳明似未注意及此也。若如我义,理固即心,而亦即物,是以心知之行于物也,而见斯理之澈内外、通心物,而无间焉。离心而言物,则此心何可寻物则耶?否认物而偏言理即心,则但冥心于无用之地,而万物之理不待推征而自著,是阳明后学所以见恶于晚明诸子也。知识论上理性、经验二派,要皆佛氏所呵为边见。二十年前,吾授《新论》于北大,关于理之问题已略有所说,惜学者罕肯深究,余欲俟《量论》详斯义。世乱,而年力日衰,殚耗心力,颇思依黄艮庸度残年于南海,理乱不关,修短随化,以海上风光消人天隐憾。昨答朱君笺云:园吏逍遥,庶几肆志;宣圣坦荡,乐以忘忧。微斯人,无以发予之狂言。

又有须提及者,阳明常言存天理、去人欲,其于天理下一存字,则天理非虚字眼可知也。孔子之仁、程朱之天理、象山之本心、阳明之良知,实是一物而异其名耳。《新论》之性智,亦此物也。此个根荄千圣同寻到,但不无见仁见智、见浅见深之殊,则由各人入手工夫不同,此中有千言万语说不尽者,只可与知者共会,难为不知者谈也。阳明言天理,本即良知异名,说向深处,则万化之原、万物之本、吾生之真只是此个,无有多元,无有二本。阳明诗云:"无声无臭独知时,此是乾坤万有基。"通中外古今哲学家于此乾坤万有基各任知解去搏量构画,戏论纷纷,阳明却反己,指出一个独知,教人当下亲体承当,何等易简!何等亲切!独知之体是汝自身天君,今乃亡失自己而以好恶为天理,庄子哀心死,正为此辈。夫好恶者情也,好恶之情,未便是善是正,好恶之得其正而善者,固是天理发用,好恶之失正而不善者,则是顺躯壳起念之私情私欲,而其天理之心,即所谓独知者,早已剥丧无余矣。天理本不可剥丧,但藏于后起之私而不得显发,便谓之剥丧。好恶如何得正而善?则须自反诸独知之地。阳明向初学点指良知面目，总曰"知是知非是良知"或"知善知恶是良知"，今乃不肯反求此知而但欲于好恶上认取天理，则其好恶之发于不正不善者，将不复反诸独知之地，而悍然自欺以为天理，滔天罪恶无出拔期，可不怖畏哉！天理正须反己求之，切忌弄文墨当作一番话说，误己误人，深可哀痛。

事物之理如何离开天理？天理者本心也。本心之发用，其显于人与人之交者而有伦理，其显于人与物之交者而有物则，伦理不容紊者固是天理，物则不可乱者其得曰非天理乎？

以伦理言，孝之节文与慈之节文皆理也。而此理，一方应云即心，如事父时，一念之孝起，即此是理，即此是心。一方应云即物，父子物也，试设想无父而有孝之节文可言乎？无子而有慈之节文可言乎？故理亦即物。

又以物则言，如云太阳东出西没，此东西方分与出没规律是物则也，而亦名为理。吾人应知此理即物，所以者何？若离东西方分与出没规律，实无太阳可指目，而此方分与规律通名为理，则太阳其物者实即是理，何容否认！又复应知，此理即心，所以者何？东与西、出与没，要依心上分别显现，此分别二字义宽。此分别显现者是理，亦即是心，当念分别显现的是心，即此当念分别显现的便是理，虚怀体之自见。亦无可否认。

是故心物同于理，不可以心物为二，不可说事物之理外于天理而别有在。宇宙人生元是浑全，不容分割。学究其原，思造其微，理见其极，而后戏论息。此等道理，宜详究《新论》语体本。以三十六年鄂省所印《十力丛书》中之《新论》本为善。

答某生

学问之境,约言以三:曰解,曰行,曰证。解,亦云见。佛家初地,名见道。此对地前言,不妨名证。入观证真如,故应言证。但对二地以往而言之,则初地犹只是见,未臻真证之境,以出观未离染故,行未圆故,证未满故。诸论疏皆言,有满证与分证之别。《易·系传》有见仁见智见深见浅之异,《论语》言"知及之,仁不能守之",此与佛氏分别见道修道各位次,其义有融通处,但孔子不详分之耳。至阳明言知行合一,乃别是一义,所谓言各有当,义匪一端,此姑不论。总之,通论学力所至,解亦云见与行及证须别论,不能曰解到亦云见到即行与证已圆满也。解分高下,其层级自无量,然最高之解犹只是解,若行与证未到家,此解犹未入实际境地。

行者,修行。儒者所云存养、亦云涵养。省察、克治种种工夫,皆行也。佛家言行,有地前及十地等等位次,分析极严密。

证者,功修纯备,功修犹言行也。惑障已除。至是,本体呈显,炯然自知,故说为证。证者,证知。此非知识之知,即本体炯然自明自识,谓之证。儒者尽人合天之候,即是证。天者,本体之目,尽人合天,则人即天也,故合之一字须善会,非以此合彼。

答某生

来函疑老夫不学印度之甘地,而欲以哲学家鸣。此大误。人未到圣或佛,总有染污在,此吾之恒言也;然观人须观其胸中之所主与其大端趋向,此又吾之恒言也。吾胸之所主与其所趋向,要在明先圣之道,救族类之亡,亦即以此道拯全人类。此吾六十余年来所提撕警觉,尝以之自熏而唯恐失之者也。吾病痛甚多，三毒则与生俱来，好名好胜实亦潜伏，此乃与一般人全同者；然却不肯向此发展，只杂染未尽耳。从来哲学家之伟大成就，固好学者所应向往，然若谓有慕于哲学家之名而后为学，则其人必不足与共学也。学者，求所以为人也，求所以明道也，恶有怀羡名之鄙私而可成学者哉？

至于吾之不能为甘地，则余之德与才诚有愧于彼矣，然尚有一条件未可忽者，即中国之社会难容善类发展是也。中国人缺乏虚怀、深虑、热诚三大善根。不虚怀，则难舍己私以从是，难破锢习以求真。不深虑，则易浮动于浅薄之论，易被劫于时风众势之所势。蚁智羊膻，投其好而煽之也易，治其病而诏之以真理之所在与至计之所存，则群昏弗辨也。无热诚，即陷于私而闻公道不欣，安于小而赴公义不勇，狃于近而遇公利公害均不之省。中国民性，自秦汉以后，受帝制之毒与夷狄盗贼之摧残，卑辱而图苟全，早非三代直道之旧，孔子曰"斯民也，三代之所以直道而行也"。故善类当衰乱，欲自觉、觉他，其志恒不获伸。民国二十九年，吾避寇于蜀之璧山来凤驿，梁漱溟先生尝过存，与言及甘地，彼慨然有振厉群俗之意。余曰：中国人非印度人之比。仁者孤怀宏愿，姑以自靖，使后世知今日犹有巨人延生机于一线，功不唐捐，又何馁焉？

答徐令宣

佛家之根本智、后得智，与吾先儒德性之知、闻见之知，及《新论》之性智、量智，义可相会，可者，仅可而未尽之词。而底蕴大有别。佛言根本智所证真如，自大乘法相师言之，能所条然，甚不应理。此意须详究《新论》语体本，以三十六年汉上所印丛书本为善，虽增改之字极有限，而所增改者甚重要，商务馆本惜未及改也。余谓智与如非二，即真如妙体之自明自证假说为根本智，真如妙体四字，作复词用，本之基师。非可以智为能、如为所，判成二物也。而唯识师处处欠圆融，《新论》附录中已言之，须超然细玩其整个体系始得，护教之徒固难与论此。德性之知即是本体，亦即是发用，非知与性为二物也。此与以智与如分能所者，究隔天渊。《新论》性智与前儒德性之知，元非异物，但体认有浅深，发挥有详略耳。量智与闻见之知，所指目者亦略近，但与佛家后得智，义有相通而究不同者。佛家法相于此截割太死，虽云依根本起后得，而终不说后得智是根本智之发用，譬如说依虚空起浮云，终不可说浮云是虚空之发用。依字义，极严格，读佛书者不可不注意。《新论》以量智为性智之发用，此义深微。须知量智一词与知识一词，其意义各别，量智依作用立名，而一言乎作用即有本体，譬如一言乎众沤即有大海水也。人皆知无大海水不显众沤，而反求诸己、不知用由体显何耶？设问诚如此说，则即用即体，云何于性智外别说量智？应知性智者，斥体立名，是克就其超物的意义上说；超物者，谓其为物之本体，而非即物，故云超物，非言其超脱于万物之上也。量智是作用之名。而作用虽云即是本智流行，但其发现也，不能不以形躯或五根为工具，因此便有为工具所累虞。详玩《新论》下卷《明心》章谈根处。又此作用之发，恒有无量习气乘机跃现与之缘附若一，故此作用依五根、缘习气而发，乃易违其本体，言易违耳，非决定违。可以成为另一物事，曰可以云云，亦非决定。而不即是性智也。违其本体时，即非性智。但若以之与性智截离，如佛氏所谓后得，对根本似无融会处者，则期期以为不可。只要性智得恒为主于中，其发而为量智也，虽依根而不随根转，能断染习而不受杂染，则量智即是性智之流行。体用异故，称名不一，依本体而名以性智，依本体之发用而缘虑于事物，乃名以量智。而实非二物也。故所论量智，与佛家后得智毕竟有不容混同处，佛家后得对根本，只有依之以起之义，而不可说即是根本智之发用，此不可无辨。至知识一词与量智稍别者，量智作用、经验于事物,始成知识,此不待繁说也。

答牟宗三

古今哲人对于宇宙人生诸大问题而求解决,其行思辨也,则必有实感为之基。实感者情也,而德慧智俱焉。情胜智,则归于宗教信仰;智胜情,则趋于哲学思辨。大哲学家之思辨,由实感发神解。神解必是悟其全,而犹不以傥来之一悟为足也,必于仰观俯察、近取诸身、远取诸物之际,触处体认、触处思惟与辨析,然后左右逢源,即证实其初所神悟者。至此,若表之理论以喻人,固亦是知识,而实则其所自得者是超知的,但不妨说为知识耳。

答郦君

昨答任君语,请勿忽视。专道学而轻一时之事功,宋学所以未宏,民族所以不可振也。事功固是一时,学问思想其随时变迁者,又不知凡几也,岂独事功是一时乎?夫不变者,则大道耳。宇宙本身具常德故,为万物所由之而成,故名以大道。董子曰:"天不变,道不变。"其言道不变是也。道者,本体之名,本体具常德云不变。天不变一语却非。所以者何?孔孟言天,每用为道之异语,如《论语》"天道"合用为复词,孟云"知性知天",此天字,即目道体也。今仲舒别天于道之外,则所谓天者,乃目彼苍之天,易言之,即太空诸星体也。诸天体毕竟非恒存者,何云不变?诸天体运行之轨则亦不得言不变,如其彼此相互间之关系一旦有变,则今之太阳东出西落者,异时安知不西出东落耶?又如诸天体消散时,亦无运行规则可言,遑言天不变乎?唯大道真不变耳!事功虽属一时,而万世固一时之积也。尧舜在上古一时之事业，即中国乃至大地文化之所根据以完成也。汉武唐太明祖之事业，永远为中国人所资借以兴起也。王阳明安集西南夷，其绩之不朽亦然。若轻视一时事功，将使有识者皆高坐而谈道。置四海困穷、大地陆沉而不问，此是道否？宋学之迂拘在此，而当今之世，忍更扬其波耶？

通常事功一词，本指国家政治上之建树而言。实则师儒以道得民亦是事功，但此非有事功之念而为之，故不以事功名耳。师儒无军政等事功，非轻之而不为也，其才不长于此耳。

与池际安

附际安来书：顷奉慈谕，不胜感慰。窃慕盛德大业，居高声远，值兹衰乱，起居未宁，而接引后学，诲人不倦，备见至人济世之悲愿无尽。侄智慧羸劣，学行未修，实不堪承受教诲扶植。江流浩浩，蒹葭凄凄，虽欲从之，莫由也已。男女家室，易增烦惑，侄性寂静，夙不乐此。若生为男子，须承继宗祧，则不能免脱此累。侄常自庆幸生而为女，可免此累，专心学业，庶有成立。惜生不逢时，值此世乱，虚有此心愿而已。

忆昔在沪时，境况尚佳，终日无事，偶得《起信论》一册，阅之深感兴趣，生大欣慕，当即如说修行，致力止观。以发心勇猛，进步甚速，兴趣亦愈浓厚。终日默坐，废寝忘食，夜以继日。无事则修止，有事则随顺修观。如是相继九阅月，忆念未失。忽以一念清净，与真理相应。自是不假勉强而识自性常净、具足众德。后览诸经论，深相契合，如数家珍。其于禅宗公案、语录更觉亲切，行德名著，读之不忍释手。先严见之，辄夺书去，恐伤生也。自此后，世局日危，境域日窘，尘劳日重，未及读书，然此理终不泯灭，造次颠沛必于是。五六年来，存养保任未尝少息，而终以杂务纷纭，无暇治经籍以资印证。学力未至，心智无由启发，故所悟亦未能深远。学术之事，须资于环境，仰于指引，侄特无此环境耳。学术岂真若是其难而不可成者？然素患难行乎患难，素贫贱行乎贫贱，侄无能得此环境致力学术，日唯以杂务衣食所累，亦安而已，失复何言？大人摄生有道，近来起居安否？饮食增否？倘侄日后生事可支，学术有望，愿侍大师以尽天年。唯祈宽怀善御，健履轻安，日月常辉，则为群生之幸也。

得汝函，具见德慧坚利，非凡才也。急东下就学，勿失时光。吾已函王孟老，欲汝遂为吾子，双姓熊池，未舍本宗，于义无悖，想孟老早达此意。汝体弱，须注意滋养，切勿自苦，留得此身发明正学以救斯人，事孰急于此？刻苦以速朽，甚无谓也。昔宜黄大师尝言江西黎端甫居士解悟甚高，而自奉过苦，以此早殒，不竟所志。又云佛典有问：如菩萨行荒远之域，绝无可得食，仅有同伴一人，杀之以食则生，否则死，此将如何？佛言菩萨为续慧命故、续法命故，宁杀人食之。出此险已，力度众生。此语出何经？吾近不忆，然宜黄斯言，吾志之未忘。但此事唯菩萨可行之，凡夫不得借口以自利而伤物，自造恶业也。闻汝过自苦，吾故举此，冀汝有以自广也。吾不耐杭州热闷，本思赴沪，取海风较适，但一时未便离杭。

来函"无事则修止，有事则随顺修观"二语，自是初学着力处，然不无失正。闲居无事时，一意收摄精神，不令弛散，此时心地炯然，不起虚妄分别，是谓之止；然但无虚妄分别而已，要非顽然无知。永嘉禅师云"自性了然故，不同于木石"。明睿所照，于境不迷，一切所知，通名为境。是谓之观。故止观者，一时并运，非可有止而无观或有观而无止也。无事时修止，而观在其中；有事时随顺修观，而止亦在其中。无止而云观，即堕妄情计度，不可云观也。止观法义，深远无边，自释迦至后来大小乘共所修习。《大学》知止、定、静、安、虑得一节，亦是止观。知止至安，皆止义；虑得，即观义。诸句中而后字，系约义，言非有时间次第也，此等处切忌误会，予一向强探力索，实不曾用过止观法。吾儿天资纯粹，尚望于学问思辨之外，无堕此功。

命仲女承二姓记

仲女本姓池，名际安，安陆世家子也。本生父师周，绩学敦行，楚士共推纯儒。师周与余僚婿王孟荪为兄弟交，余虽未识师周，而从孟荪闻其贤。孟荪尝为余言：师周一男四女，直是个个聪明，而满女尤奇特。满女际安也，楚俗呼子女最幼者为满。际安之兄与姊并卒业上庠，成绩优异。兄际咸，民国卅四年奉部派赴美实习，渡红海时，以疫疾失救海葬。时母赵夫人、伯姊际怡已前卒。二姊际英与其父先后忧郁以殁。尚余第三姊际尚，独留学美洲。际安夙潜心儒佛诸学，至是益有超世之志，誓不字人。及鄂遭兵祸，安陆鱼烂，际安无所托。孟荪时向余称际安有异禀，宜有以抚教之，余因函际安征其意向。际安答书得体，深中理趣。余喜其颖悟，言皆有据，以示友人马一浮先生。一浮许其有拔俗之资，余遂函际安，允抚为吾女。以血气相嬗者父，以精神与道义相授者亦父也，《礼经》在三之义，佛门法嗣之规，皆此心此理之不容泯者。因命际安自今承熊池二姓而易名曰生，字以仲光。仲者，以其少吾长女；光者，欲其显扬先圣贤之学也。自周秦以后，百家之姓各承其先，世远支分而姓不易。谱学既兴，姓氏益以固定，至今乡邑民情，同姓遂兴共本之思，异姓则形对峙之态，此爱道所由不广而民间不易养成社会性。万物一原，胡为多分畛域乎？宗法流弊有不容不矫正者。余于仲女命承二姓，稍示变易，或亦于古道无悖。自惟平生孤露，垂老析薪，子不克荷，何幸得仲女为吾子！学惭伏老，传经无待于男；道愧庞公，闻法居然有女。此又天心之不可测也。隆此天缘，遂为之记。三十七年六月吉日。

与次女仲光

《老子》云"为道日损，为学日益"，此是定论。前有千古，后有无尽之年，无能外得此二句。为道与为学确要分开说。为道者，只要涵养本原儒佛老皆不外此四字。而无以感染障之。佛家地前及地上无量修行，总是断障，亦云断二障，谓断烦恼障与所知障，此二障无所不摄。总是断惑；惑即是障。儒者工夫，要归克己，己即惑障，克如克敌之克，亦断义。此即老云"为道日损"也。道家主损去物欲，与断障克己意思大概相同。

为学与为道对言，此则学字别有所指，与本原之学即为道之学。涵养自别。凡即物穷理，本诸实测而为推论，运其思维而尽精微，精练以成为有系统的知识者，是老子之所谓学也。西洋科学正如是，吾国古者百家，亦皆此等学问，惜乎秦以后尽失之耳！学，则致力乎宇宙之散殊方面而求其理则。此则聚古今人类之智，发见不尽，而况一人乎？此真是日益也，积世积人，日有所益。至于一人之知，前前后后，日知所亡，月无忘所其能，日益之功，老死不容休歇，孔子所谓死而后已也。

为道与为学不容兼欤？曰否、否。从来为道之大圣哲未有不为学者也。文周孔孟、老聃关尹，皆道高而学博。后儒若程朱陆王诸老先生，亦皆道与学兼修。但其末流则托于涵养本原之说，以自文其偷惰，不肯勤求知识，理学亦以此为人所诟病。佛教大乘菩萨无不精于物理，《经》言"菩萨勤学五明"。所谓五明，实多属今之科学知识。大乘勤于求知，不舍众生，不舍世间，所以为大也；小乘只求断烦恼而出生死，此乃自了汉。

宋明儒斥佛家自私自利，确中小乘之失。凡人如能遗世独立，真作断惑工夫，其精神界将有一段光景发露，如所谓神通之类，当非不可能者。然此终不是正道，佛法亦不贵神通，况吾儒乎？此意不及详也。今日为学不当偏慕西人，亦不当偏迷印度之佛教，须详玩吾《读经示要》一书，再深研《新论》，久自知吾意也。

漆园记

　　国立浙江大学文学院近辟一园，筑室如斗大，吾抱膝其间。郑石君教授曰：先生何以名斯园？余曰：名以漆园。石君曰：先生之为学，先生之用心，皆异乎庄生，此天下有识所共知也，何取于漆园？其以隐于庠序、托蒙吏之迹耶？余曰：非此之谓也，吾有痛也，吾有警也。人类方趋于自毁，无可纳之正觉；而吾族勇于自亡，甘于鄙贱，使余所深痛也。痛而无以自持，因思庄生之言曰"知其无可奈何而安之若命"，吾时念此以自遣，故有契于庄生。然吾以是缓吾痛则可，若姑安乎是，则将负吾平生之心与所学而不免为庄生之徒，是又吾之所以自警也。"知其无可奈何而安之若命"，此其知与其安之之情，则已由厌而至玩，是庄生所以委心任化，为鼠肝、为虫臂，而一切无自力可致，直自视其生为造化之玩具耳！人能不修，人道且废，此承老氏天地不仁、刍狗万物之说而演之，以极成玩世之思。二千余年来，文人名士颇中其毒，族类衰微，岂曰无故？圣人之学，体人道而立人极，成人能而赞天化，《易》曰"圣人成能"，又曰"赞天地之化育"。明于天下之险阻，详玩《大易》之《坎》《否》《困》《明夷》《剥》诸卦。健动以建鼎革之功，《易·说卦》云"革去故也，鼎取新也"。《无妄》卦曰动而健。非有健动之力，何以革故取新欤？虽陷险中而不失其刚，履虎尾而无畏于咥，极知未济而不舍倾否之宏愿与强力，《易》六十四卦以《未济》终，此义深微，详吾《新论》。《否》卦之上九曰倾否,否运已极,必倾覆此局而更新之。人间世不得常泰而无否,即终古是未济;而人类终古努力于倾否之大业。生命元是行健无息,唯其未济而生命乃健进不已也。恶容付之无可奈何而安之若命？以生为玩、甘自颓废而不恤哉？《易》曰"安土,敦乎仁",故能爱。安土者,安于所遇。如当否运,行健以济,不震不沮,是谓安土。仁者,己欲立而立人,己欲达而达人。立、达二字,意义深广,详吾《语要》卷三。君子自敦乎仁,以此化天下,使人皆敦乎仁,则人皆有以强立而不靡、上达而不迷,世运自泰而否倾矣。夫能安所遇而敦乎仁,则情思俱畅。其视大宇为众理灿著,知万物本互相维而成一体,如百骸五脏之在一身,故民胞物与之爱油然不容已。其有以异乎在生无可奈何之知、将启其厌且玩之偷心,亦明矣。振斯人之沉冥,扶乾坤于将熄,不亦隆哉！余平生之学,冥符《大易》。老当世乱,而托庄生无可奈何之云以自遣,是犹养之未至、学之未充,而未能自践其所知所信也。今以漆园名吾居,明吾所据之实地犹未越庄生之域,将于世道不足为有无,是余之所恐惧而不容不自警者也。余之息焉游焉于斯园也,非敢安之也,直以是触目而警心焉！世事已如斯矣,士君子不怀庄生无可奈何之见以偷安者,其谁乎？浙大为东南学府,所负之责綦重。教于斯学于斯者,其远见高怀足以益老夫者不少。倘有独抱漆园之警者,则余有德邻之庆矣！余言未竟,而石君已惕然若有省。余遂毕其说,而书之为《漆园记》。民国三十七年七月望日。

与友人

前奉上《漆园记》,承惠函,辞婉而意恳,极感直谅。弟不满庄生,非老而犹狂也,其学确有病在。拙著《读经示要》论述庄生处,无论如何不能谓之诬解。庄生虽往,由其书以通其意,纵并世,似不当遽下之。释迦道行诚高,究是出世之教。弟自中年以迄于老,唯觉尧舜至孔门一脉确是大中至正,吾实虚怀参究而后有契于儒宗,而后乃归于儒宗。此中千言万语难说。古代各宗大哲,其独到处均非吾所敢忽视,亦非吾所忍忽视,然吾终不能易吾之所明见与自信者以全从之。

答仲光

吾儿问:止观双运,无容偏废,义固诚然;但初学入手工夫,似非专注修止不可。此问甚好。李延平注重涵养,罗念庵、聂双江并主归寂,对初学言,皆甚切要;但诸公似不免始终着重修止,而观解究疏。大学之虑与得、周通乎万物与家国天下,万事万理,则后儒极疏略也,汝勿蹈此失。修止之功,朱子记延平语、念庵《文集》,俱须一看,双江似较浅。

又问:余言《大学》知止、定、静、安、虑得一节,似废层次,恐唯上根能之,不可为中人说法。此问亦切。余意知止至虑得,工夫似有层次,实则此层次是一念齐摄,如一嚼含众味,不足为异。但初学有初学之知止、定、静、安、虑得,乃至成圣时,有圣人之知止、定、静、安、虑得。言乃至者,中间多略而不举故。故约功候浅深言,仍非无层次。

与王伯尹

吾自三十四年,感怀世事,常有二心迭相起伏,二心者,曰悲曰厌。悲心起,便思生存一日、讲学一日,得一二善类而培之,为未来世作善种子,此吾不容已之责也。吾非斯人之徒与而谁与?每玩及斯,未尝不怆然欲泣也。吾何忍计较人罪过而与之不相关耶?厌心起,便觉八表同昏,众生颠倒,忿之恨之,愿独放乎孤海,聊乘化以待尽,自洁而羞与浊恶之众为缘。转念古之隐逸与佛氏小乘皆如是，则又以自私自利为可耻，吾不当效之。然触处辄感人心死、人气尽，欲与言成己成物之学，不唯无可言，适招侮辱；与言国亡种奴、苍生涂炭，则漠然不欲闻，甚至报以冷笑，余益怆然增恼。余既未成圣成佛，厌心多于悲心，而性智未尽蔽，悲亦时起，以此陷于矛盾之苦，无可自解。夫恒于悲者，则如慈母之于蠢子，任何顽劣，扶持保育，不舍不恼，其心恒自泰然，圣与佛之于众生犹是也。恒于厌者，辟世、辟人、辟地，虽非道，而可以自利。今余悲不能常，而厌起时多，既厌而又知厌之不可，复不能无厌，此余老不进德，长陷苦境也。孤苦日衰，无可告语，为汝倾吐。

与朱生

汝连来两函，均收到。所云端居禅定为第一着，此话自是，然若仅以禅定为学，吾则期期以为不可。昔阅《高峰语录》，当胡元蹂躏之时，彼入深山习定悟道，今观其语录，悟则悟矣，而当群生惨痛之境，似与彼无关者。夫高言悟道、度众生，而族类危亡之不恤，终归自私自利而已。禅家发明心地，救教下驰务名言之失，吾所凤佩；但其骨子里确是小乘根器，此从来尊禅者所不悟也。王船山、顾亭林诸老先生遭亡国之运，虽未能以孤掌支大厦，而其不忍同类之戮辱、忧思人道之昏暗，与其为天地立心、为生民立命、为往圣继绝学、为万世开太平之悲怀弘愿，至今有识者读其书，犹感发兴起而不容已。以此与禅师家对照，其为道之是非，无待深辨矣！禅定自是彻始彻终工夫，而仅以是为学则未可尽性。性者，万物之一原，非有反身而诚与强恕求仁之实修，则固有万物皆备之体终亏蔽而不得显发。禅定所以发智，发者，显发，智本性体所固具，必有禅定工夫乃显发之耳。而尽性在乎求仁。求仁必得智，仁本赅智。而以求智为务者，或明解有余、易以孤往,而体物之诚不足也。知万物本吾同体而不忍独善自利,是谓体物。此中意义难言,千古几人会得?孔门之学求仁,道家便从求智入手,佛家小乘亦是求智,大乘特提悲愿,犹与尼山血脉相通也。教僻者妄卑孔子以人乘,非唯不知儒,又岂知佛者乎?汝有颖悟而真诚殊欠,一切知见俱从外铄,肤肤泛泛,非唯所见不由中出,即所自以为反省知过者,又何尝自中出耶?辜负一生,深可悼惜!世愈衰乱,人不成人,区区不能不有望于吾子。己立立人、己达达人之学,非任重道远、死而后已,不堪担荷。吾衰矣,甚愿吾贤愤悱日进,足为老夫助兴也。北碚藏书闻亦不少,吾子只好将此身日益向里钻入,更勤治大哲名著,亭林居陕、船山守瑶洞,先贤遗范犹可师法。吾昔居杭,虽觉气候不佳,而因年力犹盛,未知所苦。今兹重游,颇不耐热闷与卑湿,极感疲困不可支。南海之游当期秋后。今之世局,离各大学无可栖,而任何大学都无可与语,此苦事也。

答敖均生

附来书:病中静思,朱子以心之德、爱之理释仁,船山谓为千锤百炼、体用兼赅。愚意朱子之释至矣,然尚不若先生以生生不已四字显示仁体,尤为真实明切。天地民物,皆以此为体也;六经圣贤之道,皆此道也;天地之广大,以此而广大;天地之不息,以此而不息;万物之各正,以此而各正;万物之蕃衍,以此而蕃衍。虽天地民物若有形骸之间,然同此生生不已之仁体,实不因形骸而有间也。王阳明《大学问》颇明斯义。老氏不识仁体而谓天地不仁,释氏不识仁体而务趣寂,惟吾孔子发明仁体,先生《新论》更盛弘之。惜乎时人习于肤杂知见,无有回向本原者,此《大易》所谓有天地闭,佛氏所云末法之运欤！

宋子释仁语，甚好，吾《语要》卷二似亦曾称之。但朱子于他处又以柔言仁，似犹不识仁也。《新唯识论》中卷以健德与生德言仁，见《功能上》章评佛家空宗处。虽本之《大易》，而确是自家体认得来。朱子以柔言仁，由其学夹杂道家禅家成分太多，只向寂静处理会，却不曾于寂静中识生生不息之健，故误以柔为仁。柔者，寂静相。相，读相状之相，下同。明道《识仁篇》所谓"以诚敬存之，存久自明"云云，亦只认取寂静相为仁体。宋明理学家，皆同此失，不独朱子也。阳明虽亦识得生生不息真机，然终着重寂静方面，取其全集而通观之自见。专从寂静处认取仁体，则遗其生生与健动之盛德大用，宋明理学之末流至于空疏、迂拘、委靡不振，非无故也。

仲光记

顷见吾父答敖均生先生书云：柔者寂静相，殊不解，因问之。父曰：柔者，刚之反，刚便有强以动与辟发或生生等意义，柔只是寂静中有一种柔和而无恼、无恼乱也。柔缓而不迫之象，便无刚的意义，此须深心体之自见。又问：该书举程子"存久自明"云云亦是认取寂静相为仁体，何耶？父曰：此意难简单言之，须取《语要》卷三答牟宗三问《大学》致知格物义一书，虚怀细玩。宋明诸老先生都只认仁体是个寂静的物事，故功夫只在一存字，存之久，自明识此体，故云"存久自明"。若知仁体不止是寂静的，却是寂而生生、静而健动的，是辟发而无穷竭的，便须以推扩之，使仁体充塞流行、无有亏蔽，非但存之而已。道家谈体，只是虚静。佛家大小各宗说法无量，而印以三法印，三法印只归于第三印，曰涅槃寂静,《大智度论》有明文可证。涅槃者,真如之别名。佛家真如即万法实体之名,故其谈体与道家相近。宋明儒虽宗孔子,好谈仁体,但其说总不外于寂静处识仁,实与孔子不似也。孔子于《大易》,以乾元为天地万物所资始。乾元仁也,其德刚健而生生也。

答谢幼伟

《示要》一书,不仅解决读经问题,而实于秦汉以来二三千年间为学术思想界辟一新路向。惜乎衰亡之世,士人习于浮浅混乱,无足语斯事者!

第一讲首释道,固是《新论》本旨。宗三于此中衡印化与西化之失处,最感痛快。

次言治化九义。《序》云顺常道而起治化,此句吃紧,经言治化确是本于常道。此九义宏廓深远,法治之组织与功能实亦摄于德治或礼治之中。九义中于此等处极圆融,非若前儒迂谈王霸之辨也。

世儒好言礼乐而实不知礼乐,九义中言礼乐最好,序与和,发挥甚深远。礼主让,与今之西化似不相融,吾皆抉其根据:一、从科学上互助论。二、从哲学上生命论之全体性为根据。三、从民治之精神亦在乎让。理论与事实,面面均到。

西人言治,从欲上立基;经学言治术,则从性上立基。此皆见底之言、不易之论。

性与情之辨,前儒都欠清楚,九义中劈得极精极细,非字字反身体之,则且作文字看过去,哀哉!

人道有穷而愿欲无穷,斯义广大精微极矣!九义中谈至此,文字亦浩浩无涯。

取《大学》之三纲八目为六经与儒学之总汇与要领,细思之,愈觉有味,天人之故实备于斯,粗心浅解人自不悟耳!明德宗阳明,确不可易;诚意则余之新解,正宋明诸师之误;格物从朱,最有深意;结以儒行,而经之为经,义无不备。总之,皆常道也,皆不可易也。

第二讲首辨志,确是精要至极,惜乎今人不堪语此!继砭名,而申之以三畏,字皆圣贤血脉,今之学者如终不悟,万世为奴而已,可与学乎?

讲西学而不能废经,其间有三义,皆宏大真切,不可忽也。中国之衰在一统,中国人非弱于科学思想者,亦非无民主思想者,惜乎秦以后之环境囿之耳!近人徒据宋明学而谓中西文化绝对分途,读《示要》第二讲,而后知其不必然也。

评老庄处,字字金言,不可忽略。二千余年来,国人失其刚健创进之活气,老庄与佛误之也,此可不深究乎?

评佛之几段文字,字字金言。二千年来,佛教徒固见不及此,反佛者全不究佛学,又如何道得半字?佛与道谈本体,总溺于虚寂,而吾儒《大易》之道未尝不虚寂,却要见到本体原来刚健,刚健即无一切染着、无一毫沾滞,未尝虚寂也。《新论》中卷《功能》章已盛发此义,吾子作评时,未及此耳。《示要》中于此等处,时言及之,都精要,不可忽。

刚健故变动不居,故生生不息。儒家哲学本可融摄西洋,而又迥异西洋者,则西洋人少反己工夫,未见到虚寂耳,徒务知解而少在生活上着力耳。

评老佛处,是中国二三千年来学术思想的核心问题所在,不可忽。汉宋之辨,吾子既同情矣,可不再提。

第三讲说《易》处,仍依《新论》,其发挥刚健与生生意思及明宇宙开辟,不得谓无机物时代无有心灵、只是隐而未显耳。《乾》卦中释自强不息处与第二讲中评庄子处,互相照应,此皆不可忽。说《易》中凡言治化,并注重人各自治自主,亦复互相比辅而不相侵害。世界终归自毁则亦已耳。如其不然,则此义焉可反对?近世重集团生活,诚为切要,而太损及个人之自由,则亦人道之忧也。吾经学可以救人类者,正在此耳。

讲《春秋》变而不失其常,此义最宜会通看去。康有为之徒,只以抄书之办法拾取字面作话头而已,何曾知得三世义乎?昔者张孟劬先生最鄙视有为,诚具法眼哉!

讲《尚书》,字不多而义实深宏。据《论》《孟》《左传》《中庸》,寻出二帝三王执中心法之传,以见道统、治统所自,绝无附会。于是乎《书》之为经而非史也可知矣。

讲《诗经》处,一据孔子之言,而儒者人生思想于是可见,后代诗文家鲜有通经者。

讲"三礼"处,最有深意,须发挥群理,以救知有家属而不知有社会之流弊。然礼之根本义,见于《礼记》者甚精要,须吾自抉择一番方好。世乱方殷,老怀愁惨,《量论》未能作,又何堪及此乎?而讲《周礼》处,亦有远旨,吾提其纲,而详阐则有待于后之人耳。

答徐复观

来函谓时人疑余谈及西洋思想,辄以武断之态度而轻有所抑,此乃于吾书不求甚解之故。西洋思想来源,一为希腊思想,一为希伯来宗教思想。其来自希腊者在哲学方面,为理智之向外追求;其来自宗教者,为情感上有超越万有之神之信仰。余平生之学,参稽二氏佛与道。而卒归吾儒。体用不二之旨,实融天人而一之。须深究吾《新论》。此与宗教固截然殊途,以视西洋哲学专从思辨入手者,又迥乎不同。恃思辨者,以逻辑谨严胜,而不知穷理入深处。须休止思辨而默然体认,直至心与理为一,则非逻辑所施也。恃思辨者，总构成许多概念。而体认之极诣，则所思与能思俱泯，炯然大明，荡然无相，则概念涤除已尽也。<small>概念即有相。</small>余之学，以思辨始，以体认终。学不极于体认，毕竟与真理隔绝；学不证真而持论，总未免戏论。纯凭知解构画，何可与真理相应？凡哲学家著述是否为证真之言，唯明者能辨之，难与不知者论。时贤于先圣贤之意根本不求解，更无望其能解，而况于吾书？妄相訾议，置之可耳。夫不真知天人不二、神质不二、<small>神者，谓上帝与心灵或精神。但此云上帝，与宗教家意义不同。质者，谓肉体及物质宇宙。</small>体相不二、<small>体，谓本体；相，谓现象界。上文"不真知"三字，一气贯至此。</small>及不了思辨与体认之诣有殊者，而欲其与于知言之选，何可得乎？夫谓中西哲学所有之问题不必同，吾何尝有是言？但学人所至之境不必同耳。论学固须观同，要须辨异而后求同，乃无病。此余一向所持也。

答某生

文化的根柢在思想，思想原本性情，性情之薰陶不能不受影响于环境，中西学术思想之异，如宗教思想发达与否、哲学路向同否、科学思想发达与否，即此三大端，中西显然不同。此其不同之点，吾以为就知的方面说，西人勇于向外追求，而中人特重反求自得；就情的方面言，西人大概富于高度的坚执之情，而中人则务以调节情感以归于中和。<small>不独儒者如此，道家更务克治其情以归恬淡。</small>西人由知的勇追与情之坚执，其在宗教上追求全知全能的大神之超越感特别强盛。稍易其向，便由自我之发现而放弃神的观念，即可以坚持自己知识即权力，而有征服自然、建立天国于人间之企图。西人宗教与科学形式虽异，而其根本精神未尝不一也。中国人非无宗教思想，庶民有五祀与祖先，即多神教。上层人物亦有天地之观念,即一神教。但因其知力不甚喜向外追逐,而情感又戒其坚执,故天帝之观念渐以无形转化而成为内在的自本自根之本体或主宰,无复有客观的大神。即在下层社会祭五祀与祖先,亦渐变为行其心之所安的报恩主义,而不必真有多神存在。故"祭如在"之说,实中国上下一致之心理也。中国人唯反求诸己而透悟自家生命与宇宙元来不二。孔子赞《易》,首明乾元统天。乾元仁也,仁者本心也,即吾人与万物同具之生生不息之本体,无量诸天皆此仁体之显现,故曰统天。夫天且为其所统,而况物之细者乎?是乃体物而不遗也。孟子本之以言"万物皆备于我",参考《新唯识论》语体本《明心》章。庄生本之以言"独与天地精神往来",灼然物我同体之实,此所以不成宗教。而哲学上会物归己,用僧肇语。陆子静言"宇宙不外吾心",亦深透。于己自识,即大本立。此中己字非小己之谓,识得真己即是大本,岂待外求宇宙之原哉?此已超越知识境界而臻实证,远离一切戏论,是梵方与远西言宗教及哲学者所不容忽视也。《新唯识论》须参考。中国哲学,归极证会,证会则知不外驰,外驰,即妄计有客观独存的物事,何能自证?情无僻执,僻执,即起倒见,支离滋甚,无由反己。要须涵养积渐而至,此与西人用力不必同而所成就亦各异。

科学思想,中国人非贫乏也。天算、音律与药物诸学,皆远在五帝之世;指南针自周公,必物理知识已有相当基础,而后有此重大发明,未可视为偶然也;工程学在六国时已有秦之李冰,其神巧所臻,今人犹莫能阶也,非斯学讲之有素,岂可一蹴而几乎?张衡候地震仪在东汉初,可知古代算学已精,汉人独未失坠。余以为周世诸子百家之书必多富于科学思想,秦以后渐失其传。即以儒家六籍论,所存几何?孔门三千七十,论语所记亦无多语,况百家之言经秦人摧毁与六国衰亡之散佚?又秦以后大一统之局,人民习守固陋,其亡失殆尽无足怪者。余不承认中国古代无科学思想,但以之与希腊比较,则中国古代科学知识,或仅为少数天才之事而非一般人所共尚。此虽出于臆测,而由儒道诸籍尚有仅存,百家之言绝无授受,两相对照,则知古代科学知识非普遍流行,故其亡绝,易于儒道诸子,此可谓近乎事实之猜度,不必果为无稽之谈也。中国古代,一般人嗜好科学知识不必如希腊人之烈;古代儒家反己之学自孔子集二帝三王之大成以来,素为中国学术思想界之正统派,道家思想复与儒术并行。由此以观,正可见中国人知不外驰、情无僻执,乃是中国文化从晚周发原便与希腊异趣之故。希腊人爱好知识、向外追求,其勇往无前的气概与活泼泼地的生趣,固为科学思想所由发展之根本条件,而其情感上之坚执不舍,复是其用力追求之所以欲罢不能者。此知与情之两种特点如何养成?吾以为环境之关系最大。希腊人海洋生活,其智力以习于活动而自易活跃,其情感则饱历波涛汹涌而无所震慑,故养成坚执不移之操。中国乃大陆之国,神州浩博,绿野青天浑沦无间,生息其间者上下与天地同流,神妙万物,无知而无不知。妙万物者,谓其智周万物而实不滞于物也。不琐碎以逐物求知,故曰无知;洞澈万物之原,故曰无不知。彼且超越知识境界,而何事匆遽外求、侈小知以自丧其浑全哉?儒者不反知而毕竟超知,道家直反知亦有以也。夫与天地同流者,情冥至真而无情,即荡然亡执矣。执者,情存乎封畛也,会真则知亡有知,则知与真为二,非会真也。而情亦丧,妄情不起,曰丧。故无执也。知亡情丧,超知之境,至人之诣也。儒道上哲均极乎此。其次虽未能至,而向往在是也。

就文学言,希腊人多悲剧。悲剧者,出于情之坚执,坚执则不能已于悲也。中国文学以《三百篇》与《骚经》为宗。《三百篇》首"二南","二南"皆于人生日用中见和乐之趣,无所执、无所悲也。《骚经》怀亡国昏主,托于美人芳草,是已移其哀愤之情聊作消遣。昔人美《离骚》不怨君,其实亡国之怨如执而不舍,乃人间之悲剧,即天地之劲气也。后世小说写悲境,必以喜剧结,亦由情无所执耳。使其有坚执之情,则于缺憾处,必永为不可弥缝之长恨,将引起人对命运或神道与自然及社会各方面提出问题,而有奋斗与改造之愿望;若于缺憾而虚构团圆,正见其情感易消逝而无所固执,在己无力量,于人无感发。后之小说家承屈子之流而益下,未足尚也。要之中国人鲜坚执之情,此可于多方面征述,兹不暇详。

就哲学上超知之诣言,非知不外驰、情无僻执,无由臻此甚深微妙境界。然在一般人,并不能达哲学上最高之境,而不肯努力向外追求以扩其知,又无坚执之情,则其社会未有不趋于委靡,而其文化终不无病糜之存在。中国人诚宜融摄西洋以自广,但吾先哲长处毕竟不可舍失。

或问:西方文化无病糜乎?答曰:西洋人如终不由中哲反己一路,即终不得实证天地万物一体之真,终不识自性,外驰而不反,只向外求知而不务反求诸己,知识愈多而于人生本性日益茫然。长沦于有取,以丧其真。有取一词借用佛典,取者,追求义。如知识方面之追求,则以理为外在而努力向外穷索,如猎者之疲于奔逐而其神明恒无超脱之一境,卒不得默识本原,是有取之害也。欲望方面之追求,则凡名利权力种种,皆其所贪得无厌而盲目以追逐之者,甚至为一己之野心与偏见及为一国家一民族之私利而追求不已,构成滔天大祸,卒以毁人者自毁,此又有取之巨害也。是焉得无病糜乎?中西文化宜互相融和,以反己之学立本,则努力求知乃依自性而起大用,无逐末之患也。并心外驰,知见纷杂,而不见本原,无有归宿,则其害有不可胜言者矣。中西学术,合之两美,离则两伤。

仲光记

父亲云:德慧一词,本《孟子》。德慧者,最高的智慧,无有倒妄,故以德慧名之。实则,德慧即是本体之发用,杂染尽而明体显,非修养功深,不获发现。若常途所云理智者,则由吾人于实际生活中计有外在世界,因实用之需乃向外逐物而生知解,此知解力以渐发展盛大而成为一种明辨作用,明者,明睿或明察;辨者,辨析。所谓理智是也。此缘实用陶炼得来,未能离染,故与德慧截然殊异。《新论》卷上《明宗》章谈量智处,可参考。此义详说,当俟《量论》。哲学虽不遗理智,毕竟当超理智,而趣入德慧,方是极诣。

父亲语诸生云:不通西学,难发挥吾先圣哲之学,此意不待详说。然治西学者,如无特别慧解,无超出的眼光,则又惊炫于西哲理论之精严、条理之茂密,而不得穆然遐思、卓然旷观,以察其根柢、详其条贯、识其言外之意,而辨其得失、衡其短长,则又,至此为句。如牧竖入五都之市,目眩于五光十色,其神遂乱,如此,则将陷于西哲之网罗,无可反求诸己,终不识固有家珍。自清末以来,吾国学子甘为洋奴,无独立研究之精神,此吾所痛。愿汝曹立志,毋自菲薄。哲学有国民性,西洋学者尝有是言,吾国人如欲发扬独立精神,必赖哲学家首先发扬吾之固有之哲学精神,若如今日国内哲学界之东涂西抹,浮浅混乱,长此不变,中国人将万世为奴,深堪危惧!

新论平章儒佛诸大问题之申述

（黄艮庸答子琴）

邓子琴教授阅僧人评《新唯识论》之文,颇诧异其说,转黄艮庸教授复阅。僧人诬乱佛法,妄议儒学,甚可哀!艮庸遂与子琴一书,逐条辨析,约八万字左右,并录副寄呈吾父改定。艮庸从游吾父最久,阅此可见一家之学。仲光附记。

新论平章儒佛诸大问题之申述

子琴吾兄:承嘱复审僧人评《新唯识论》文字,谓其于《新论》平章儒佛至当不易处全没理会,嘱为辨正。非独师门之学不容误解,而儒佛本真实亦未堪变乱,谨审正如下:

评文有云:《新论》体用说的根本假定,根源于满足求知的愿欲,为了给宇宙以说明。然而释迦说法,不是为了如何说明宇宙、如何满足求知者的愿欲,相反的,遇到这样的玄学者,照例是默然不答,让他反躬自省去云云。

审曰:《新论》开宗明义曰:今造此论,为欲悟诸究玄学者,令知一切物的本体非是离自心外在境界及非知识所行境界,唯是反求实证相应故。评者不通玩全书根本精神,而但摘一二语,谓其只是根源于满足求知的愿欲,如此轻率,殊可惜! 又复应知,学者所以己达达人与成己成物也,佛氏亦云自度他度,因明则云自悟悟他,试问他度与悟他是否宜因众生求知之愿欲而随机开悟? 如佛法完全斥绝知识,则浩浩三藏皆众生不可以知识去理会者,而诸佛菩萨果何所谓而说法乎? 须知《新论》已明示本体非是知识所行境界,而欲众生之反求实证,到此,则必随顺众生求知之愿欲而随机开悟,即因众生所有之知识而方便善巧,以祛其迷而使之悟。筌者,所以在鱼,而筌非鱼固也,使不设筌,则何由得鱼乎? 蹄者,所以在兔,而兔非蹄固也,使不循蹄,则何由获兔乎? 玄学上超知之诣,毕竟须从知识方面种种遮拨、种种开诱,而后有上达之几,若一往反知,何由趣入超知境地? 评者如于《新论》及《十力语要》《读经示要》诸书果肯留意,当不至轻诋若是也。

评者又云:佛法的动机,不外乎为己的出离心,为他的悲愍心,所以释迦的教化，不是为了少数玄学者之玄谈，而是普为一切众生的依怙。

审曰：评者言佛法的动机，却将为己、为他二心截成两片。此若出自一般居士，犹无足怪，而出于披法服者之口，似未安。评者既鄙弃玄学者的玄谈，则于诸佛发心处，应有深切感触而不为猜度之浮词。今如评文所云，为己只是出离心，将一意为己而无悲愍众生心欤？又如为他只是悲愍心，而不欲众生同出离生死，则悲愍复何所济？《唯识述记》卷一，辨教时机有云"诸异生类，无明所盲，起惑造业，迷执有我，于生死海，沦没无依。故大悲尊，初成佛已，仙人鹿苑，转四谛轮"云云。可见悲愍者，正欲拔彼沦没生死海之众生同出离故。尤复须知，诸佛菩萨心中，原无为他为己二种可分。《大论》说："菩萨以他为自，悲愍众生，即是自悲，有一众生不成佛，则我终不成佛。"决无有独为己而求出离之心。评者若于大乘法义闻熏有素，似不当以小乘自利之智猜测佛心。

评文又云：依佛法，此现时的苦迫，惟有从察果明因中，正见苦迫的原因何在，而后给予改善，才能得到苏息。所以佛法的中心论题不是本体论，而是因果相关的缘起论。不仅世间的因果如此，就是无为、涅槃，也是从依彼而有、必依彼而无的法则，指出此无故彼无、此灭故彼灭的。

审曰"依彼而有、必依彼而无的法则"云云，此依彼而无一语，不知何解？倘云若此依彼而有，彼无故此无，例如行此。依无明彼。而有，十二缘生中，首无明缘行，谓由无明故，行乃得生，故说无明为行之缘。无明灭故，行灭。如此说者，即符经义。今如评者所谓法则，则当云此行依彼无明而有,必依彼无明而灭,此成何话?经论言,若法此依彼有,彼灭故此灭者,正显缘起法无实自性。评者乃于其中妄立一依彼而有、必依彼而无的法则,此大迷谬。既云依彼而有矣,又云依彼而无,则是彼尚未灭,而此依之以无也。此已依彼而有,如何又依彼而无乎?

评文中所云"不仅世间的因果如此,就是无为、涅槃,也是从依彼而有、必依彼而无的法则"云云。据此,即无为、涅槃,亦有因果,亦是缘生法,则无为与有为何殊,涅槃与生死不异。评者果从何处得此妙义?夫生死是此岸,涅槃是彼岸,六度大义,极明白彰著也。生死未尽,评者所云世间因果,即属生死。不可到涅槃彼岸。经义诚然。若云涅槃无为法亦有因果、亦是缘生,大小经论,何曾有如是胡说?无为法自性,无造无作,不可说是缘生法也。涅槃自性寂灭,不可说是缘生法也。评者所云,指出此无故彼无、此灭故彼灭,不知何解?生死未尽,则不可证得无为涅槃,非无为是有为、涅槃同生死。而评者曰"不仅世间的因果如此"云云,何迷谬至是乎?

评者又云:如离此缘起的中道教说,即难免与神学同化。《新论》并不知此,离开了因果缘起,说本体、说势用、说转变、说生灭云云。

审曰:评者若果了解缘起说,应知佛家毕竟是神我论。《摄大乘论》所谓第一缘起,即是阿赖耶识中含藏一切种子,此阿赖耶识亦称第八识,是众生各各具有的。奘师《规矩颂》云"去后来先作主公",谓人死时,此识最后舍去,故云去后;人生时,此识最先来投入胎中,故云来先。奘师实据诸经论之义而为此颂,即小乘中所谓细意识与穷生死蕴等,其义亦与赖耶同。《三十论》可参考,毋须繁说。据此,则佛家承认人本有不随形骸俱死之神识,与外教之灵魂说实无所异,虽其对于神识之说明不必同于外教,而其神识与灵魂之义相当,则不容否认,同计人生有不随形骸俱尽之主公故。佛家虽破外道神我说,而骨子里,则神识何殊神我！吾谓佛教亦是多神论者,义据甚明。而评者犹轻诋神学,此则承佛教一向排斥外道之门户见,而自忘其根柢与人同也。

评者视缘起说为佛家思想之中心,此其所见似是。但评者竟不悟缘起说中,以第一缘起,即阿赖耶识为根底,如无此识,则所谓流转与还灭,两不得成。流转与还灭,须详十二缘生与四谛义,此本释迦始唱,大乘各派思想皆根据于此。奉佛法者,若弗知注重,岂不违教！流转者谁乎？当知有赖耶识故。还灭者谁乎？当知赖耶虽舍,而非无物,以转得清净,即得无垢识故。诸论言转依者,有二义:一转舍离染,即舍赖耶;二转得清净,即得无垢识。《摄大乘论》首明第一缘起,此宜深玩。无著菩萨特造斯论,授其弟世亲,诱之弃小入大,斯论何等重要！而评者乃泛谈缘起,不悟其中有根底在,释尊有知,能勿心痛？佛教徒如泛谈缘起,将其中根底如赖耶识者,置之不问,则缘起说与今西洋哲学家之关系论,虽持说有粗密之异,西洋学者出于学术发达之后,持说自密。而大旨要自无殊。果如此,则佛教之精神与面目剥丧殆尽,佛教徒不如皈依今人罗素辈,而无取为佛弟子矣,余以为真佛教徒,当坚守其崇高之信仰,从教理之有所不可颠扑处,特加发挥,身体而力行之。其教理之不必是处,亦存其旧说,而无须曲解,但不必强人之信从。诚如此,则佛法自尊,而何虑乎人之攻难？

评者云"由于不觉时间的幻惑性,所以有寻求宇宙根源的愿欲"云云。此语之上文及其下文,均有几长段,实皆浮词。时间与空间问题,在哲学及科学上,其解说甚繁,而各有极精博之论证。幻惑性云云,评者既未申明义据,何得妄说幻惑？评文有一段云"如时间现有前后相,但加以推究,如前而又前,落于无穷的前前中。无穷,即否定了最初的根源"

云云。据此,则评者已肯定时间是无穷的存在。因为无穷的意义与无有的意义截然不同,若于本无有者而横计为有,如旋火轮之类,实无有轮,可云幻惑性。今说时间是无穷的,此无穷的便是横尽虚空、竖穷永劫的物事。如此,则评者计时间是万法实体,云何可说为幻惑性欤?至云无穷,即否定了最初的根源。无穷既是万法实体,不可头上安头再找根源,评者此语却是。印度古代有时计外道,评者如衍其绪,未尝不可,惜乎又误说为幻惑性,则自教相违。

评文又云"如前而又前,到达前之边沿,但这还是否定了时间,因然时间是永远向前伸展的,没有以前,即不成为时间,也即不成其为存在了"云云。评者此段话又不妥。既曰前而又前,到达前之边沿矣,依此义据而下断案,只可曰更无有一法前于时间者。易言之,即时间之前更无前。如此,则时间已是最后的实在,云何可说没有以前,即不成为时间,也即不成其为存在了乎?依评者所说时间义,只可说更无有前于时间者,而时间之为实在无疑矣。假如依俗谛义,而说时间是分位假法,本非实物,即不可计有前后相存在者,而世俗执取时间相,确是幻惑。如此说者,不违佛法。惜乎评者全不了此,而妄承认有前后相,并依妄计之前后相上,反复申说,终于自陷。

评者拼命反对玄学家寻求宇宙根源,佛教徒有此愚谈,殊堪诧异。根源与本始等字,皆本体之形容词。如佛家真如,一名众生界,由依真起妄故名。参考《大论伦记》。详玩斯义,是众生妄相皆依真而起,则真如本体真如本体四字,作复词用。对妄法或诸行言,即有为其因源与本始等义,妄法或诸行,即谓众生。是诸妄法所依之以起故。注意。僧叡序《大智论》有云:"变化兆于物始,而始始者无始。"详此云物始者,谓诸行缘会顿起之相;始始者,谓物始之所依以始者,即谓真如。而此真如,更无有始,故复赞之以无始。《胜鬘经》言"彻法源底",源者,具云本源;底者,具云根底。

谓彻了诸法之根源，易言之，即彻了诸法实相。相字有二释：一相状义，二体义。此云实相，犹云实体，实体即本体之异语。略举一二文证，则根源即本体之形容词，稍有知者，于此当无疑。佛家真如，即本体之名，谓佛家不求证本体可乎？自地前，无量修行，以至登地，见道位中，本智发现，始证真如，即为证得本体之候。然染未尽故，犹须自初地以历十地之终，断染既尽，始得真体常现在前。此中真体，用为法身之异语，法身亦即真如之别名。是故经言，非不见真如而能了诸行皆如幻事等，虽有而非真。非不见，至此为一长句。评者若解悟经文，自知寻求宇宙根源是佛教徒最大愿欲，而可曰根源不当求耶？经所云彻法源底，若不希求，云何得彻耶？地前迄地上，无量劫修行，果何为耶？非求证真耶？玄学家求之而得彻与否，其求之方有误与否，此皆别是一问题，而必向根源处希求，则是玄学所有事。佛教所由兴，亦只为此事。如不见真如，即不能了悟诸行皆如幻事等，幻有而非真。即不能，至此为句。三藏十二部经，皆不得已而方便说法，只欲引众生以求彻根源，见真如。令其无迷执诸行、沦没生死海、靡所依止。"令其无"三字，一气贯下。今汝僧徒乃遮拨根源，此真怪事。佛法果为不求根源之教乎？佛教徒固可不求根源而率众生以习于流浪而无所依归乎？是而可忍，孰不可忍！

　　凡哲学家不谈本体者，并非谓万化无有根源，只恐谈者各以意想猜测，故不如勿谈耳。若夫彻法源底之希求，则是人智之最高发展。学者心欲斥绝之，若自甘堕没则可，以此托于佛门，释尊能勿痛乎？

　　评者谓"由于玄学家不觉时间的幻惑性，所以有寻求宇宙根源的愿欲"云云。不知何故有此妄想？古今玄学界大哲，在其始学时，对宇宙人生根本问题而希求解决，其智慧之超悟与心情之发越，极广大、极幽深、极博究精穷之能事，何至如评者所云由于不觉时间的幻惑性云云乎？以凡愚而测上哲之智量，何异斥鷃抢榆枋之间而卑视天池乎？自来反对玄学者，只有从知识论或认识论方面而批评之，大概以为专任理智与用思辨之术者，不必与真理相应而已。至其思想之误在何许，则疏决而判别之者，非有宏通精奥之识者莫能为。西哲如康德，吾国哲人如王船山先生，于此皆有特识。但船山之言皆散记，辞亦简要，学子滑口读过，每不觉耳。评者所谓由于不觉时间的幻惑性云云，不知于《新论》及古今玄学家有何相干？《新论》明示一切物相与时相空相都无实故，始谈体用。易言之，正以觉了时间的幻惑性，才明宇宙根源。使其不了时相等是幻，则将如素朴的实在论者，妄执现象界为实在，岂复有根源可求、有本体可说乎？岂复，至此为句。《新论·成物》章依大用流行之翕的动势上，假说物相及时空相，此乃以方便善巧，随顺世间，安立俗谛，非谓物相及时空相为实在也。入真谛故，无相可着；本无一切物及时空等相。顺俗谛故，不拒诸相。此自龙树，迄于清辨，密意可寻。《新论》宏廓深达，如非有智，何易悟人！

评文力诋神学，似于神字未求解。神字之含义，略言以二。一曰，神者，造物主之谓，即视为具有人格者，凡宗教家所奉之神，即此义。二曰，"体物不遗之谓神"，此语出《中庸》。体物不遗者，言其遍万物实体而无有一物得遗之以成其为物者，此即深穷宇宙本体而叹为神。神者，赞其妙不可测也，故神即为本体之形容词。亦即为本体之名。此神非超越于万有之外而为造物主，乃即于一一物而皆见为神，故说体物不遗。佛经亦言，"一切法亦如也，乃至弥勒亦如也"，其义与《中庸》相和会。《易·系传》曰："神也者，妙万物而为言也。"从来注家于此悉无的解，实则体物不遗一语全从此出。《中庸》本演《易》之书也。中国人治学好为耳食，而不求实解，喜言佛教为无神论。实则佛教之内容极复杂，一方面对死生问题，有个体的生命永恒之要求，赖耶虽舍，而转成无垢识，是个体的生命无断绝也。明明为多我论；一方面在本体论上，遮拨作者，内典所云作者，犹言造物主。而承有诸法实性，犹言实体。所谓真如，又近泛神论。吾固知佛教徒恒推其教法高出九天之上，必不许泛神论与彼教相近。实则义解浅深及理论善巧与否，彼此当有悬殊，而佛之真如与儒之言天、言道、言诚、言理等等者，要皆含有泛神论的意义，谓之无相近处可乎？须知穷理至极，当承万物必有本体，否则生灭无常、变动不居之一一现象或一一物，岂是凭空现起！《论语》"子在川上，喟然叹曰：逝者如斯夫，不舍昼夜"，深远哉斯言也！此于变而观实相也。夫通昼夜而不已于逝者，可以喻大用流行之顿起顿灭而无息也。才灭即生，故灭灭不停，即是生生不住，斯云无息。其所以无息者，则由有实体也；有实体故，方显为起灭无息之大用。如其无体，实体，省言体。则谁为起灭无息者乎？譬如逝水，若无质，则谁为不舍昼夜之逝者乎？氢二氧一，合而成水，氢氧者，逝水之质也。此中以逝水喻现象或一切物，以逝水之质喻本体。孔子之叹，良有以也。夫言乎体，具云本体。则备万理，肇万化，不动而变，动者动作，本体无形无象，非可拟之于人，谓其有意志、能造作也，故云不动。然万化由之以成，故曰不动而变。此《中庸》语。无为而无不为，无为犹上云不动；无不为者，谓其成为万物也。是乃至妙而不可测也。一切学术，莫非穷究万物之理，然穷至极处，终归不可测。不可测故，谓之神。评者恶言神，试反求诸己，汝眼恶乎能视？汝耳恶乎能闻？乃至汝身恶乎能触？凡人但迷执眼耳鼻舌身，以自成为顽物，而自丧其视明听聪之神，则妄计无神而已矣！

夫外道所谓神，未离其自所妄执之相，释尊遮拨，吾无间然。若夫吾生固有之神，即是遍为天地万物实体之神，此若可遮，则乾坤毁、人性灭，有是理乎？哲学家之持泛神论者，自无儒佛致广大、尽精微，与体神居灵之胜诣，体神之体，谓实现诸己也。人能体神，则人即神也。居灵，亦体神义，复词也。而其变更宗教之神道思想，乃于万有而皆见为神，则亦于儒佛有可融通处。可者，仅可而未尽之词。其推度所及，亦有足多者。晚世学术，专向外求理而无反诸自性之功，精以析物而拙于穷神，《易》曰"穷神知化，德之盛也"。穷神意义，深广无边，千古几人识得。故浅夫昏子乐趋时尚，喜为无神之论。学不究其真，理不穷其至，适使人生堕没、自甘物化，至于人类都无灵性生活，同为猛兽，不相残以俱毁而不止，岂不悲哉！佛家证得涅槃，寂静圆明，涅槃，真如之别名。寂静者，离一切惑染相故。圆明者，澄明之至，无亏欠故，是一切知之源故，本来自明，非后起故。非神而何！真解佛法者，除在其死生观念方面有不死之神识为多我论而外，当知其在本体论方面，无彼外道所执之依他神，宗教家信有超越万有之造物主，为具有人格者，是谓依他。以他为神，曰依他神，释尊所遮拨者此也。而有自性神。就本体在吾人分上言之，则曰自性。性体清净圆明，至神者也，曰自性神。于此不辨，概曰无神，是障至真之极，极之为言，万化之宗，万物之本，此至真至实者也，此理不容障蔽。灭生人之性，当堕无间狱，可不怖乎！

　　《新论》在本体论上，自性神的意义与儒佛皆有融会处，而究与佛氏有大相殊别者。佛家于性体寂静方面证会独深，而不免滞寂；《新论》则明性体至静而健以动，至寂而生化无穷，此其所以归宗大易，终与佛氏有判若天渊者在。此等义海，广大渊深，学者须于了解文字或理论之外而别有致力处，方可领会。否则如与盲人谈色彩，何能相喻？

　　佛家对死生问题方面之多我论，即人各有不随肉体俱死之神识，如所谓"去后来先作主公"者，此乃《新论》所存而不论。

　　犹复应知，就诸教有超越万有造物主，即依他神而言，是一神教；就一一物各各有自性神而言，是泛神论，二者不当歧视，而当融和。佛教自释迦已明自性自度，无有外道之依他神。迄大乘空有诸菩萨，遮作者尤力。作者，谓外道之依他神。及净土宗兴，虽有念自性佛之言，以融归自教之了义，然实将自性神推出去而尊之为他，乃依之以起超越感。人生唯赖此超越感，始有所向往、有所依归，人生无上宝贵之虔诚严肃，于是乎存。此不唯人生之要求如是，而理实如是。经言"一切法亦如也"，旧译真如，多只用一如字。则如为万有之大原。如为一切法之本体，即可义说为万有之大原，以一切法由如而有故。又言"乃至弥勒亦如也"，则克就弥勒本人分上说，而如为弥勒之自性。由弥勒亦如言之，当知如者是吾人自性神。由一切法亦如言之，当知如者是吾人自性神，亦即是万有大原。本无个体之拘限与分畛，实乃无定在而无不在，故有超越各个体而为绝对义。由此义故，当说如者，不唯是吾人自性神而已，亦即是依他神。以此自性神，非限于吾之一身，即有他义，此乃吾之所依以有生者，亦名依他神。

佛教经典中破依他神者，盖因外教解悟未透，不免以人之观念而测神，故从其迷谬处破之。后学缘文言而起执，遂与外道成水火，门庭分立，真理日晦，甚可哀也！及禅家兴，离语言文字而直反诸自性，此是佛门中一奇迹。净土宗兴，而着重依他，佛门更添一奇迹。研佛法者，当由大小教理，以穷至禅、净，而后见佛教之盛，曰由内而融乎外，谓外道。曰由浅而入乎深，曰由狭而至乎广，曰由小而进乎大，曰由表而逼乎里，曰由支离而归乎易简。佛法以善变迁、富容纳成其伟大，与中土儒家之善变、宏纳而伟大也相同。

中国佛徒自昔以来，好以尊法于九天之上而排斥固有学术为能事，不知推至天外，便与人间绝缘。佛法到中国，除介绍者可勿论而外，其信向之者虽累世不绝，罕有精析之才，深入其阻以会其通，而复游于其外以窥大道之全也。《新论》自是千余年来特创之作，虽于佛法多所弹正，而其遮法相以显法性，见法性已，仍不妨成立诸法相。其大旨，折儒佛之中而建皇极，谓于佛法有匡正、有推演则可，谓为佛法之敌，则大谬不然也。

儒者宗六经，而《易》为五经之原。《易》明乾元始物，而曰"乃统天"，此言天者，谓太空诸天体也。诸天乃形气之至大者，天且为其所统，况物之细者乎？此即前释体物不遗之义。是乾元即一神，一者，绝对义,非算数之一。亦即前所云依他神。又曰"万物各正性命",即一一物皆以乾元为体,而一一物莫非乾元。《乾》之《象》曰"群龙无首",即此义。龙以象乾元。群龙之象,谓于一一物皆见乾元。无首者,非如外道计有超脱一切物而独在之上神也。故克就某物具有乾元而言,即乾元为其自性神。

道家,儒之别子也。老之言道,道者,本体之目。曰"象帝之先",是依他神也。庄生曰"道在屎溺,道在瓦砾",是物各具自性神义。禅师家说"有物先天地,无形本寂寥,能为万象主,不逐四时凋",是依他神义。又有曰"闹市中有天子",闹市喻众生妄识撞扰,而其本心未尝不在,故云有天子。本心是吾身之主,《论语》所谓非礼勿视听言动者即此。是自性神义。孟子曰"夫道,一而已矣",是依他神义;曰"形色天性也",又曰"践形",是自性神义。孟子"践形"一词,妙极。道体之流行,而成乎众形,此一一形,皆道体之所拟成,而借以自表现者,故一一形。皆道体之所主宰与所流行,形色即天性者谓此。学者诚明乎此,不妄执其七尺之形以障道,而常保任道心,使得恒主乎形而流行不息。是形即道,方名践形。以佛义通之,若于色身而证得法身,亦践形义。老云"大患有身",犹未彻在。以上略举诸家,毋待繁称博引。

夫神之为义,可析言以二:曰依他与自性。但二者虽可分说,而究不可分;不可分,而又不妨分说,其妙在此,其难穷在此,其不可思议在此。印度外道之以天神为作者,与西洋受自希伯来之一神教,皆于依他与自性二义,可分说而不可分,不可分而又不妨分说处,未能透悟,故不免差毫厘而谬千里。彼等以超越感盛扬依他,而忘却超越万有之一神为吾所依之他者,乃即是吾之自性,元非外在,吾人更不可以拟人之观念测神也。孟子言"尽心,则知性、知天",《十力语要》卷三有一书谈及孟子此义,须参看。彼等所不悟也。诸佛菩萨严遮作者,岂有私见!差若毫厘,谬逾千里,何忍不遮?又何忍不严?后嗣不视祖意,徒分门户,卒不悟依他或一神义，未可过非。但绳其失，则在己之自性神与超越的一神，元来不二，而末学无知，只持门户，弗求真理，必欲力拒外教，甚至流为无神论。众生迷妄可哀，至此而极。

外道崇依他，而未真了依他即其在己之自性，"而未"二字，一气贯至此。为佛所破，已如上说。若夫反识自性而不知在己之自性，元是超越小己而遍为天地万物实体，此虽遍现为各个体，而实不限于任何个体，是乃一真绝待。《易》云"首出庶物"，老云"独立无匹"，禅师云"不与万法为侣"，皆明理实如是。学者倘于此无深悟，但粗能反己而识自性外无独在之上神，却不悟自性元是越形骸的小己而遍为万法实体、夐然绝待，"却不悟"三字，一气贯至此。此中万法，即天地万物之都称。便以自性至大无外，而忘却形骸的小己虽本具有自性，亦可以坠退而障其自性，"而忘却"三字，一气贯下。于是起大我慢，以为自性外，无天无帝，无所严畏，以无所严畏，故卒陷迷妄，无所依归。如吾国明季王学末流，"满街都是圣人"，正中此病。若复深悟，即自性即依他，元是超越小己，若复，至此为句。便觉常有一物，此是绝对的。不限于腔子里，亦不离于腔子里，腔子里，借用宋儒语，谓胸怀。常赫然鉴临，无斯须之间容吾规避。此物也，不谓之天不得，不谓之帝不得，此约依他言。不谓之我亦不得，此约自性言，是中我者，可云大我或真我，非是小己。是通自性神与依他神而不二者也，是通一神教与泛神论而不二者也。

《新论》首立能变为万化之大原、万有之本体，此与上语，重复言之耳。参考语体本上卷《转变》章。是依他义。即此能变妙体，"能变妙体"四字，亦复词。物物各具，是自性义。《明宗》章举大海水与众沤喻，言每一沤皆揽全大海水为其体，以喻物各具有本体之全。即此本体，每一物具有之，而为其物自己性命，故就物言之，为其自性神。自性与依他，可分说而究不可分，不可分而又不妨分说，此义在新论中已甚显然。又复应知，《新论》在其即用显体之方面,"即用显体"一词,其意义极难方。今以喻明,如已知众沤无自体,其体即是大海水,便于众沤相而目之为大海水,即用显体,义亦犹是。众沤喻用,大海水喻体。即于大用流行之辟势而说为体,体字,具云本体。他处准知。此辟是万物的统体,亦是一一物各具的,但一一物各具的辟,即是万物统体的辟,而万物统体的辟,也即是一一物各具的辟。参考语体本《功能》《成物》《明心》诸章。三十六年鄂省印行本略有改易字句。从一一物各具言,是物自性神;从万物统体言,是超越乎一一物而绝待,是一神,亦即是依他神。由物对一神起超越感,便奉为他,而依归之,曰依他。《新论》本非无神论,但评者所讥刺之神的意义,决不是《新论》之神的意义,此望虚怀猛省。

熊先生近年尝言,《新论》归宿处在《明心》章。欲令人反识自性,自本自根,自信自肯,自肯,用宗门语。自发自造,此是第一义谛。但人生易役于小体,孟子云"从其小体为小人",小体谓身躯。万恶皆由从小体而起,佛家破萨迦耶见,即身见,义与此通。每难自拔,须仗他力,如蓬生麻中,不扶自直。颇思造《穷神论》,汇诸一神教、佛法、西洋哲学、道宗、儒学,一炉而冶,佑神立极,佑神者,近世人生堕没,失其神明,须佑助之以复其神也。立极犹言立人极,人能不自绝于神,始立人道之极,以拯生人。老当衰乱,无可与言,每当把笔,辄复寡兴,终于不果。据此可想见先生之苦。然吾侪犹望先生能成斯论,以与《新论》相为表里。天不丧道,来者难知,冀有孤灯,炳兹长夜。

评者身为僧徒,而敢挟无神之念,至堪哀痛!评者既驳《新唯识论》,当拥护佛家旧《论》。旧《论》初颂云"稽首唯识性",此语不知评者作何解?按基《疏》云:"稽首二字,显能敬相。以首至地,故名稽首。此唯身业,义显意语二业亦敬。"意初发动,名意业。即此意念表出诸口,名语业;见诸身体动作,名身业。又曰:"起殷静心,策殊胜业,策者策动。最虔诚,最清净,名殊胜业。申诚归仰。"又曰:"唯识相性不同,相即他,相者相状,犹云现象。此中依他一句,与吾前文云依他神者,词同而义不同。此言他者,犹言缘,一切物唯依众缘而起,都无实物,故言依他。详熊先生《佛家名相通释》。唯是有为;一切法相,有生灭故,名有为。性即是识,圆成自体,唯是真如。""唯识"二字,当分广义狭义。狭义则对境彰名;广则言识,便摄天地万物在内,以不许有离识独在之物故。性字作体字解,其义则看如何用法。此中性字即以目识之圆成自体。言圆成自体者,圆成虽无形无相,而不是空无的物事,是有自体的,故云圆成自体。圆者圆满,无亏欠故;成者现成,亘古现成,不同依他诸相有生灭故。此无生灭,故说名成。复言唯是真如者,此圆成即是真如。真谓真实,离虚妄故;如谓常如其性,无变易故。《百法疏》云"真即是如",此中则以识之实体,即是圆成,亦云真如。"唯识之性,名唯识性。"识之实体,名唯识性。据此可见诸佛菩萨申诚归仰真如,所以律己教人者如是。试问此与《诗》言"对越上帝"及文王"小心翼翼,昭事上帝"之心,有二致否?

一神教所谓上帝,若将拟人的妄执除遣,斯与真如有甚差别?当知万有实体是超越一一物而独立无匹的,毕竟有神的意义,但不可以拟人的妄执去理会耳。在吾人之自性神与遍为万有实体之一神,就吾人对之起超越感而申诚归仰言,则曰依他神。本无彼此。何以故?一神与自性神,不可说如父子,父子有彼此之分,究非一人,而神不尔。王船山《读四书大全说》言"天大而命小,命大而性小",则有彼此之层级大小,实不悟天命性也。亦无内外。何以故?物与物对,可分内外,而遍为万物实体之神,本无对故,即无内外,复无同异。何以故?由无彼此,即无异相可说,异相无故,同相亦无。复无能所。何以故?神非如人之有意志造作,不可说为能造,虽现为万有,而此万有亦神用自然之运,非如人造器具,其自身在器具之外。神虽遍现作一一物,实不离一一物而独存,乃遍在一一物中而为之主。"一一微尘,皆有佛性"与"道在瓦砾"诸语,非是玄谈。故不可以万有说为神之所造。一即是多,神本至一,而遍在一一物,则一而多矣。多即是一,物物各具有自性神,是多也;而物物各具之神,元非各别的,并不随物形而有分,则多即是一。至哉神也,无得而称焉!人之申诚归仰于神,即孟子所谓从其大体而为大人。大人之意义至深广。大者,绝对之称,非与小为对之词。与神为一,方是大人。否则从其小体,便自绝于神。而行尸走肉,不成为人,是谓物化。物化者,神道隐,隐者,不得显发,即丧其神。人道熄。以上皆本诸熊先生近年之言。

僧徒悍然无神,试问真如不神,诸佛菩萨何故竭诚稽首,岂其智不汝若耶?王船山先生著书,詈阳明以洪水猛兽,晚而有悟也,与其弟子唐须竹曰:粥饭在盂,阿谁造匕箸入口?汝真行尸走肉,不知操匕箸者谁耶?

评者虽僧徒,似于内典绝不反己切究,其满纸浮词都是由浸润于洋本本者所中之毒。评者以反对神学化自旌异,而于神义,究何所了?余望僧人落实闭户,深研自教,少作外慕工夫,佛法或有昌明之望。

  评文有云:儒家的文化代表庸众的人生观,缺乏出世思想,局限于平凡的浅近的现实云云。

  审曰:佛家出世的动机,确是代表庸众心理。庸众起惑造业,既造恶业,而复怖苦,乃求出离。此等出世思想元属妄想,至少亦是幻想。妄者,迷惑过重,故与幻稍别。须知世间本无实物,何须求出?又出向何处?世间以外,有别处所可托足乎?如逃虚空,宁有逃所?故唯庸众起兹妄想。然有须辨者,释迦与诸大菩萨出世之想,虽云代表庸众,但其内心深处专在怖畏生死;大小经论谈佛发心处,总不外此。虽云庸众亦同斯感,然其感易失,其情不专,现实之沉溺易摇其生死之怖。故庸众虽亦怖生死海苦,而终无修道之勇。证以吾国今日军人、官僚、豪商、名士多皈佛奉僧,而于世间利乐贪求益甚，可见其怖生死念与世情常相倚伏。释迦与其后学诸大菩萨于生死苦所感至真至切，至深至专，故能毅然孤往，精进修行，其异于庸众者在此。然必谓怖苦与畏生死、求出离之感非庸众心理所同然，则为不通之论。妄欲推尊佛教，而实自暴露其无智之甚也。凡宗教思想之发生与流布，无有不基于庸众心理者，否则不能成为宗教。假设有人欲创一教而超脱于庸众心之外，必为庸众所不接受，尚得成为教乎？中国人最不肯舍财利，独作佛事可募化，足证佛教植基于庸众心理。而评者乃以代表庸众薄儒家，不知何故发此妄语？

　　佛教由怖生死海苦而求出世，故走入反人生的路向。其于本体亦但证会空寂，空非空无之谓。以无形相、无方所、无惑障故，名空。却不悟至空而健动也，至寂而生化不竭也。不悟至此为句。释迦氏道行诚高，惜其发心只着眼世间，世间，即彼所谓生死海。故堕偏见，而非大中至正之道也。若言道统，正朔自在尼山。

　　儒者之学，孔子始集大成。孔子天纵之圣，直从乾元始物而万物各正性命处，万物各得乾元大正之理以为其性命，即物物皆是乾元。详玩熊先生《新论》及《读经示要》。明示天人不二，天即乾元，亦即本体之目。天在人，而人即天，相对即是绝对，本来不二。物我无间。同体故无间。故率性而行，就天命在吾人分上言之，即曰性；人能率性，则人即天。朱子云"天理流行"，可深玩。则小己之相自舍。有己相即是我执。孔子"四毋"，其一无我；孟氏云"上下与天地同流"，则无小己之执可知已。小己相舍故，即无生死；执小己故，方有生死。已无小己，生死相自空。小己与生死相空故，便无世间相。有小己生死流转相故，方名世间。已无小己流转之相，故世间相空。孟子"形色即天性"一语中含无量甚深微妙义，证会至此，何有世间相可说？世间相已无，更于何处作求出想？《论语》"子曰朝闻道，夕死可矣"，此语中亦含无量甚深微妙义。闻道之闻字甚吃紧，非乍闻之谓，乃念念不舍此闻,即六十耳顺之闻,亦即耳根圆通之境。夕死可矣者,正显无死。老云"正言若反",此类句子是也。闻道即证人无待,生死海相毕境空,何死之有?《论语》一书,秦汉以来经生莫能读,僧徒慧者挟门户见,亦莫能读,况其劣者乎!

儒者之道,直从天德流行处着眼,天德谓本体,与佛言圆成或真如者相当。但佛氏偏领会其寂,故不于本体上说流行。而儒者则于寂而见其生生化化不息之健,二家遂殊途。《新论》乃纳之同归。将令有慧者一直超悟,悟个什么?是甚境界?勿粗心看去。远离世相;世相谓小己与生死苦等相。而于庸众,则因其所性之德以天德之在人而言,则为吾人所性之德。而制为礼,上文"因"字吃紧。因其性德而制礼,即顺其所固有之天则,而引发之于日用之中,非由他力制之以相劫持也。不识此意,未可与言儒者礼教,此义深微。使其视听言动,一切不入于非礼,节其为己之私,《左传》言礼主让,所以节制己私。礼之意,总是时时在在于一己外,须顾及他人。易言之,即视人犹己。兴其反始之感,反始,见《礼记》。始谓本体,其在人也,则为人所以生之理,亦名为性。人之为礼,实反诸其性德之不得不然。如与国人交,止于信;若谓失信,恐人不我与。然世盖有专恃狡诈以驭众者,唯反求其良知,则终不敢以狡诈为是。良知者性也,故礼之重信,乃从反始而然也。举此一例,可概其余。而人道尊、天德显矣。人道尊者,人能念念由礼,即肉身便是法身,至尊无上,孟子言天爵者此也。人能由礼,则人道即是天德显现。宗门大德云"信手所扣,莫非真如",是此境界。有道之世,礼化大行,人间世即是常、乐、我、净。涅槃四德曰常、乐、我、净。何以言之?礼主反始,是真常之德,不随物变易者也。如拜君之礼仪虽废,而此礼仪之本意只是忠,此忠永无可废。忠于立身,忠于应事接物,无往不有忠之礼意存焉!余可准知。故礼意者,常德也。违礼即乱,人己俱苦;循礼则人皆得所,是至乐也。礼以节私,是主宰义,即我义。人人有礼,则全世界是天则秩然、文理粲然之礼世界,无有一毫浊乱,是净义,恶有舍世间而可求涅槃者哉！儒者之道，高矣美矣，至矣尽矣，谁复有智而妄见为局于平凡浅近的现实乎哉！广大悉备者儒，极高明而道中庸者儒，尊德性而道问学者儒，西洋人能道问学，而于尊德性太隔在。范围天地曲成万物者儒，裁成天地辅相万物者儒。辅相意义极深，顺万物之自然而辅之，使其自树自宜而已，非任独裁者以己意宰物也。今之遏绝群众自由者，不识此义。佛之教，欲众生趣性海是也。而发心必厌生死海，即厌世间而求出离，《阿含》等经以"厌离"二字递属成词。则人海已枯，而性海何存乎？儒者之道，不呵人海以生死海，乃即于人海而见性海，故曰"道不远人"。人之为道而远人，不可以为道。佛氏畏人间世险苦，一直孤往，虽难矣，而能忍欲者，则为之犹易。儒者明知人间世伏奇险大苦于平易之中，而安之不怖，反求其本，反求吾所以生之本原，乃识万有皆真理之流行。小己相舍，即无世间相，险无不夷，苦复何有？其身不离庸众，而实离群独立；虽离群独立，而实又不离庸众。其于人伦日用，一切随乎庸众，而实有不随者存；虽有不随者存，而究一切随乎庸众。此其所为，真难之又难，而无绝妙好词可以形容此难。余故曰：若言道统，正朔当在尼山。佛氏究是偏统，能偏故显独至、显奇迹。不观于佛，无以知儒；不归于儒，终未免有舍人海而求性海之蔽。偏正互显，儒佛相需，会而通之，王道平平。胡为僧徒曾是弗思，而妄诋儒？

评文又云"儒家虽亦感到天地不与圣人同忧，终究是不了了之，未济"。此以俗肠而议圣量，不亦悲哉！熊先生《读经示要》第一讲谈治化九义中有曰：是故《大易》终于《未济》。未济，人道之穷也。《春秋》以西狩获麟终。获麟，叹道穷也。呜呼穷矣！而有无穷者存，无穷者，愿欲也。当其穷，而有无穷之愿欲。所以穷则变，变则通，通则久。《易》《春秋》所寄意，甚深微妙，其至矣哉！凡夫智小，处穷绝愿，岂不悲哉！又《新论》语体本中卷《功能》章有曰：险阻不穷，所以征其刚健；神化无尽，亦以有夫剥极。若有小心，睹宇宙之广大，剥相不必厌，所以成其广大。将恐怖而不可解。《易》道终于《未济》，不为凡愚说也。综上诸文，义旨深远。圣人作《易》，终以《未济》，而其仁天下万世之心终无已止。故于《易·系传》明其意曰"天道鼓万物而不与圣人同忧"，此义须详熊先生《黄海化学社讲词》。又曰"安土敦乎仁，故能爱"，天地万物痛痒相关之忧与爱，此本体之流行也，此剥而必复之几也。故又曰"穷则变，变则通"云云，此是何等境界！唯佛氏大悲弘愿与此相应，而曰以不了了之乎？佛言众生具五种姓，共阐提种姓终不成佛，吾国慈恩宗承传斯义，《法华》五百问尝攻难不休。然阐提虽有佛性，理当作佛；而事实上，其障过重，毕竟不成佛，则无容否认。据此，众生不得度尽，仍是《大易·未济》之义也。试问佛氏亦是不了了之否？佛氏有悲愿在：有一众生不作佛，我终不成佛。其忧之切、爱之深，与吾圣人无二致。评者既披法服、诵经书，而于先圣先佛深远之观照及其诚切伟大之精神，竟一毫无所感悟，何哉？

评文引《大易》"天地之大德曰生"，以为儒家是觉得宇宙间充满了生之和谐，因推想到拟人的天或天地云云。此乃时下洋本本的论调。《大易》言生或仁，是实证乾元性海，吃紧。岂同凡夫情见，由贪著世间故，便觉宇宙间充满生之和谐！评者本不悟乾元性海生生仁德，乃妄以自家痴见轻侮圣言。《大易》分明于《乾》著"亢龙有悔"，于《坤》显"元黄血战"，他处更不胜引，何曾只见宇宙间充满生之和谐？评者于《易经》未曾读过，何故妄议《易》？和谐必待有不和谐而后见，宇宙充满和谐一词，根本不能成立。既无不和谐处，则和谐又从何觉得？评者若平日果有此觉，当知是汝妄觉，无关实理。

性海大德曰生，天地所以象性海。汉儒言象者，譬喻义。凡人皆以为天地生育万物，故以为性海生德之象，而意不在天地也。汉《易》家皆云《易经》无一字不是象，此语甚吃紧，不知此事，绝不可读《易》。《大

《易》显乾元性体，是否有一神教拟人之嫌，稍有哲学头脑者当自知之。如果不知，必是无头脑者也，否则必挟私见以横议者也。

评者赞叹老子天地不仁、刍狗万物之言，又云老子领会到灭灭不已的杀机，并赞其有些出世的倾向。评者似甚怕灭，似受佛家怖死的影响。其实如克就性体言，性之德只是生，只是和。此中生字，不与灭或死对，而是绝对生的义；和字非与不和对，而是绝对的和义。正如涅槃言常，非与无常为相对之词；乃至言净，非与不净为相对之词。评者如不悟，幸勿遽起反感，不妨苦参一番。若谈到本体之流行，流行即是本体显为大用。有反始遂其和，老云"反者道之动"，确不错。有生即有灭，大用流行必非一味平板板地。独则不化，《易》家此义最宜深玩。反者所以显其和，无反则独而不化，奚以见和？才生即灭者，故不暂住故，一息守故，大化斯停，焉有新生？《新论》说灭灭不停即是生生不已，皇皇胜义，而汝弗喻；天发杀机，伪书妄谈，胡可取是，以衡《易》道？评者引《阴符经》，不知其伪。须知儒者生生，克就用言，吃紧。与佛言生死之生截然异旨。佛之言生，即十二缘生义，无明为导首，后来大乘赖耶生相即承十二缘生之旨，而别用一种方式即一套理论以演之，其骨髓则一也。章太炎不悟赖耶生义与儒家天命之性绝非同物，不悟，一气贯至此。天者，本体之名；命者，流行义。天命犹言本体之流行。性即天命，但以其为人所以生之理，则曰性。意混为一谈，章氏平生屡以赖耶生相言儒之生生义，垂老不悟。熊先生尝正其谬，见《十力语要》卷一。夫佛氏生死之生，明明就妄识流转处说，非就清净性海上说；《大易》乾元生生仁德，即显清净性海之德也。佛家着在出世，故于性海只证其寂，而不会其生生盛德，此其根本差谬处。《新论》不得不救其偏，因而以归宗于《大易》，非故与佛门立异也。《易》言"天地大德曰生"，正以象乾元性海，何可谬作一神教之拟人观念会去？

老子天地不仁、刍狗万物之论，是滞于物象以测化理，此言化育，即谓大用流行。正堕凡情窠臼。从物象着眼者,必计有小己与万物相对。在相对的世界中,小己有生死苦,又复以己逐物,即有求不得苦,乃至种种不可胜说苦。又物我对峙,遂发生种种罪行,人间成万恶稠林,广宇为一大火宅。老子兴叹在此也。庄生祖述老氏,不得已而委心任化,委其心于无用之地,以任造化之自尔,故以我为鼠肝、为虫臂,我皆任之而已,无自力可致也。成乎玩世。熊先生《读经示要》第二讲评斥庄生为从来谈庄者所不悟。先生近有《漆园记》,虽小文,而义据极深切。老庄着眼处与佛家接近,故佛法东来,彼为先导,确不偶然。然彼非能出世者,熊先生《十力语要》各卷中曾有说及。出世虽有反人生之嫌,虽偏,而偏得有气力;老庄玩世,其流便一毫气力也无。评者欲引与释尊同调,释尊当不受也。

夫滞于物象而不得超悟者,则人生常限于苦逼与罪恶之中,《易》之《坎》《讼》《剥》《否》《困》等卦明知此事,然终不起厌离想者,则其着眼处在超物而直趣上达。《易·系传》曰"形而上者谓之道,此中"形"字是昭著义。无方无相,而非空无,故言昭著。绝待故言上。此乃遍为万物实体者,是谓道。形而下者谓之器"。此中"形"字,是形物义。本体显为大用流行,即有翕而成形之方面,形即退堕,故说为下。以其形下,谓之器。《论语》言"君子上达,小人下达"。上达谓证得本体也;下达谓滞于物象,即执有小己而与物对峙,最甘于下坠而迷失其本体者也。子路问死,子曰"未知生,焉知死",从来注《论语》者,于此章均茫然不会。夫子呵斥子路,令其反己而求吾所以生之理,好上达天德天德谓本体。《中庸》曰:苟不固聪明睿智,达天德者,其孰能知之? 而不囿于器。小己相舍,伊谁有死? 何须以死问哉? 子路之问,正是迷情,夫子呵以"未知生",则警之上达。船山诗所谓"拔地雷声惊笋梦"者,似此气象。《读经示要》说子路所问之死是十二支中老死之死,十二支亦名十二缘生。而夫子答未知生之生,则非十二缘生之生。此是宣圣释迦根本异趣处,惜乎迷者弗辨也!

夫于一一物象而迷执为实有如是器界者，则内而坚执小己，外而逐物。于是物欲之无餍足，与物我相角逐间，发生无量无边罪恶，及小己之死苦，皆无可解免，此固厌离思想与玩世思想所由生。若其怀乐生之情而实不足语于上达者，则虽歌颂帝力，赞造物之美丽，实亦由迷妄之情固结于中，而不自知所以耳。总之，评者以厌离世间与玩世思想为根据而批评儒家，是极大谬妄；以乐生思想猜测儒家，又是极大谬妄。儒者之道兴庸众同行而异情，所行同，而情实异也。异情而同行。其着眼处不在世间，即于一一物象而不作一一物象想，即于，至此为句。于器界不作器界想，世间相舍故，一一物象或器界都无故，所执无而能执亦无。能执，谓小己。孟子"形色天性也"一语，天者，本体之名。性即天也，但以为人物所以生之理而言，则曰性。直含佛氏《大般若》无量甚深微妙义，有其长处而无其流弊。《般若》破相以显性，相者，即孟子所云形色，亦即本文所云物象或器界与小己相。何如不破相而直于相显性？何如，至此为句。破之固以遮执，而亦易流于耽空，且有性相不得融一之过，故孟子语更妙也。诚知形色即天性，则于世间直证为天性流行，岂复有世间相乎？于一一物象或器界直认为天性显现，岂复有物象或器界相乎？于小己直证入天性，岂复有小己相乎？孟子即相显性，则不待破相而相缚已无。相缚者，凡夫迷执于相，即为相所缚而不得见性也。譬如小孩临洋岸，只认取一一众沤相，而不知为大海水之显；有成年人语以众沤即是大海水，则沤相不待破，而自无沤相之缚矣。《般若》破相显性者也，孟子即相显性者也。孟子此言，盖从乾元始物与万物各正性命处体认得来，一言而发《大易》之蕴，盖孔子嫡嗣，孟氏去孔子未远，而自称愿学孔子。儒学之大宗也。识得形色即天性，则尽性所以践形，尽者，实现天性而无所亏欠也。于形而尽性，则形即性也，尽性即践形也。践形即是尽性。故孟子之人生观在集义、养气，以究于至大至刚、充塞天地之盛，此中"天地"一词，犹言全宇宙。是即人即天地，即世间即乾元性海也。孟子之学出于《易》,确然无疑。至此则何有厌离?又何有于玩?若言乐生,则非乐其小己之生也,非乐其与物相待之生也,非安于现实之谓也。呜呼!凡夫不识此境界,诸宗教、哲学家识此境界者亦罕矣。汉唐迄清,注疏之儒,名儒而实无预于儒也。宋以来义理之儒则杂于佛与道,大概偏从虚寂测天命,其得孔孟之意者寡矣。何况近世僧徒,可了真儒乎?

评者又云"物种的仁,即被解说为道德的根源",据此,评者于高深学术似太缺乏素养。文字之初兴,多是表示实物,其时人智尚浅,即抽象的作用尚不足;及学术以渐发达,则每沿用其原有之字,离其本义而引申之,以表达其最高之理念。如我之一字,原本身见,其后引申为法我,则已甚抽象。更引申为涅槃四德之我,涅槃本真如别名,设有攻佛者曰佛家以身见为真如也,评者以为然否?如若不然,休误言仁。

评文又云"论到出离,佛家从生者必灭而灭不必生的定律,确信苦痛有解决的可能"云云。此一定律,自是评者代诸佛所立者,诸佛断未肯承认。诸经论说缘生法,固云此生故彼生,此灭故彼灭,如十二支中,无明缘行,无明灭故行灭,余准可知。此明缘生法都无自性,似无须评者代诸佛别立一生者必灭而灭不必生的定律。须知有为法一名生灭法,此是世间及佛法所共许,但生而必灭固已,而是否才生即灭,乃别是一问题。今评者忽为诸佛代立生者必灭而灭不必生的定律,则有无量过。所以者何?佛家大有谈缘生法,有染分依他与净分依他之分。他者,缘义。依他众缘而起,曰依他起。故依他即缘生义。于染分依他,应云才生即灭,才灭即生,但遇对治,则不续生,若泛云灭不必生,而不以对治简,则无明遇净对治,亦非决定不生也。将佛之修行,一切唐捐,此岂小过!净分依他,若如评者灭不必生,则佛法将成断见外道,又岂小过!经论克就缘生说,而云此生故彼生,此灭故彼灭,正显缘生法无自性,立言恰恰如量。

评者泛立生灭定律，自应包通各方面的法义，何可如此糊涂？评者悍然侮老宿只读佛家半部《唯识》，窃恐汝半部佛书未曾读过。又汝好言定律，亦知佛经所谈与科学说物理不同否？而可以定律乱解佛说乎？

尤奇者，评者于其所立生者必灭而灭不必生的定律下，紧接确信苦痛有彻底解脱的可能而为一长句，据此，则佛氏之解脱，只依生者必灭而灭不必生的定律以得之，凡佛教三藏所说万行，皆成废话。所以者何？一切法既循生必灭而灭不必生之定律，则无事于修行，而自然彻底解脱故。无怪评者满纸缘起，而不悟佛家缘起义毕竟不同哲学家之关系论也。此不独未通佛法，即就中国与远西哲学言，人生超脱尘累之最高境界，岂是随具自生自灭而得之者哉？评者身为僧人，何故若斯愚妄？念此不觉怆然。

评者又云"对于苦迫的世间，称此解脱为出世"云云。解脱果只如此，则何须高谈佛法？匹夫匹妇自经沟壑，便已解脱众苦。即不如此说，而乡村浑朴老农终生不作世间苦迫想，何尝不解脱？何不可名出世？须知三藏十二部经，一方抉发众生惑染相，何等深细！何等森严！一方阐明诸佛菩萨行愿及果相，修行为因，所证得之境名果。何等广大！何等真切！何等清净庄严！评者于此等处若稍有触，何敢如是而言解脱？谚云聋者不畏雷，以不闻故；不知有难说之境而敢说，亦以不闻故。至解脱是否离此世间而别有在？吾每遇人间及此。当知解脱亦不离此世间而别有在。众生秽土，诸佛净土，同处各遍故。诸经论中已言之，兹不及检举。亦非即此世间，净秽虽同处而实各别，互不相入故。要之，解脱境界终是宗教的神境，与吾圣人与天合德之诣，当不必并为一谈。吾人信之与否，别是一事，而其意义甚严格，万不可以俗情妄作解也。

评文又云：由于正觉现前，情见与业习的治灭，开拓出明净心地,不为世法苦乐等所惑乱。有此正觉行于世间,才能释迦那样的如莲花而不染,迦叶那样的如虚空而不着。如此的出世,似乎不可以呵毁,否则《新论》所标揭的自证相应,先该自动取消。不是这番出世的人生观,《新论》从那里去发见空空寂寂的穷于赞叹,儒家能有此一着吗?

此一段话,评者直将佛教根本精神完全扫荡。须知佛教中本富于哲学思想,其理境直是穷高极深,惟此土儒宗适与冥契,而远西哲匠纯恃理智思辨以见长者,解析虽精密,究无可攀援高深之理境。"须知"至此为长句。今日僧徒疑熊先生毁佛,实皆不通《新论》;真通新论,必不谓熊先生毁佛也。熊先生于佛教之哲学思想方面,确吸其真精实髓而变化之,以明体用不二之诣、空空寂寂而生化无穷、健动不已之神,"以明"至此为句。以救佛家耽空溺寂与性相不得融一之弊。后有达者,当识斯意。但余有一紧要语告评者:熊先生平日教学者,每谓佛氏发心是对众生沦溺生死苦海起大悲心,而其究极之希愿,仍在度脱众生尽离火宅,而趣寂灭海。所谓度脱,即《阿含》所云"不受后有",后者,后世。有之一词,省言之,则谓众生身及世间。不受者,谓灭度已,不复于后世来为众生也。非谓既得明净心在世间而不染,便是出世。"非谓"二字,至此为句。倘佛之出世果如评者所云,则诸佛菩萨何故有厌离生死海等胡乱语,岂非自暴露其心地染污,竟于世间妄诟为生死海耶?岂非,至此为句。若止在世不染即名出世,更无出世法者,则程子"廓然大公,物来顺应"二语,廓然大公,非如虚空而不着乎?物来顺应,非如莲花而不染乎?已足抵消佛家三藏十二部经。而佛氏无量无边说法,直可以老氏所云"多言数穷"者讥之。即付之秦火,无不痛快,恶用是纷纷者为耶?佛家十二部经与儒者六经四子,两相比较,其于真理之无穷无尽各有证会独深处。吾人若求融会贯通,自别为一事;但两家骨子里不同处，究不可乱。一为出世之教，一为融贯天人之学，天人不二，自无所谓出世。须各存其精神与面目，此熊先生论学主张，万不容忽。

佛徒顺俗而言入世，则诸佛菩萨立教根本精神完全扫荡以尽，名为护佛法而适以毁法，不独释尊不愿有此逆子，而佛法毁坏亦是人类精神界一大损失也。熊先生并不反对佛教，尝言佛氏照察众生无量无边惑染相及诸苦相，与其大悲大愿，尽未来际不舍众生，我不入地狱谁入地狱、大雄无畏精神，真乃念念服膺，而不敢失、不忍失。即其度脱众生之愿，不惜大地平沉、虚空粉碎，无论可作到与否，而人类无始时来在长夜中，亦应有此超脱智慧与胜远情怀、勇悍力量，何必顺凡情而讳言出世乎？以上皆熊先生言。先生固常言出世之行，未免行怪。亦常言：向何处出？此则就其融贯天人，不落世间想之义据上说，当有是言；若就众生无始颠倒方面而谈，佛家出世思想，自是昏域中忽燃智炬，恶容毁熄！先生每云：天地间只儒佛二家之学足以表现宇宙精神。二者本有可融会，至理元无疆界；而二家思想出发处究有别，则有不当混乱者，切忌混乱。余尝问：先生《新论》终归宗于儒家《大易》何耶？先生曰：汝自会去。久之又曰：汝深玩《论语》，子曰："天何言哉！四时行焉，百物生焉，天何言哉！"何言者，形容其寂也，寂寂而时行物生，此天之所以为天地。圣人与天合德之旨，合之一字，只是措词方便，实则说到合天，则人即是天，非以此合彼也，须善会。毕竟与佛家所谓证涅槃自有不同者在。万有之实体，儒者谓之天，佛家亦谓之涅槃，然佛证涅槃只是寂，天则不唯寂也，二家所证不全同。此间确有许多大问题，惜乎儒佛二家学者都是胶执文字，不可得忘言默会之人与之穷极真际，恐言之徒惹无谓纠纷，不如缄默。世愈衰乱，独学无神解之人。昔罗什门下有三千四大之盛，什公有四大弟子。尚怀"哀鸾孤桐上，清音彻九天"之痛，而余之孤苦，则什公当日无从梦见也。先生此言,为之心戚!

熊先生尝言:出世之教与融贯天人之学,分明是对于宇宙人生根本问题而各有看法不同。佛家以缘起说缘起与缘生二词本通用,但亦有别义,见基师《述记》等,此中则据通义言。明诸法无自性,此中诸法,犹云万物或万有。至俗云宇宙者,本万物之都称。佛书虽无宇宙一词,而诸法或诸行及有为法或生灭法诸名词,则亦概万物或万有而总称之也。无自性者,即谓万物都无实自体,万有都不是实在的也。今之新物理学,几窥见宇宙万象皆空,已为佛法张目。此中几窥云云之几字,甚吃紧,几之为言,以其未能深澈也。物理学只将有实质的观念打消,而近于空,实则此解甚粗。佛家观空,穷玄究妙而极微奥,非熟玩《大般若》而得言外意者,难与谈此。物理学家何足语《般若》哉! 至其抉发人生无量无边惑相、苦相,可谓上穷霄壤、下达黄泉,无不究尽。此其所以普为群生说法,欲令离生死海而趣入清净寂灭海,所谓离欲,一切惑染,总名为欲,寂海则远离诸欲也。灭诸惑永灭名灭;寂海湛然,非诸惑所著处故,亦名灭。息没已。据十二缘生义,众生之生也,缘惑而生,惑相灭尽故,即生相灭尽,云息没已。有亦不应说,无亦不应说,有无亦不应说,非有非无亦不应说,甚深广大无量无数皆悉寂灭。呜呼! 无上甚深微妙难穷哉! 清净寂灭海也。后来大乘虽言无住,大乘无住涅槃,则以众生未度尽故,既不住生死而亦不住涅槃,遂名无住涅槃。对治小乘自了之私,盛言不舍众生、不舍世间,此是悲智辅翼,用而常寂。菩萨不住涅槃,常以悲智辅翼发起无边功用,而恒不失其自性之寂。要其本愿,终欲令一切众生皆入寂灭海,与释迦主旨,元无二致。若曲解大乘,谓其变更出世教义,即以在世不染名为出世,则顺世外道之名,真可加于大乘,岂大乘所愿受哉? 综观三藏十二部经,总是悲愍众生流转生死海,起无量惑,造无量业,业谓罪恶业。受无量苦,故乃誓愿拔出,令趣寂海。一切外教都无如是出世了义,了悟最高,无不究竟,故云了义。此乃人类思想界之最空脱、最奇亦最有趣者。陷溺现实之人生,亦应受此一番警觉,其可毁方为圆以变更佛法本旨哉!

儒者融贯天人之学,明万有资始于备万理、含万德、肇万化之一元,所谓乾元。备万理云云,此虽《新论》之旨,而《新论》实发挥《易》义。乾元遍为万物实体,即于一一物而皆见为乾元,是故于器而见道,器即道之著也。于气而显理,气即理之显也。于物而知神,物即神之显也。于形下而识形上,形下即是形上,非可二之也。于形色而睹天性,形形色色,莫非天性著现,故睹天性则形色之见已亡。于相对而证入绝对,于万物而识其本体,即相对是绝对。于小己而透悟大我,若悟在己之自性与超越万有之实体,是一非二,则小己之相遣,而知天地万物皆吾同体,是孟子所云万物皆备之我,乃大我也。于肉体而悟为神帝。上帝非超脱肉体而外在故。彻乎此者,不独无生死海可厌离,实乃于人间世而显天德。人生日新盛德,富有大业,一皆天德之行健不息也。范围天地之化,裁成天地之道,此上言天地者,即谓自然界。曰范围、曰裁成,即因自然力而改造之、利用之,以适于人生。曲成万物,曲成者,顺物之性而成之,使各自治自主,非有强力者宰制之也。辅相万物,辅相者,但导物以相互助而已,不可钳束之使失其自由。极乎天地咸位、万物并育,一皆天德之行健不息也。人禀天德以成人能,即于人道实现天德,天人本不二,非可求天道于人道之外也。《新论》体用不二之旨,亦是融贯天人,继《大易》而有作,扶儒学于将坠。矧丁衰乱,昏弱托庇空王;魏晋以来,每逢衰世,人心趋向空寂之教。今日军人、官僚、商人、名士,其昏恶而不自安者,多虚慕佛法,其软弱不自振者,亦稍舍佛书一二话头以自遣,此为最不良现象。虽于佛法本身实无关,然其假托,甚可恶。拯溺救焚,究非趣寂者所任。体天之健,儒学攸资,《新论》朋儒,非偶然也。

出世法,极高明而未能道中庸,其厌离生死海而高趣寂灭海之希愿,可谓人类思想界最空脱之境。此等思想,非高明之资不堪钻仰,而昏弱之徒托于此,则由其愚昧已甚,不解佛之法之真耳。

融贯天人之学，极高明而道中庸。唯其一直上达，上达，谓达天德，即人即天。复玩前文。故乃德用充周，无亏欠曰充，无限量曰周。浑然与天地万物同体，不作小己流转想，即无生死海想。又其于庸众之骤难上达者，则因斯人之性人禀天德而生，即为其性。而兴礼乐之化，辅以政制法纪，养成群体生活良习，并育而不相害。故《论语》曰"人之生也直"，又曰"斯民也，三代之所以直道而行也"。此直字甚严格，理非倒妄，故以直言。佛家言真如，亦以理非倒妄故名，此义深微，切忌浅解。人之生也，本具直理而生，三代圣者，即因人性本具之直而行直道之治。若夫枭桀之流，以野心与偏见宰割万物，钳束生人，蛊惑众庶，则是颠倒迷妄，违反人性者也。儒者实现天德于人间世，故不似佛氏以无明为导首来说人生，以赖耶染污来说人生，赖耶骨子仍据十二缘生义，已如前说。德人叔本华之学，即受佛氏之影响而误。"故不似"三字，至此为句。亦不以世间为罪恶稠林，为火宅，为生死海，为大苦聚，为如露如电、如幻如化。亦不以，至此为句。体天德而成人能，即人道而实现天德，上二语，吃紧。故曰极高明而道中庸。佛氏终不免舍人道而索天德于寂灭之乡，虽复对彼众生从无始来锢于形、囿于习，而不克显其天德者，可以破其缠缚，虽复，至此为一逗。而衡以天人不二之旨，则失之远矣。

科学精于析物，毕竟不可以知天。曾遇一精研物理学者，彼云：今日物理学已明宇宙无有实物。即已接近于佛氏之空观，但吾意则欲究明宇宙由空而现为有之理，以此欲研佛经云云。彼亦曾向熊先生道此意。先生对彼之探索此一大问题极感兴趣，但谓此一问题之探索已进入本体论，而佛家之本体论决不能对彼有所启发，佛家以真如为万有之本体，而其谈真如，只是寂静，只是无为，只是不生灭。可参考《新论》中卷。必须由《新论》以探《大易》言外之意，复以《大易》与《新论》反复参证，而识体用之妙，则宇宙万象虽有而未尝不空，虽空而未尝不有之故，可得而明矣。熊先生又言：科学纯凭理智或知识去辨物析理，专从此用功者，决不可证得本体。儒者之学，非反理智，非废思辨。孔子曰"吾尝终日不食，终夜不寝，以思"，孟子曰"心之官则思"，《易·系传》曰"智周万物"，《大学》主"格物"，此皆可证也。但圣人知天合天之诣，知天之知，是证会义，非知识之知。合天者，即人即天。见前注。必于人生日用中，有极深极纯之修养工夫，极深云云之极字，吃紧。而后可上达天德，而后可与天为徒。与天为徒，借用庄子语，所以形容人即是天，非但为徒而已，须善会。若恃理智思辨以穷玄，只是以已测彼，彼，谓天。终不与实理相应也。譬如未亲触火者，其思维中构画火相，而火之明相与热度为何等，究非其构画所及也。《新论》卷下之二《附录》曾言，哲学为思修交尽之学，熊先生尝欲为《量论》畅发此义。此中意广大深微，非于东方圣哲之学有素养者，难与论此。又复应知，科学总以其所研究之对象为外在世界。而所谓万有之本体，从其为吾人所以生之理而言，则为吾人之自性。故不可妄计本体为离自心而外在之境，误以测物之方法推度之也。"故不可"至此为句。先生尝言：学贵知类，不可以科学万能而轻毁儒者融贯天人之学。有科学而无儒学，则科学知识终不能探万化之大原，将长陷于支离破碎之域，科学解析宇宙，由玄学家视之，则谓其支离破碎，而科学之长亦在是。科学必赖有儒学为依归，由思修交尽而底于穷神知化、尽性至命，尽性至命，见《新论》下卷《成物》章，《读经示要》第二讲解释尤详，此即圣人合天之诣。则天地万物同体之仁油然不容已，而人类不至以科学智能为自毁之具，此可断言也。学不极于知天，天，谓本体，可复玩前文。则天地万物同体之爱爱即仁。终不显发。佛氏唯证见真如，即知众生同体，始起大悲，此与儒学合符处，然其道在出世，究非天人不二之旨，则前已言之。

哲学家谈本体者，大概以其理智推求所得之最后实在，说为宇宙本体，而不悟此实在者，是偏为万有实体，亦即是吾人所以生之理，而为吾人之自性,固不待外求也。向外推求,徒滋疑眩,将如宗门所呵为骑驴觅驴,是不自识之甚也。故儒者尽人合天之诣,人禀天德而生,故必实现其本具之天德,方是尽人道。能尽人道,则人即天也,故曰合天德。非徒任理智推求者所可至。儒者之学,不反理智,而卒达于超越理智之境,超越理智之境,谓圣人合天之境。则修养于日用践履之地,至于纯是天理流行,天理即天德。离形气之缚,念念能循天理,则形气皆天理之运用,故离缚;否则拘于形气,而天理被障。如非礼勿视听言动,即离形气缚也。亡小己之私,离形气缚,即法执破;小己之私已亡,即我执尽。孔子"四毋"及语颜子"克己复礼"是也。是以即人即天也。熟玩六经四子而得言外意,则圣学固非仅任理智者,斯与哲学家专力处不必同,其所造之境自迥别。学不归于儒,终与真理为二,"真理"一词,《新论》时用为本体之代语,此中亦谓之天。尽人合天,即天人不二。理智推求之功,未足语此。此儒学所以贯百氏而宏纳众流也。

一切学术思想,必以儒者融贯天人之学为其依归。人生始不陷于倒妄。出世之教,奇而失正,偏而不中,佛氏自称为大医王,用其说以为沉迷现实而不反者之攻伐剂,无论有效与否,治疗不容已也。若有少数英资,炽然怀超世之感者,勇悍而逆造化,造化,谓本体之流行。高蹈寂海,则亦人生之孤诣,独往焉可也。

评者自承佛家出世而诋儒者无出世想。及罢评者之言,则以在世不染名出世,乃欲阴托于儒,以变乱佛家本义。又不悟儒者尽人道而合天德,其于世间有经纶之盛,而一本天德之流行,元来不存世间想,即无所谓入,更何所谓出。六经四子中,寻不着入世一词,大可玩味。

评文又云"涅槃是什么,还有什么生命去与涅槃冥合的"云云。异哉僧人自叛佛教而至于斯!佛家如果不承认有个体的生命相续不绝者,则人死而即无,何有生死海沦没无依之可怖?且死而即无,又谁为得大涅槃者乎?须知佛家得涅槃,与儒者合天大有不同者。儒言形色即天性，又言尽心则知性知天，明心、性、天三名而实一也。心者，言其为吾一身之主也；性者，言其为吾所以生之理也；天者，言其为吾人与天地万物之统体也。同此本体，曰统体。故心即是性，性即是天。吾人能涵养与扩充其本心之德用而无亏蔽，是谓尽心。尽心即性显，性显即吾人当下便是天，即凡所感摄之一一世界、一一境物，亦莫非天理呈现，天是备万理的，故亦言天理。故曰形色天性也。儒者言合天，理实如是；佛氏证涅槃，毕竟别有宗教意义。今引《成唯识论》四涅槃文，间引《述记》如下：

一、本来自性清净涅槃。谓一切法相真如理。按谓一切法相之真如理，是本来自性涅槃也。真如即本体之名。又言理者，真如亦名真理，此为复词。虽有客染，按自外至曰客，染谓惑障等。此非真如性体上所本有，故名客染。而本性净。按真如之本性，恒清净无染。具无数量微妙功德，无生无灭，湛若虚空，按无生故无灭，不生灭故，湛若虚空。佛家谈本体，总是如此。一切有情，平等共有，与一切法不一不异，按是一切之本体，不异；非即一切法，故云不一。离一切相，一切分别。寻思路绝，按显唯内证。名言道断，按非名言安足处故，异有为法。唯真圣者自内所证。其性本寂，故名涅槃。

二、有余依涅槃。谓即真如出烦恼障。虽有微苦所依未灭，而障永寂，故名涅槃。

《述记》"显其因尽，苦依未尽，按因，谓烦恼。苦者微苦。苦依者，微苦之所依。此所依犹存，云未尽。异熟犹在，按异熟，谓第八识染业种未尽之位。参考《佛家名相通释》。名有余依，依者身也"云云。据《记》所云云，身是苦之所依，故《论》云微苦所依。异熟犹在，即仍须受众生身，未得出离世间，不受后有也，故《论》云微苦所依未灭。

三、无余依涅槃。谓即真如出生死苦。按众生共具有真如体，众生沦溺生死海受诸苦，即真如未出生死海苦。今者众生断烦恼障既尽，已离生死苦，即是真如出苦。烦恼既尽，余依亦灭。依，谓身，即上有余中微苦所依也。上之有余，以余惑未尽，即微苦之所依身未灭，故云余依。今此烦恼既尽，即不复堕世间受众生身，云余依亦灭。众苦永寂，故名涅槃。

《述记》"有漏苦果所依永尽"云云。按有漏者，染污义。苦果者，烦恼对所招苦而名因。苦对因而名果。苦果之所依，即身也。永尽者，惑因与苦果已尽，则永不堕世间，受众生身，故云所依永尽。

四、无住处涅槃。谓即真如出所知障。大悲般若，常所辅翼，由斯不住生死涅槃。不住生死海，亦不住涅槃，二俱不住故，名无住涅槃。利乐有情，穷未来际，用而常寂，故名涅槃。

《述记》："出所知障者，显唯菩萨得，谓得无住涅槃。非二乘，二乘不能出所知障。"所知障，从所障而得名。基师云：言所知者，即一切法若有若无，皆所知故。由法执类，覆所知境，令智不生，名所知障。二乘虽断烦恼障，犹未断所知障。烦恼亦名惑，此惑相甚复杂而深细，众生由惑故生。二乘能断此，而所知障犹存，可见其难断。

详上四义，第一自性，则明一切法之本体，名真如理，此言一切法者，即通众生或天地万物而总目之也。亦名自性清净涅槃。自性之名，则克就众生分上而目之，宗门所云本心是也。涅槃是一，元来只此自性涅槃。云胡于自性外复有三涅槃耶？理实涅槃本无四种，其后三者，则因众生虽具有自性涅槃，而由有客染故，障蔽自性，结生相续，客染，谓烦恼等。结者结缚，亦目烦恼。由诸惑结，不可解故，生死流传，相续不绝。《二十论》即以相续名人，最有义味。于生死海沦没无依，故真如体亦随众生堕生死苦，难有出期。是故三乘因闻佛法，勤策修行，断诸染障，由障断故，如体方显，如体，具云真如体。障断尽否，如体出障亦因之，如云障月，云消多分，月出多分，云全消,月亦全出。因此说有后三涅槃,则从真如即自性涅槃出障之分位而别立三名,虽非如体可析以四,而依断障所显得言,却有四涅槃可说。

已明后三涅槃依如体出障之分位而说。今次当知,二乘圣者,得二及三,谓有余与无余。其后三有余、无余及无住。通得者,唯菩萨。《述记》于第三无余中云通三乘释,可知菩萨非得无余不能无住。何以故?无住中云,于生死、涅槃,二俱不在,若菩萨不得无余涅槃,何能不住生死乎?三乘功修吃紧处,全在无余,无余则惑尽也。有余中,异熟犹在,尚受后有,谓于来世受人身或其他众生身。不得离生死海,即是住生死,障惑未尽也。及至无余,则惑已尽,而不住生死,方是自度已毕。小乘至此,便为止境,而菩萨不然,自度事毕,不忘他度,众生同体故。他度亦自度中事,若只自了生死,不复度生,生者,具云众生。即自度未得圆满。是故菩萨得无余已,不住生死,而仍不住涅槃。此所谓涅槃,即无余涅槃也。有余涅槃,未了生死;由得无余,方乃不住生死。而今复不住此无余涅槃,是谓生死、涅槃,二俱不住。其所以二俱不住者,则以众生未度尽故。菩萨常以悲智用,般若系译音,其义即智慧。而不译智慧者,以此云智慧,含义深远,恐滥俗解故。利乐众生,尽未来际,不复舍离,用而常寂,故名涅槃。据此则无住涅槃即是已得无余,而不住无余,常以悲智度生,不舍世间,大乘之异于小宗者在是。夫无余而终以无住,犹《易》之《既济》而终于《未济》也。圣人体大明而能爱,此中"体"字,是体现义,即含有保任与扩充等义。《乾》曰大明,《系传》曰安土敦仁,故能爱。吉凶与民同患,亦见《系传》。犹无住之意也。

四涅槃义,略疏如上。今欲告评者以三事:一、佛经虽云不坏世间相而说实相,下"相"字,非相状义。实相犹云实体。不坏云云者,即于世间相而见真实,佛书亦译真如为真实。究与孟子"形色即天性"意义不同。佛家是出世之教,菩萨必得无余,真如离障,进而无住,不舍世间,始于世间相而见实相，此其宗教思想与吾儒似有同而实不同者也。儒者证真之谈，无有宗教意义杂于其间。

二、佛之出世，决定是出离生死海，即断苦依。依，谓身，如人身或其他众生身。有余涅槃，异熟犹在。微苦所依未灭，犹是住生死。必至无余，方于生死而得不住。谈何容易妄以在世不染名出世耶？在世不染，岂必佛教！稍能寡欲者，即可不染。以此等俗见而言出世，菩萨有知，能不心痛？儒者尽人合天，无世可出，更何所谓入！"等闲识得东风面，喻知天也。万紫千红总是春"，此喻一切物皆天也，一切动念处与举足下足处，皆天理流行也。此等诗句，从孔门一贯、孟子左右逢源语得来，甚深微妙，非凡愚所了。无住菩萨，用而常寂，似此境界。然佛氏必出而后入，方能见得如此，却是宗教异儒学处。

然复当知，吾言出而后入者，指菩萨已得无余，不住生死，而亦不住无余涅槃言。其不住涅槃，即不舍世间，故谓其出而后入也。但此所云入，决不是变更佛教出世本旨，其入也，正所以完成其出世之希愿耳。我已不住生死，此中我者，设为菩萨之自谓，下准知。自度事毕乎？犹未也。众生与我一体也，众和生未度尽，则我自度未完成也。是故不住涅槃，即仍入世。常以悲智，不舍众生，尽未来际，我皆令入无余涅槃而灭度之。此菩萨本愿也。无住涅槃明明为度众生而施设，僧人奈何不悟！妄以世间情见改易出世教义，叛佛至是，大可惜哉！凡经论中每有不舍世间等语句，皆就菩萨道言，即就无住涅槃言，菩萨入世，乃所以完成其出世之希愿，切忌误解。

三、佛家确信吾人本有个体的生命不随形骸生灭，奘师言赖耶"去后来先作主公"。曰来先，则汝形骸未生时，汝之个体的生命无始时来已有之；曰去后，则汝形骸灭时，汝之生命岂断绝耶？赖耶一名，虽非大小各宗通用，而此词所表者，即有个体的生命，则佛家皆不外此。如穷生死蕴等，亦与赖耶大旨不异。汝试潜心深玩三藏十二部经,诸佛菩萨是为何发心?为何悲愍众生堕生死海?为何于地前地上无量劫修行?为何得无余涅槃而犹不住?托名佛子,而于世尊大事因缘全不求解、全不相信,妄臆入涅槃而苦依灭时,谓身灭时。即无所有。佛言:宁可我见如须弥山,不可空见怀增上慢。岂非预知来世有愚痴类将毁教法,乃严厉垂戒乎?夫有余涅槃,苦依未灭,即犹受人等身,其有个体的生命在,固不待言。入无余时,出生死海苦,烦恼既尽,余依亦尽,依谓身。详前。只是不复堕世间受人等身耳,非谓其个体的生命断绝也。生命之具,而非即是生命,故菩萨入无余时,世间身已灭,《论》云苦所依者,世间身。而菩萨之生命非断绝也。如其入涅槃而生命断,则诸佛菩萨何故长劫苦修,以求得涅槃而自绝其生命乎?佛菩萨果如此以求得涅槃,则与匹夫匹妇自经沟壑之情亦无异,岂不可痛而又可笑哉!又复当知,无住涅槃中,菩萨不住生死,即由其已得无余故也,若未得无余,何能不住生死乎?至不住涅槃之云,实即已得无余而不住耳,此义前文明示,无可狐疑。倘如评者所云"涅槃是什么,还有什么生命去与涅槃冥合的"云云,则菩萨得无余时,其生命即已断绝无所有,则后之无住涅槃是谁所得?岂呼虚空来得此涅槃耶?叫虚空来利乐有情耶?夫无住涅槃,自大乘空宗肇兴,首先提唱,大之异小,端在于是。无著、世亲力挽大空末流之弊,起而唱有,《成论》是世亲以来十师之结晶。其末后谈四涅槃,是佛家无量法义之总会处,是其精神与命脉所在处,是大小根本不二处,小乘千言万语,归于得无余涅槃;大乘千言万语,亦必归于得无余,而后乃无住,否则无住无可谈也。故大小有根本不二处,即无余涅槃。谁有智者而于斯不了乎?是龙树、提婆、无著、世亲同其大处,二家施设异,而此真归宿处不得有异。是自《阿含》以迄《大般若》,乃至《华严》等经有一贯处。详玩上诸句义。评者有云:涅槃是什么,还有世间可出离的。吾且问汝:曾读佛书否?任取佛家一部经或论,其所破的迷执相是世间相否？其所厌离的生死海是世间否？六度明明舍生死此岸到涅槃彼岸，是有世间可出离否？《成论》谈有余等三涅槃，明明曰真如出烦恼障，曰真如出生死苦，曰真如出所知障，是有世间可出离否？曰余依亦灭，是有世间可出离否？佛法若不出离世间，还可得涅槃否？评者若是在家人，乱谈佛法，犹不足怪；托名佛子，而知见如此，真堪悼惜！《新论》博大谨严，每下一义，都自其真实心中流出，无半字虚妄，评者竟绝不虚心，身在佛门，何可若是？评者复以《新论》此处所谈与外道神我离系独存及小我与大梵合一相像，以谓误解佛教，此实评者自误。佛家破外道之我，只破其妄计或妄执之我，而其自宗实非无我论也。破大梵天，亦破其妄计，不如实知，不能如其实而知之也。而佛氏本来自性清净涅槃，实与大梵有融会处。佛教徒不识世尊与诸大菩萨本意，遂与外道竞立门户，隔绝太过，而真理之在人心本有同然者，遂不可见。吃紧。此实大道之巨障，而众生迷妄与斗争，所由不可解也。《新论》寄托高远，自非超悟之资，何堪论此！

评者又云"大乘的不同儒家，即以出世的空慧扫尽世俗仁爱的情见，而使之化为不碍真智的大悲"云云。评者最令人痛惜者，即其染世间洋本本之毒过深，满纸浮词，无一明确观念。如言缘生，而不知有第八识，元非无我。言涅槃，而堕空见，不知无余涅槃，余依亦灭，而非无物，使其无物，则后之无住，而利乐有情者其谁乎？至言出世，则评者明明言在世不染名出世，又明明言涅槃是什么，还有世间可出离的，据此可见评者不承认涅槃是由出世间而得，此已谬极。断烦恼障，方得涅槃，大义炳然，如何不觉？烦恼障者，非佛氏所谓世间相乎？若不出离世间，何涅槃可得？评者于佛家出世本义，根本无正确之理解，今乃忽然推尊大乘的出世空慧，既不明了佛家出世本义，徒拈得"出世"二字而言出世空慧，究是如何的一个空慧乎？且评者后文，力主大乘空宗非是破相显性，何为于此妄说空慧？小乘人空，未得法空，故无空慧；大乘证法空，故云空慧。法空是何义？汝云空宗不破相，是空个什么？既不了何谓法空，云何妄言出世空慧？

评者以仁爱为世情见，尤可痛伤。佛教与儒学虽出发点各有不同，而儒之仁爱与佛之大悲，谓之有异则不得。儒之仁民爱物是世俗情见，佛之大悲众生非世俗情见乎？出世与否，确有同异，而人生本性之发用流行为万物或众生同体之仁爱或大悲者，则不可以门户愚见而妄分异同也。此处妄有异同，则人性将毁，佛种将断，是而可忍孰不可忍！且爱字义训有二：仁爱之爱是至善也；姑息之爱即贪爱，谓之情见可也。佛典谈及染心所中之爱，则是贪爱，非仁爱也。字义未究，而诬儒佛，未知其可也。

评文列儒家于人天乘，此承往昔僧徒之谬说，而不自知其非也。儒者所言天命或天道之天，非佛教所谓人天之天也。评者如能理解吾上文所说，则天字之义，无须复赘；若犹不了，则余更无多言之必要。真理自在天地间，能悟者片言而悟，不悟者终无如之何！

评者又云："儒家何处说仁是空寂的？"吾且问汝：三法印结归涅槃寂静，寂义是静义，故连属成词。又佛典寂字亦与空字连属成词，曰空寂。此土道典，亦以静字与虚字连属成词曰虚静。虚静之与空寂，二家意义纵有浅深，而大旨从同，则无可讳也。寂静即离欲，即无扰动相，故言寂静即有空或虚义相连属也。此等名词既已审定，试检《论语》，子曰"仁者静"，非以空寂说仁乎？又曰"仁者乐山"，山者，无扰动相，所以象仁体寂静。孔子作《易》，字字皆象，此处亦然。又有天何言哉时行物生之叹！叹者，赞叹。无言者，形容空寂也；时行物生，是空寂而能仁也。圣言高浑，非澄怀体之，未有能喻者也。

评者又诋《新论》赞美空寂，而怕说出世，即是《新论》的根本情见云云。此甚错误。熊先生尝言:吾并不反对出世法,但不认为大中至正之道。此中有无穷的意义,甚难与一般人言,佛教中人有教僻,更不好谈。即如前文所云,儒者形色即天性与佛氏不坏假名而说实相假名谓世间,世相不实,皆假名故。毕竟不同者,儒者只称实而谈,缘其一直超悟,无有小己之迷执,故于世间根本不曾作世间相想,即无生死海可怖,无世间相可厌离。尽心即知性知天,本无客染,故乃直于形色而见天性。此是证量境界,始终不杂一毫宗教意义。佛氏起初发心,便同情庸众,有小己沦溺生死海之热烈感触,开端便是宗教热情,与儒家圣人直由智慧澈证自本自根者异辙。自本自根者,谓万有之原不离自心而外觅。前云二家思想出发处不同者以此。但佛教有一特殊处,凡宗教家每任情感去皈向超越之上神,佛教则遮拨拟人的上神。不唯如此,而且戒、定、慧三学交修,由戒引定,由定发慧,其理智作用与思辨力之明睿,诚有超过世智辨聪处。然其空想与幻想处亦不少。佛教虽驳外道之神,而其自宗之神味确甚深。三界六趣诸天,自佛典说来,俨然亲历之境,人死而其生命非消灭,理所可有,儒者祭神如神在,恰到好处。而必曰诸天与诸鬼趣等世界如何如何,俨然一部信史,余以为不如圣人六合之外存而不论最为理智。此中"理智"一词形容其不作空想与幻想。凡言神者,应分以二,曰宗教家拟人之神与哲学家所谓宇宙大心亦为为神。宇宙大心即是吾人各具之心,实非二也。佛家毕竟宗教神味过重,不独非无神论而已。其诸天与诸鬼趣,可谓多神论。纵云界趣等说,随顺民俗而谈,不必与其中心思想有关,然从其教理方面衡之,颇觉其富于悬空的辨析,辨析极重要,但失之悬空即有病。要令采者有荆棘多于宝物之感。读佛书,如入山采宝,必遍历荆棘而后得宝。佛家穷大极深处,无可否认;而夹杂空想幻想,亦无可否认。佛法毕竟是宗教,宗教精神吾人决不可少;但出世主张,如有畸俊超然孤往,固无复反对,要非斯人常道。儒学极高明而道中庸,致广大而尽精微,通天人而一之,至矣尽矣！高矣美矣！无得而称矣！《新论》终融佛以入儒，其寄意深远矣哉！

评文有云:我以为《新论》原期融会儒佛,然彼于有意无意中始终有一情见存在,即扬儒抑佛的观念云云。

审曰:融会者,非于二者之中择其有可类比之语句以相附会之谓也。附会则是拉杂,无可言学术。融会之业,必自有宗主,而遍征百氏,集思广益,取人所长,违人所短,以恢宏大道而无碍通途者也。譬如具有生命的人体,常吸收动植等养料而变化之,以创新其生命力,是为融会;非自身本无生命,而东取一块石,西拾一木头,两相堆集成垃圾桶可以谓之融会也。非自,至此为句。熊先生之学,据其自述,从少年以至中年,本经无数变迁。弱冠革命,曾毁宣圣、谤六经;中间曾归心佛家唯识论;四十左右,复不满于唯识师之一套理论,颇倾向空宗;其后对佛家出世思想,认为是由厌离生死海之动机而有反造化之异想,此等出世法未免偏而失中、奇而失正,在熊先生本人颇不赞同。因此反己体认人生真性,历有年所,渐悟天人不二之旨。忽然回忆少时所读《易经》,始觉己所惊为自得者,乃吾圣人所已寓之于《大易》,但卦爻之理不易明,其辞皆象,又非泥于象者所可喻。自此乃归宗儒家《大易》,而毁其旧日依据世亲迄十师遗教所造之《唯识学概论》,遂改作《新唯识论》,明体用不可分而又无妨分,虽无妨分而究不二,融贯天人,融佛入儒,本诸其所自见与自信,非故意抑扬也。

又复当知,熊先生在其自己立场,本不赞同出世法,故有所融摄亦有所舍弃;在其对于思想而说,并不反对出世法。先生认为人类对于其自己的生命有永恒之要求,同时有拔出其生命于尘海、以高趣寂海之希愿,佛法于此确予人以强大之提振而坚定其信念。但熊先生又谓:吾人如有合天之诣,则于尘海而证得寂海,更无所谓出世。然众生根器不一,其思想与信仰接近佛教者自不少,当任人之信教自由云。

《新论》融会佛说处自不少。即如种子义,僧家只谓《新论》对此横施破斥,并有谓不应以种子为多元论者。熊先生尝面答某僧云:《摄大乘论》言"于阿赖耶识中,若愚第一缘起,或有分别夙作为因,如尼乾子等,计有先业,为诸行之因。或有分别自在变化为因"婆罗门等,计有大自在天能变化故,为诸行之因。云云。此中一大段话,明明将诸外道所自构画安立之本体一一破斥,而创明第一缘起即种子者,是为诸法之因。诸法,犹言诸行,解见前注。参考《摄大乘论》无著、世亲二释及《新论》中卷《功能下》。此有明文,何容否认?种子本为多数,轻意菩萨云:"无量诸种子,其数如雨滴。"不谓之多元,而将何说?《摄论》是无著亲造,以授其弟世亲,厥后世亲盛宣唯识,始终未失此规矩。无著兄弟是唯识开山,此不可据,其又奚据?某僧无以难也。实则《新论》于本体论及宇宙论方面,取消种子说,而于人生论及心理学方面,仍融摄种子说。中卷《功能下》谈染习净习处,与《明心》章谈心所处,宏深透辟,得未曾有。缚于染习,即物化而不入,亦即失其天性;舍染创净,所以成人能,即所以显天性。人之创净不息,即是实现其在己本具行健不已之天也。呜呼!斯理微矣。成人能便显天德,天人岂有二乎?种子义,经《新论》融化而意义顿异其旧,浅者莫之省耳。

评者谓《新论》不曾虚心理解完整的佛法,而只是偏见到一些似是而非的;《新论》以为大乘还是出世的,不知佛家的入涅槃本与《新论》不同等语。此一段话,吾前文本已破讫,可不复赘。评者身为僧人,而于佛教竟绝不通晓,"似是而非"四字,犹谈不到也。评者谈缘生,不知有第一缘起,即含藏一切种子之阿赖耶识,赖耶之名词且置,究竟佛家是否以为人死后即无耶?如其无也,还有甚佛教可说?经论中亦时有呵斥凡夫作死后有、死后无等计度者,此乃别有密意,切不可胡乱作解,谓死后便无也。如其果无,佛菩萨何故悲悯众生轮转生死海?何故修六度要舍生死此岸到涅槃彼岸?今日佛法虽衰,恐佛门中犹不少净信贤达,未必悉与评者同其见解。假如佛法非谓死后果无,则入无余涅槃时,菩萨余依灭尽,余依即身,已解见前。而其个体的生命可云消灭无所有耶?评者在前一段中已攻击《新论》,而谓"还有什么生命去与涅槃冥合的"云云,今在此段又胡乱轻诋一顿。礼之一字,吾无责于评者之必要。试问菩萨得无余涅槃时,若如评者所计根本无生命在,此时只是空空如也、一无所有,佛氏之空寂果如此乎?佛菩萨长劫修行,只求如此,则与愚夫愚妇自经沟壑之见何异?更可怪者,评者说得涅槃时,全无所有,而在此段中,再行申明佛家的入涅槃本与《新论》所说不同云云。须知《新论》说三乘圣者入涅槃时,不是其生命随身俱灭,即入涅槃不是断见,不是空得无所有。因此大乘菩萨已得无余涅槃,而为众生未度尽故,仍不住涅槃、不舍众生。此在前文本已引据《成论》解释明白,评者似一向少读佛书,即读亦不求了解,满纸是乡谚所谓横扯。如评者此段有云"大乘涅槃毕竟寂灭,而悲智宛然,令一切众生成佛"云云。夫评者谈入涅槃,明明反《新论》,明明是断见,而此中文又说悲智宛然,试问断灭而无所有之空寂中,尚有悲智可说否?评者只横扯一些话头,而其胸中竟不问此等话头当作何解,此真怪事!评者此段提及完整的佛法一语,亦知完整的骨髓在何许否?如人身所以成其完整者,以有骨髓在故,若去其骨髓,则完整者立时消散矣。佛法之完整,自有骨髓在,否则何以别异于世间法?此个骨髓是甚么?缘生是同于哲学家之关系论,而无有所谓穷生死蕴或赖耶识乎?果真无我乎?菩萨入无余涅槃时,便生命随身俱尽乎?此个骨髓一空,则佛之教法全盘俱毁。评者对佛法尚得许有似是而非之解否?

评者此文,横扯不堪,实不必辨。但念世乱如斯,人人缺乏信仰,只迷执肉体,若佛教徒亦随顺世俗而忽视自宗骨髓,则世道复何攸赖！余欲辨正之动机,实在乎此。甚愿评者多作静虑工夫,担当法运,毋自误也。

评者谓《新论》有取于台贤,隐而不言,为掠美或藏拙云云。此不独有意横诬,而亦太不了解学问之事。中外古今谈哲学者,著述虽极多,综其大要观之,哲学上之问题何在,名家皆不约而同注意到,至其对于问题之解决,则各哲学家之见解不能一致。然此不一致之情形并非极纷乱无绪,却可类别之为若干流派,流者,类义。试检几部哲学史便可见。不论何地何时之学者,观其著述,总可分属之于某一流派。其在同流共派之中,各个之所见或所说自有大体从同,或许多说法相合之处。至其从同与相合者,或后之于前,彼之于此,曾受影响;而亦有后未读前之书,此未阅彼之籍,竟有遥契处者。此心此理自有同然,孟子、象山之言,深可玩味。评者必谓《新论》有合于台贤即是有取于台贤,而又坐以取则掠美、未取而不言即是藏拙云云,试问《新论》之体系果与台贤同否？《新论·附录》中答人书曾言台贤渊源所自,不能外于大空大有,此语自是诚谛。一般人皆言台贤是中国思想,此与诟理学实是禅宗者同一错误。凡一学派之思想,受时代影响或外来影响而有变易于其所承接之古学,此另是一事;至其骨髓与所承接之古学为相反、为相承,此个分别极紧要。佛法是出世之教,儒者为融贯天人之学,此是二家骨髓不同处。理学尽管受禅师影响,而其骨髓确与古儒学为相承;台贤尽管以中国思想附会佛法,而其骨髓确已反固有而归宗出世法。又复当知,佛教东来,宣译之业,要以罗什之介绍大空、奘师之介绍大有皆为较有系统之传译,足资研讨。奘师未出之前,真谛古学颇盛行,台贤多资于是,后来亦受奘门影响,此中不暇讨论及斯。但谓台贤渊源所自,不外大空大有,此语终无有错。

《新论》体用不二义,一方由佛法中谈真如只是无为,只是不生灭,只是寂静，其与有为法或生灭法无融会处，一方鉴于西洋谈本体者，其于本体与现象亦多欠圆融；因此，潜思默识，历年良久，而后断然以体用不二立说。先生初欲求印度之真，先从奘译唯识入手，后乃上探什师，此土诸宗实所未究。《新论》文言本出后，有人谓其近华严，先生尝涉猎一过，谓其有甚好处，惜不免混乱。阅《疏抄》时，以老病未及随笔抉其得失，尝以为恨事。台宗则迄今未多翻阅，此实情也。华严理事圆融，以视大乘诸经生灭与不生灭折成二片者，诚有异，与《新论》体用不二义，本较接近。但其于本原处虽有见，毕竟失之浑沦，只说到理成事与事即理而止，事上欠解析，即不能施设宇宙论，此还是印度佛家本旨。宇宙是如何而有的？如何而显现？在吾国之《大易》与《老》《庄》，均有精透说明，印度佛家独不尔。评者在第二段中所云"佛氏于此，照例默然不答"，此语却是。佛家何故不许问宇宙如何而有？在佛教中人，固以"不可思议"四字来神圣与庄严此种意趣。其实，如果要说宇宙如何而有，则宇宙即是依本体之流行而假施设。佛氏出世法于本体只见为寂灭，亦云寂静。终不许于本体说流行或生化也。《新论》明由体成用，用者，即依本体之流行而立名，本体是备万理、合万德而流行不息的物事，即于其流行中有一翕一辟之势上，而名为用。详在《新论》的《转变》《功能》诸章。于用而设施宇宙，又即于用识体，而辟乃真体之显，故不妨说心为体，以心之名依辟立故。翕便物化，心则恒如其本体之自性，故于此识体也。此体用义与台贤相似有几许，望评者且细心，若不会，姑置可也，何用相诬！全性起修，即元者善之长义，亦自诚明义。孟曰"诚者天之道也"，其在人则谓之性。明，即见性工夫，一切修为，皆明也。自诚而明，是全性起修何疑？全修在性，率性之谓道也。此等句子，时见称引。小大无碍，庄子有明文。主伴互融、一多相摄等义，华严家实自卦爻中体玩得之。然西洋哲学家亦多能言及。何用少见多怪，以为华严独发之秘乎？海沤等喻，既是譬喻，亦何足言！即物游玄,便自见得。心同理同,互不相袭。此皆枝节,无关根底。若云袭取,则佛教自其肇创,以至后来小宗大乘之发展,随时皆有所取资于外道,而乃破斥外道不遗余力,然世未有以此议佛氏者何耶?老子后于孔,今人考据殆无异议。儒言道,老亦言道;儒言阴阳,老亦言阴阳,此乃根本大义相同,非枝节之合而已。然老攻击儒家甚厉,从来未有诋老氏学非自得,亦未有疑其袭儒言而反抹煞之者何耶?良知始见孟子,而阳明自谓其发明良知为千古之一快,世未有疑阳明袭孟子者何耶?张人李人,五官百体无不似也,而世不谓张人即是李人者何耶?伯乐相马,得之于牝牡骊黄之外,得其蕴藏故也。牝牡骊黄,天下之马无弗同也,而马各自有其蕴藏,则不得而强同也。岂唯相马,读书者若只求之于文句或理论之间,而不了解其中之所蕴藏,徒妄生异同、妄为是非,则与著者本旨无干,亦无所损,只自误而已矣。

评者又云:"《新论》继承理学的传统,以'寂然不动''上天之载无声无臭''神无方而易无体'说明儒家知道寂然的真体,此空此寂即是佛家所见的,于是乎会通《般若》与禅宗。其实佛明空寂,彼此间也还有差别,浅深偏圆不等,那里能凭此依稀仿佛的片言只句,作为儒佛见体寂同一的确证。"此段话,却是门户见。华梵圣哲澈了大本大源之言,甲乙不约而同言到,其所以同言到者,实由其同见到,其所以同见到者,实由心同理同。孟子、象山皆说同心同理,此是无上甚深第一义语,千圣莫能违。心有所不同者,必非大明之心,障染未尽也;《易》之《乾》言大明,佛曰圆明。理有所不同者,必所见非真,要非理果无实,令人不得同见也。儒者穷理尽性以至于命,参考熊先生《读经示要》第二卷,即佛氏所谓澈法源底也。穷至此究竟处,说"寂然不动",不动者,无昏扰义。说"无声无臭",说"神无方,易无体",神者,神化;易者,变易。此皆就本体之流行言。换句话说,即就本体之全现为大用而言。无方者,无有方所;无体者,无有形体。此与佛氏见到空寂，无方所、无形体等义，名空，非空无之谓。确是于大本大源处，同有所见之一方。此中"一方"二字吃紧。本体空寂，无方而化也神，无形而不穷于变易，所谓动而健、生化不测也。佛氏出世法于此一方，却不与儒者同其所见，然于空寂之一方，却是佛与儒同其所见。今评者必曰此空此寂即是佛家所见的，而于圣人所言寂然不动与无声无臭、无方无体等了义语，竟悍然诋为依稀仿佛的片言只句，此等门户见，实有未安。佛家浩浩三藏，蔽以三法印，三法印归于一寂，《大智论》有明文。《大易》"寂然不动"一语，赫然确尔，与佛世尊心心相印，何得以私意抑扬？无声无臭，无方无体，《大般若》千言万语，无非密显此义。上圣圆音，一字中含无量甚深微妙义，一句中表无量甚深微妙义。证真之言，何事于多？喋喋多言，徒令众生缘名言而起执，佛家小宗大乘诸论师，每有此失。宗门起而扫荡，真是一掴一掌血、一棒一条痕，可不悟哉！夫辨异同者，辨之于理而已。明明证真之言，字字金科玉律，而曰"依稀仿佛"，虚怀究理者，何敢为此言？何忍为此言？评者甚至以无思、无为、寂然等语为谈蓍龟，如斯戏论，未免侮圣言。明儒有诟佛家涅槃之寂为厌生死而逃之冥漠反成鬼趣者，评者亦以为然否？

无思无为，即非有意想造作之谓。此即异乎一神教拟人的观念，佛与儒此处有何差别？稍有头脑者，当不至谬想孔子言天同于景教等也。评者疑《新论》谈本体、谈唯心，便与西洋学者混同。佛家真如是遍为万法实体，又曰"三界唯心"云云，亦与西洋人混同否？《新论》谈儒家修养，何曾说即是儒家的修养？明明谓佛家只证到空寂，而不悟生化之健，正由儒佛修养有不同处，故所得成效异耳。评者有云"以此为彼"，不知果何所谓？独复须知，万事万理总是同中有异、异中有同。克就异点而言，固无可强同。克就同点而言，亦无可立异。儒佛修养，有其异点，自亦有其同点，若一往谈异，必佛法全不是道，而后可云耳。

"学"字有多义。《学而》章之"学"字,是觉义,则汉儒古训也。五十知天命之命,非神的意志,非神的赐予,则《易·无妄》之象有明证,评者横扯作甚。

评者又云:"儒家说仁、说良知,都是人类异于禽兽的特性,故仁或良知不是一切法所同的。"此实不究儒学。《易》明乾元始万物,故曰万物各正性命,注家皆谓万物各得乾元大正之理,以为其性命也。儒言万物,犹佛书云一切法,万物之本性,皆是乾元。汉儒言乾为仁,又曰乾知大始,言乾以其知而大始万物也。此中"知"字义深,显乾是明照之体。大者赞词。据此,乾元即仁,亦即良知,可见仁或良知即是万物或一切法共有的本性,言万物,而人类在其中。岂唯人类独有之乎?程子言"仁者浑然与万物同体",即据《易》义。评者全不求解何耶?夫仁或良知,虽一切法同有,而植物及无生物则不能显发之。动物已稍露端倪,互助论者所发见之事实,皆可证明动物已有仁或良知在,否则只有相噬,何能互助?《大易》之义,显然不诬。但动物虽有此端倪,而毕竟甚暧昧,未能显发。能显发之者,厥惟人类。故从万物本性上说,任何物通有仁或良知,不唯人类有之而已。从万物不免受形气之限而言,则唯人类能显发其仁或良知,而可以谓之特殊。故儒学崇勉人道,使之尽己性以尽物性,达于天地位、万物育之盛,而全体大用毕竟呈露,无所亏蔽矣。至矣大哉!孰得而称诸!《华严·性相品》云,一切众生皆具如来智慧德相。是从众生本性言。然余经又说阐提毕竟不成佛,又说修行唯在人道,诸天与地狱等众皆难修。佛氏虽说得空阔,事实上还同儒者,人道为本也。

评者又云:"禅者不像儒者缴绕于伦常圈子里的,理学家那里理会得。"此等语真可哀!王阳明常叹佛氏出家,想逃人伦之累,却先已有累在心。儒家则不然,有父子,还他一个孝慈,何父子之累?有兄弟,还他一个友爱,何兄弟之累?有夫妇,还他一个有别,何夫妇之累?若以贪嗔痴三毒缴绕自心，即逃出伦常之外，毕竟造业受苦，有何好处？此可哀者一。儒者伦常，那有圈子可说？《大学》三纲八目，格致诚正统于修身，自身推之家国以至天下。天下者，天地万物之都称。故儒者伦谊不限于人类。极至范围天地之化而不过，曲成万物而不遗，裁成天地，辅相万物，终成天地咸位、万物并育，修齐治平之效已举，而犹曰慎以终始，犹如佛位有不放逸数也。儒道至大无外，至高无上，而评者横计有圈子，作茧自缚，驴年出，此可哀者二。吾以诚心告评者，昭烈帝曰"勿以善小而不为，勿以恶小而为之"。今人浑是贪嗔痴，有甚伦常？出家人竟毁及此，忍不戒与！释尊教人孝父母，度其弟及妻子以及众生，与孟子亲亲、仁民、爱物，果何差别？其敬念之哉！

评者此段，极诋禅与理之浑沌。凡不同流派的思想并行，终当有出而融会者，此为中外古今之公例。拘门户者，不知观其会通，而大道始丧矣。理学家于禅，融到好处与否，是别一问题；而其志业，则不容菲薄也。犹复须知，自魏晋之衰，北中国全陷于鸟兽之俗，南朝亦失淳风，唐只太宗一代称盛，藩镇非胡帅者无几，承以五代之主，又皆胡人，此长期中，人理殆尽，吾夏族之衰自此始。非以良心深研历史而不同考据家态度者，殆不能感觉此长期之黑暗与惨毒。佛之徒，皈命空王，忘怀世事，民生无所赖，此是事实。五代最惨，而禅学于时特盛。熊先生言：自唐至五代，佛门中许多过量英雄，若勤力世法，尔时世运或别是一局面。此说不为无理。两宋诸儒，承衰微之运，又承汉以来儒学久绝于经师之手，而佛教适乘机以入，取中国文化与学术之统而代之，如今日全盘西化之局。两宋诸大哲，始董理尧舜汤文以迄孔子之道统、学统、治统。自是而吾民族始知有人道之尊、人伦之重、中夏圣贤学术之可宝、数千年文明之可慕，于是兴自信之念，有自大自立之风。虽元起漠北，扫荡欧亚，曾不百年，因南宋昔在江浙，理学植根深厚，明祖卒借之以兴，成光复华夏之伟业。

明代人才甚盛,晚明学术思想发达,则王学解放理性之所启。此时本不当亡国,惜乎继体之主皆昏庸,其亡国于边区之东胡,则由其时民主思想未开,不知改革帝制,遂至群众涣散而亡。故明季诸大哲,如船山、亭林、梨洲等,皆以理学家盛倡民治,而欲革帝制,不幸神州已临厄运,而业考据者遂趋附胡主,斩理学之绪。中夏至今,民德日衰,民智日浮乱,社会无中心思想,危亡将甚于昔。稍有人心者,平心静气思之,理学自是中华民族一线血脉,何容轻侮!宋明诸老先生之学,上究天人之故,下穷道德与治化之原,王伯义利之辨,正是今日帝国主义者与资本主义者之对症药。根柢深厚,践履笃实,后生何忍过自轻狂,率意诋毁!论学术,求至道,无分于夷夏,外国有圣贤,吾人当敬奉,本国有圣贤,奈何欲鄙视?释尊与宣圣,虽各有特异处,而必谓一在人乘,一高出三界之外,此有何种尺度可以量度?龙树、提婆、无著、世亲诸菩萨与程朱陆王诸大哲,所学不必同,而互有短长,亦有何种尺度可判其高下?吾侪当以平等心敬礼中外圣贤,而学理异同与得失,则一衡以公明之心。熊先生尝言:至理无穷无尽,中外古今乃至未来,任何上圣,其学之所造,总有异点,总有同点,乃至同中有异、异中有同、大同大异、小同小异,互相观待,纷纭复杂,妙不可诘,唯无门户见而善观会通者,乃可渐近于真理。惜乎千古学人,求有胸怀豁达者极不易!穷理之事,本乎神解,胸怀拘碍而神解得透者,星球余信其可毁,而独不信有斯事。先生此言,大矣广哉!曾是有知,忍不服膺?先生又言:"禅宗诸大德,视教中诸大菩萨,论长则各有其长,求短亦各有所短,入主出奴亦不必。浑沌自是末流之失,而且任何上哲,其明之所在即其蔽之所伏,于此有所明,于彼即有所蔽故。此蔽处正是浑沌。谁能一口吞下真理之大全,绝无浑沌?"先生此言,又有趣也。又曰:宋明儒病在拘碍,颇欠活泼。此意难言,吾人宜承其志愿以上追孔门。据此,可见评者议《新论》承理学传统,太隔阂在。评者又云:《新论》虽然不同情笼统与附会,可是并没有离开这套作风云云。吾告评者:离开与否,且让后来具眼人判断。评文此段末后,纯是意见作祟,大义均详于前,无须赘答。

评文谈空宗与有宗,今摘其谈空宗之要点如次:

(一)新论谈空宗,一言以蔽之曰"破相显性"。然而我敢说破相显性不是空宗的空,决非《般若经》与龙树论的空义,反而是空宗的敌论者有宗。

(二)《新论》根本没有懂得空宗,以为空即破一切法相,于是想入非非,以为缘生是遮诠,而不是表诠。龙树是否破四缘?《新论》慢作主张。《智论》三十二,论到四缘说"但以少智之人,著于四缘,而生邪论,为破著故,说言诸法空。般若波罗密中,但除邪见,不破四缘"。凡《中论》《智论》破荡一切,都应作如此解。《新论》以空为破相,可说全盘误解。

(三)空宗的空,是自性空,当体即空,宛然显现处即毕竟空寂,毕竟空寂即是宛然显现,所以说"色即是空,空即是色"。空宗的空,非《新论》遮拨现象的空。遮拨现象即是破坏世俗、抹煞现实。也不是遮拨现象而显实性。遮拨现象所显的即是神化,玄学的神之别名。《中论》说:"因缘所生法,我说即是空,亦为是假名,亦是中道义。"即空即假的中观论者,与有宗大大的不同。空宗是缘起论的,说缘起即空,不是说没有,所以与有宗唯识论不同。依此即空的缘起,在相依相待的因果论中能成立一切法,所以不幻想宇宙的实体作为现象的根源。与《涅槃经》等不同,空宗也说即空寂的缘起为现象,即缘起的空寂为本性,但本性不是万有实体,即此缘起的空性。经说一切法自性不可得,即是一切法之自性。中略。真如、涅槃,非离缘起而别有实体。

（四）《新论》误解《般若》为只是发明生灭如幻，以为必须有一不空非幻的实体。中略。如《般若经》说"为初学者说生灭如化，虚妄，空寂。不生不灭不如化；真实，不空。为久学者说生灭不生灭，一切如化"。所以《新论》如要论究《般若》义，还得更进一步。

审曰：评者谓缘生不是遮诠，当是表诠。故又云空宗是缘起论的，说缘起即空，不是说没有。余望评者细心将《成论》与《中论》等仔细对读。《成论》成立四缘，而说一切法仗因托缘而起，稍有头脑者，知其是表诠。《中论》等却将一一缘遮拨得一无所有，如何不是遮诠？此真怪论。评者引《智论》"但除邪见，不破四缘"之语，以为空宗是缘起论，此实误解。《智论》于此语之前，有申明其密意之一段文云"汝不知般若波罗密相，以是故说般若波罗密中四缘皆不可得。般若波罗密于一切法无所舍，毕竟清净，无诸戏论。如佛说有四缘，但以少智之人著于四缘而生邪论，为破著故，说言诸法实空、无所破"云云。案凡言舍者，必是执有实法，方言舍；凡言破者，必是执此实法，方言破。般若波罗密中，无有所执实法故，即无所舍、无所破。《论》文于此段下又有云"菩萨行般若波罗密，如是观四缘，心无所著。虽分别是法，而知其空，皆如幻化。幻化中虽有种种别异，智者观之，知无有实，但诳于眼，为分别知。凡夫人法，皆是颠倒虚诳而无有实，故有四缘。中略。菩萨于般若波罗密中，无有一法定性可取故，则不可破"云云。详此论意，系据般若波罗密中无一法定性可取，即入第一义。无四缘相可取，即无四缘相可破，此无上了义也。愚者若起一毫误解，便计空宗成立四缘，即住颠倒虚诳法中。此正《论》文所谓"凡夫人法，皆颠倒虚诳而无有实，故有四缘"，论主已预防误解，而评者竟不慎思何耶？

《智论》三十二所说"般若波罗密中四缘皆不可得"云云，读者务须注意般若波罗密中一语,此乃克就般若波罗密中说,易言之,即克就第一义谛说。读者从"四缘皆不可得"至"毕竟清净,无诸戏论"云云,细心玩味,当知是克就第一义谛说也。若未入第一义谛者,尚住世间颠倒虚诳法中,便须为之破除四缘,令离颠倒虚诳而悟入真实。易言之,即须泯除缘生相而证入法性,此即《新论》所谓破相显性。《智论》此段文,须与《中论·观四谛品》中世俗谛与第一义谛及《观法品》《观因缘品》参互详究,求通神旨。如终不悟,务望存疑,慎勿寻章摘句,遇着《智论》三十二有"不破四缘"一语,便谓空宗是缘起论,不承有法性也。佛书难读,空宗为尤,理趣幽玄,辞旨奥折,浅智粗心者读之或全无解,或执取单辞片说以为解,甚可悼也!

评者云:"说缘起即空,不是说没有。"此中空字是何意义?如是空无之空,何故又云不是说没有?如非空无之空,此是何义?但评者又有云"空宗的空,是自性空,当体即空,宛然显现处即毕竟空寂,毕竟空寂即是宛然显现。中略。空宗的空,非《新论》遮拨现象的空"。据此,则评者所云空,毕竟无明确观念。评者已云自性空,则是一切法之自体本来是空无的,不如此解,而将何解?下语又以宛然显现处即毕竟空寂回互言之,则一切法自性幻有,毕竟不即是空无,是与句首自性空恰成矛盾,此于逻辑必不可通。假如云幻有之法即无自性,故可云空者,如此,必须了解《中论》所以施设真俗二谛之故。《中论·观四谛品》云"诸佛依二谛,为众生说法,一以世俗谛,二第一义谛,若人不能知,分别于二谛,则于深佛法,不知真实义。世俗谛者,一切法性空,言诸法自性本空。而世间颠倒故,生虚妄法,于世间是实。诸贤圣真知颠倒性故,知一切法皆空、无生,于圣人是第一义谛,名为实"云云。据此中第一义谛,则一切法自性本空,空无。但世间颠倒故,生虚妄法,评者所云"宛然显现"者即此。吾前引《智论》谈四缘义,所云"凡夫人法,皆是颠倒虚诳而无有实,故有四缘"者,即《中论》之世谛,评者妙悟所得者即此。其实,"诸圣贤真知颠倒性故,知一切法皆空、无生",皇皇圣文,胡可不究?第一义谛中,无缘生相,吃紧。故言"一切法皆空、无生"。此与《智论》言"般若波罗密中无有四缘相可破"者,密意吻合。《中论》又云:"众因缘生法,我说即是空,亦为是假名,亦是中道义。"下文即自释云"众因缘生法,我说即是空,何以故?众缘具足和合而物生,是物属众因缘,故无自性,无自性故空。空亦复空,如定执空,即毁世谛,故言空亦复空以遮之。但为引导众生故,以假名说,言空之为言,亦是假名说也。夫言缘生法空矣,即非有也。今又言空亦假名,则非无也。故下言离有无云云。离有无二边故,名为中道。是法无性故,缘生法无自性。不得言有;亦无空故,不得言无"。无性故非有,此约第一义谛言;亦无空故非无,此约俗谛言。又上文有云:"汝谓我著空故,为我生过,我所说性空,空亦复空,无如是过。以有空义故,一切世间出世间法,悉皆成就;若无空义,则皆不成就。"第一义空者,为破相显性故,即破世间颠倒相故,方假名说空耳。说空,即知世谛不无,如无世谛,为甚说空?故知有空义,则世间出世间法,皆悉成就。详上述诸文,皆以方便善巧施设二谛,此是空宗大关键处。于此着不得一毫误解,若有一毫误解,便有差毫厘谬千里之患,可不慎乎!

　　评者以为《智论》有不破四缘之文,便谓空宗是缘起论,于是不承认空寂有所谓本体。评文有云:"也不是遮拨现象而显实性。"又云"空宗是缘起论的,说缘起即空,不是说没有。依此即空的缘起,在相依相待的因果论中能成立一切法,所以不幻想宇宙的实体作为现象的根源。空宗也说即空寂的缘起为现象,即缘起的空寂为本性,但本性不是万有实体,即此缘起的空性"云云。评者之主旨在此,但未了解二谛义,则此论终不可通。评者所云"空宗也说即空寂的缘起为现象",此语不独无义,而实显违空宗。即就评者所引据《智论》三十二谈四缘中文,明明言"凡夫人法,皆是颠倒虚诳而无有实,故有四缘",而评者乃云空寂的缘起,以"空寂的"三字为缘起之状词或规定词,与《智论》言颠倒虚诳而无有实者,显然违背。评者又云"宛然显现处即毕竟空寂",此与空寂的缘起一语,同犯大过。须知"空寂"一词,决不可与颠倒虚诳无有实者同其含义,此意后谈。稍有头脑者,亦能辨此,如何可以空寂的缘起大痴见诬堕空宗?评者又说"即缘起空寂为本性,但本性不是万有实体,即此缘起的空性"云云。缘起法,根本属世谛中颠倒虚诳法,于世间是实,何所谓缘起的空性?犹复须知,如认缘起法为空寂者,即无所谓世间颠倒虚妄法,是破俗谛。《中论》云:"若不依俗谛,不得第一义;不得第一义,则不得涅槃。"皇皇圣文,如何可背?此处轻背,则佛教精神根本推翻。《中论》言:"若人不知分别二谛,则于深佛法,不知真实义。"此可深省也。

评者只欲反对《新论》以破相显性言空宗,于是不承有实体,而不承有实体,又不好自圆其说,遂以空寂的胜义加入缘起法上,而曰"即缘起空寂为本性,但本性不是万有实体,即此缘起的空寂"云云,如此,适以自陷。余初审正评文,至谈缘生义,有为无为不分,生死涅槃无辨,已甚诧异,今阅至此,乃知评者迷谬所在。评者若自讲其缘起论,而声明不同佛教之旧,亦可不乱佛法;但必以己意说空宗,且自负为空宗之解人,则佛菩萨有知,自不免心戚也。

评者不承空宗破相显性,余望评者放下胡乱知见,细玩《中论·观法品》。今节其扼要处如次:

> 为度众生,或说一切实,或说一切不实,或说一切实不实,或说一切非实非不实。

> 一切实者,推求诸法实性,皆入第一义,平等一相,所谓无相。如诸流异色异味,入于大海,则一色一味。

一切不实者，诸法未入实相时，各各分别观，皆无有实；但众缘和合，故有。

一切实不实者，众生有三品，有上中下。上者观诸法相，非实非不实；中者观诸法相，一切实，一切不实；下者智力浅故，观诸法相，少实少不实。观涅槃无为法，不坏，故实；观生死有为法，虚伪，故不实。

非实非不实者，为破实不实故，说非实非不实。

综上四门，第一门是密意说，第二门为入第一义方便故说，第三门为众生于前二门中有执著故说，第四门为破著故说。密意说者，为众生不了诸法实性故，方令推求，于一一法，皆入第一义。平等一相，所谓无相，然犹未能令众生不著一切实相故，非了义故，云密意说。

其次，为入第一义方便故说者，诸法未入实相时，实相，犹云实性。各各分别观，皆无实，但众缘合故有。欲令众生于缘起法相，勿妄著故，方悟彼实相，如于绳相不妄著故，方于一一绳相悟知是麻。麻，喻实相。故云为入第一义方便故说。

众生根器不一，观诸法相，多有著故。此第三门，思之可知。

故第四门说非实非不实。非实者，推求诸法实性入第一义时，若作实相想，亦是著相，为破此著，故云非实。非不实者，若于诸法尚未悟入实性时，闻说诸法皆无实，便执一切不实，此复成著。应知说不实者，欲令于一一法悟入实性，非坏诸法，若见诸法实性已，即一一浓皆实，譬如于一一绳相皆了知是麻。故云非不实。又诸法相皆入第一义谛已，而俗谛中不妨施设诸法，故云非不实。如是非实非不实，方为了义。

如上引《中论·观法品》文，并为略释。当知空宗非是诸法无实性论者，佛家大乘诸经，无论依妄识以树义、本真常而为说，要皆未有持无体论者。体者，具云本体，亦云实性。空宗果如评者所云，只是缘起论，即往颠倒虚诳法中，此成何说？有人言，吕秋逸居士谓佛家思想当作整个的去看，其说之内容如何吾不悉，但各派所宗之经，虽各有扼要之义，而大本大原处，总有血脉相通。如空宗果为无体论者，即是随缘外道，《大般若》直是戏论，与《华严》《深密》《楞伽》《胜鬘》《涅槃》诸经全无可通处，龙树诸大菩萨，何足为大乘开山？

评文中有云："幻有二义，一宛然现义，二无自性义。真如、涅槃，非离缘起而别有实体，依相待施设安立的说，即具此幻的二义；依绝待离言非安立的说，即具幻的无自性义。"此等语不知从何说出？安立非安立，即真俗二谛之别名。真谛亦名非安立者，以心行路绝、语言道断故，此唯证量所得，非言说安足处所，故云非安立谛。此必真知有实性故，有第一义故，乃于真谛名非安立。评者明明说缘起幻法无自性，即是《智论》所谓颠倒虚伪法，《中论》所谓世间颠倒故，生虚妄法，如何以可颠倒法，说为绝待离言，非安立谛耶？如此侮圣言，终不自觉，佛法将如何？是可哀也。评者知"绝待"一词作何解乎？唯诸法宛然幻现而无自性，故说诸法有实性，所谓真如涅槃。吃紧。譬如说绳相是虚幻无自性，故说绳有实性，所谓麻。绳，喻幻法；麻，喻实性。麻本非实性，乃设喻不得已而强为之词。评者已知幻法是相待的，而又不承有实性，则"绝待"二字作何解？须知绝待者，非离相待而妄想一个空洞之境名为绝待也，即由于幻法而透悟其实性，如于绳而透悟为麻。便泯相待之相，直于一一幻法皆见为真如涅槃，即是绝待。吃紧。若只执取幻法宛然显现无自性者为有，而绝不承幻法是依实性故有，则只是相待的幻法，而绝待之名从何安立乎？宣圣曰"必也正名乎"，评者既用绝待之名，当求绝待之义，如何遮拨诸法实性成无体论？此真怪极。

空宗非无体论，已说如前。今次略明破相显性。空宗《大般若经》，

《大智》《中》《百》《十二门》四论，凡稍有头脑者读之，当知空宗一切扫荡而实非空见，非独实性不空，即虚诳法亦不遮，二谛义宜玩。实非空见而一切扫荡。空宗根本意思，是欲令众生见性，性者，诸法实性。方不堕颠倒虚妄法中。然欲见性，即非破相不可。譬如无知之孩，只执取绳相，必不能于绳而见其只是麻。成年人欲晓之，必示以绳相是依人工、时日、资具、造作等缘而幻现其相，无实自性，方令彼孩即于绳相而顿悟是麻。绳相不破，麻性不显；诸法之相不破，即不能见诸法实性。此义不悟，便如长夜昏眠。此义说穿，确是家常便饭，元无奇特。《心经》是《大般若》之撮要，开首便空五蕴，非破相乎？破相非以显性乎？《新论》已释得明明白白，而评者毫不求解，横持己见，不知果何所谓？《心经》且置。《中论·观法品》云："问曰：若诸法尽毕竟空，无生无灭，是名诸法实相者。此中实相，犹云实性。克就实性言，唯是一真绝待，无有所谓诸法之相，故云诸法尽毕竟空。云何入？问如何悟入诸法实性。答曰：灭我我所著故，破人我执。得一切法空，无我慧，破法我执。名为入。"此中"一切法空"四字，不可滑口读过。空者，破除义。一切法空，易言之，即破除一切法相也。法相不除，何可悟入诸法实性？空之为言，非于世间颠倒虚伪法上迷执为空寂故名空，非字，一气贯下。佛法中无此邪见。乃于世间颠倒虚伪法相直破除之，而显其本来空，空者，空无。第一义谛中，一真绝待，诸法相本来空，非以意空之也。否则不名悟入实性。譬如孩儿未空绳相，终不能于绳而见是麻。《观法品》又言："为度众生，或说一切实，或说一切不实。中略。一切不实者，诸法未入实相时，各各分别观，皆无有实，但众缘合故有。"此文不作破相解，将作何解？须知，此中所云将诸法各各分别观，便见得皆无实，只是众缘合故有，明明是破除诸法之相。各各分别观之，便是其破相之方，方者，方法。析物至极微，则物相破矣，极微又析之，则极微亦破。又如分别诸法，知其但众缘合故有，则诸法之相破，而四缘又各各分别观之，便知——缘皆非实有。《中论·观因缘品》，即四缘一一破尽，文繁不引。还有甚诸法相。各各分别观者，即解析术。用此术以破诸法相，如剥蕉叶，层层剥去，便无所有。诸法相剥落尽，都无所有，便乃豁然顿悟诸法实性，如孩儿闻绳相不实，便见麻也。破诸相故，说一切法自性不可得；自性不可得，即是一切法之自性。由舍相已，即显其实性故。此义深微，凡夫难会。《论》文于各各分别之上，有"诸法未实相时"一语，宜澄心体究。所以破相，正以未见实性故，若已见性，何相可破？《智论》说"般若波罗密于一切法无所舍，无所破"，与此可互明也。《中论·观法品》明揭破相显性密意，而评者不悟，且横攻《新论》，亦何伤于日月乎？

犹复须知，《中论》所以重视二谛者，即为缘起义故。缘起法本是颠倒虚妄法，若不破之，则不可见实性。故欲令众生入第一义，非破缘起法不可，此《观因缘品》所由来也。若一往破除，则无颠倒虚妄法，亦无涅槃可说。无修证之事，还谈甚佛法？故《观四谛品》施设二谛，于缘起法，破与不破，两无妨碍。第一义谛，非破相不可悟入，故缘起法在所必破。《观法品》及《观因缘品》，有明文可证。世俗谛中，颠倒虚妄法亦名为实，即缘起法于俗谛非不许有。《智论》三十二说"譬如小儿见水中月，心生爱著，欲取而不能得，心怀忧恼，智者教言：虽可眼见，不可手捉；但破可取，不破可见。菩萨观知诸法从四缘生，而不取四缘中定相。四缘和合生，如水中月，虽为虚诳无所有，要从水月因缘生，不从余缘有。诸法亦如是，各自从因缘生，亦无定实"云云。详此，谓四缘虽无定实，而未尝破斥为无有，即依俗谛义故。余亦尝遇人言：空宗谈缘起法，或时决定破斥，或时似不破，甚似诡辨。余曰：非也！此中关捩子在二谛义，如不了此，便生眩惑。甚且寻章摘句，妄作主张，以为如此如此，则微秕蔽目而天地全暗矣。可不慎乎！

《新论》根本在明体用，首须识得体。其讨论及于空宗者，特取其第一义谛、破相显性之方便法门。实则此方便法门即是究竟理趣,故可说空宗全部意思即在乎是,其余千头万绪,要无不会归于此者。《新论》不涉及宗教思想,故于颠倒虚妄与因果钩连之缘起法,为俗谛所不遮者,《新论》无论列之必要。学者求之空宗典册,可自得之。熊先生云:《新论》亦含二谛义,俟《量论》方详。真谛则于认识方面,遮拨现象而识体;俗谛即现象界一一事物,皆随顺世间不妨安立。《成物》章可考按也。评者谓《新论》遮拨现象即是破坏世俗、抹煞现实,不知《新论》首先标明从认识方面而谈识体,识者,认识。则于现象而见真体,自不执取现象,此非凡夫境界。肇公云"悲夫人情之惑也久矣",目对真而莫觉,此可味也!从认识上说,识取第一义,并无妨碍于俗谛之现实。《新论》微妙,评者弗思耳。

评者云"《般若经》说:'为初学者,说生灭如化,自注:虚妄,空寂。不生不灭不如化;自注:真实,不空。为久学者,说生灭不生灭一切如化。'所以《新论》如要论究《般若》义,还得更进"云云。评者于此中,引经说生灭如化下,自注"虚妄""空寂"二词,大有过患。空寂与虚妄,何可并为一谈?此不止差毫厘谬千里也。空寂是涅槃义,空非空无之空,亦非以幻现而无自性名空。幻现而自性者,如依他法固可言空,然与"寂"字连用成复词者,则此"空"字亦是寂义,即涅槃义。空而不无,四德具备,所谓常乐我净是也,如何可与虚妄一词同解?虚妄是众生颠倒法,属俗谛;空寂是离世间颠倒法,所谓涅槃、真如。《经》云"不生不灭不如化"者即此,评者注云"真实,不空"是也,此属第一义谛。评者因不解《般若》,而误想空宗是无体论,遂以"空寂"一词视为与虚妄同其含义,不独毁坏《大经》,而佛教根本归宿处乃完全推翻矣。《般若》是群经之王、诸佛之母,果是持无体论,而安住颠倒虚妄中者乎?龙树菩萨果如此,倘在吾前,当一棒打杀与狗吃;若不如此,此罪在谁?《经》云"为初学者,说生灭如化",即《中论·观法品》说一切不实义;其云"不生不灭不如化",即《观法品》说一切实义;又云"为久学者,说生灭不生灭一切如化",即《观法品》非实非不实义。此在前文已解释明白。评者竟误会经文为久学者说生灭不生灭一切如化句,遂妄主张空宗果是无体论、是一切如化论者,谬解经义,稍有识者当能辨之。

熊先生尝自言:弱冠时,一日登高,睹秋草零落,忽生悲感,推想天地万物皆归无何有之乡。壬子,在武昌,一日正午,坐人力车过大街,天无片云,白日朗然,车中无思无念,忽尔眼见街道石板如幻如化,形象与原见之石亦不异,但石体不实,犹如幻化。拟之浮云尚不可,浮云犹实在极矣!见房屋如此,见一切人坐者立者皆如此,见人说话口动亦如此,仰视天、俯视地,一切如幻如化。平常视天,即所谓苍然大圜气界,并无不实在感,此时顿觉大圜气界如幻如化、毫不实在。视车及车夫,皆如幻如化。但视自身犹如故,无幻化感。吾视商店两人对话时,口动,面带笑容,皆幻化人也。忽起念云,哀哉!人生乃如是耶?怆然欲泣,即视觉一切复其旧。尔后思此境,不可再得;迄今就衰,终不再现。当时曾告友人李四光仲揆,彼大笑云:我知此意。并云彼在日本东京市上,见群众扰攘状,亦起一种异感,觉尘世可悲。余曰:此与吾之感,恐不必同也。又曾告蔡子老,子老曰:此幻觉耳。语一老僧,曰:此夙生定境发现耳。先生自述此事。又曰:平生探穷宇宙人生诸大问题,就现象方面言,一切犹如幻化,于此确信不疑;但有无真实根源,苦参实究,老夫挥了许多血汗。求之宋明,不满;求之六经四子,犹不深契;求之老庄,乍喜而卒舍之;求之佛家唯识,始好而终不谓然;求之《般若》,大喜,而嫌其未免耽空也。最后力反之自心,久而恍然有悟,始叹儒家《大易》、佛氏《般若》,皆于真实根源甚深处确有发明。儒者穷神,而不深体夫寂然处,将虑滞有之患;佛法归寂,而过喻幻化,反有耽空之累。《经》云"设复有法胜涅槃者,我说亦复如幻如化"，幻化之喻，本谓空寂至极，不可作实物推测。然不悟者，或谓涅槃、真如只是假名，竟无所有，则幻化之喻适成大过，故云过喻。于寂而识夫生生健动之神，于生生健动之神而见其湛然冲寂，反求诸心，理实如是。自此，复探《华严》《楞伽》《涅槃》等经，更回思无著、世亲之学，以及此土晚周诸子，逮于宗门大德、宋明诸老，众贤群圣，造诣不齐，而皆各有得力处。乃至西哲所究宣者，亦莫非大道之散著，析其异而会其通，去所短而融所长，则一致而百虑之奇诡，殊途而同归之至妙，乃恢恢乎备有诸己。而后信、证真，即妄法皆真；随妄，则沦没无倚。感怀世变，亟欲宏儒。德治礼治，根源性地，所以挽失性者之惨酷，而使世间不异涅槃者，非可徒恃空教也。凡人为学，眼光透上天去，还须遍视大平地上万类始得。天在上乎？地面地下无非天也。仰视而不俯察，未可云见天也，况其未能仰视而妄臆见天者乎？先生此言，足为拘守门户者戒，乘便书之于此，今当回复本文。

《经》为初学说生灭如化，明是破相；说不生不灭不如化，明是显性。为久学说生灭不生灭一切如化，则虑人闻真实法，谓诸法实性，亦云本体。又复执实，故说一切如化，以遮其执，要非否定本体成一切如化之论也。《大经》此文《大般若经》，亦称《大经》。与前引《中论·观法品》文，互相和会，是为空宗所宗经论宏纲巨领所在。其说法虽变化万端，不可捉摸，而执此纲领以刊定之，则如珠走盘，纵横移转，而未尝无所守之范域也。《新论》言：空宗一往破执，破即成执。生灭如化，不生灭亦如化，闻者遂作一切如化想，无有真实根源，将令众生永堕颠倒虚妄中，岂不悲哉！清辨《掌珍》已云"无为无有实，不起，似空华"，以彼聪明，犹恶取空，又何责于评者乎！朱子曰"教学者如扶醉人，扶得东来西又倒"，大哉斯言！至有义味。

先生尝言：佛书未易读，读者必具四条件：一、抽象力极高，天资低者，虚怀困学，亦可养成。否则于其高广幽深之玄境，不可攀援。二、分析力极强，否则于其方方面面无穷的义蕴，寻不着端绪与脉理。三、会通力极大，否则如盲人摸索大罟，十指触入百千孔穴，将缚于一孔或数孔之间，终不得其纲领所在，而犹自谓提挈全网也，不大可哀欤？四、必有广大心、真实心，非徒在语言文字上作活计，以肤乱知解诳无知、趋势途者。有此修养，方许了解文字而终会意于文字之外，与十方三世诸佛相见。智慧之神，不会来舍于杂染心，此事宜知。上四条件，缺一不得，而第四为根本。如条件不具而谈佛学，只堕烟海中，自害害人，有何了局？自佛法东来，吾国思想界少有好影响，而世莫之省耳。又曰：儒者之学从人生日用中体现真理，六经四子皆因事因人随机纪录之词，非有意述作也，非欲为理论也，此与佛家根本不同处。佛家诸菩萨著书度众，皆以工巧心经营一套理论，故于因明特为游意，而儒者不尔也。吾侪少时，轻尧舜、薄文周、非孔孟，宋明更不值一骂；中年而后，渐有所悟；老而日益亲切。惜当衰乱，学绝道丧，此意无可与言。余相信，托于儒、托于佛者，始有儒佛高下之争；真儒、真佛，则异而知其类、暌而知其通，决不会起诤也。先生此言，至为沉痛，随机触及，述之于此。空宗成为一切如化之论，余不觉怆然戚戚于怀。因念吾侪读书往往辜负圣贤心事，故引先生之言如右，所冀有实心作人、实心向学者，能勿以轻心遇古籍也。

将空宗说为空的缘起论，说为如幻如化，无有实体，无有根源，不顾《智论》有"凡夫人法，颠倒虚诳，故有四缘"之明文，"不顾"二字，至此为句。大乘无上甚深微妙法毁坏至此，稍有慧者，何能不为诸佛悲痛？哲学中有现象论者，其在知识与理论方面自有精密可喜处，若就穷理而言，却甚浅薄，以不足语于彻法源底之事故。《胜鬘经》彻法源底语，含义极深广。佛家缘起说与现象论及关系论者，其骨髓全无似处，何可误解缘起一词，便否认诸法实性，取消本体？评者勿托空宗，吾无怪焉，以此坏大乘法，是而可忍,孰不可忍!

佛法千言万语,无非归宿证真两字。真之为言,万法实体也,人生真性也,万有根源也,为甚修一切行、断一切障,求证真故。如无真实法,谓本体。则诸经论言修、言断,如彼森严峻厉,如彼重复言之而不稍休,岂非疯狂?《大经》与四论无量言说,只明个一切如幻化,只叫众生永住颠倒虚妄中,是成甚佛?

《新论》谈空,揭明从认识论方面破相显性,此是正法眼藏。众生所现见诸法相,犹俗云现象。确是《智论》所言"颠倒虚诳",而无有实。今之科学发明已足证实此理。例如瓶子只是一聚白与坚等相,此即法相,此即现象。科学家分析此一聚坚白等相只是一聚原子电子,而此一聚坚白等相确是虚诳,无有实,然犹曰有原子电子也。及科学进步,又知电子无实质,不可作小颗粒想,则原子电子还是虚诳,无有实法。由此可知,空宗为初学者说生灭如化,《大经》,见前引。生灭,即诸法相之通名,以一切物皆有生灭故云。说一切不实,《中论·观法品》,见前引。令凡夫人破除虚诳不实诸法相,即无颠倒执著,往日视为玄谈,今已得科学为之张目。但科学只做到破相初步,如佛法,则破相之意义甚深,此姑不谈。而不知有诸法实性,即不见本体,此与佛法太隔远在。科学家只是凭析物的方法发见诸法相是虚诳不实,破相虽作到,而无可与之言显性;空宗密意,却是令人勿认取此虚诳的法相而当透悟其本体,亦云实性。所谓真如、涅槃。犹如成年人教小孩勿认取绳相,而当透悟其只是麻。此义深微,吾且借《中庸》语以明之。《中庸》引《诗》曰"鸢飞戾天,鱼跃于渊,言其上下察也",程子释曰"上下察者,天地间皆实理始著之谓"。夫鸢、鱼,法相也;天、渊,亦法相也;飞、跃,亦法相也。今于此一一法相都不作一一法相想,即鸢、鱼、天、渊、飞、跃等相俱破也。而直见为实理昭著,即见性。此是何等理境!科学方法何能用到此处?科学知识何可凑泊得上?科学破相而不能显性，此一问题非常重要，但此中不便讨论，当还入本义。空宗一面破相，说生灭如化，说一切非实；一面即显性，说不生不灭实性，亦云本体。不如化，真实。说一切实。均见前引。初学人闻此，始破相缚，凡夫人见鸢、鱼只是鸢、鱼，见天、渊只是天、渊，见飞、跃只是飞、跃，而不悟实理昭著，是为诸相所缚；今闻佛说一切非实、如化，故相缚破也。乃即于诸相而悟入其实性。如破除鸢、鱼、天、渊等相，即于此而见实理昭著，见其性也。故破相显性者，只是认识的智性不受缚于虚诳之相而透识其本体，所谓法空慧即此。佛为初学人说诸法相即生灭法。不实如化已，复为说诸法实性即不生灭法。真实不如化，所以启发初学人法空慧，将自悟入实性。此其机权微妙，儒者所谓循循善诱也。佛明明说生灭虚诳相如化，而揭示有不生不灭法，即虚诳之实体是不如化者，大义炳如白日，评者胡为妄臆空宗是缘起论、无有本体，竟以空实性而不空妄相诬堕空宗乎？评者铸此大错，或因为久学人说生灭不生灭一切如化句，遂致眩惑；实则此末后语，正恐人于实性起执故，复来一番扫荡。如吾国程朱诸师谈心性，较之涅槃，其拘碍立见，正由诸师不免将心性当作内在一实物事执持之，所以差失。观此，佛为久学人说一切如化，实有深意。"为久学人说"五字，最不可忽，久学人已深悟入实性，但恐于此起执，故与之说如化，恰是当机。若与初学人说此，则法相已破，又无实性，而无真实根源可为归宿，永住颠倒虚诳中，则佛种断、慧命绝矣。岂不悲哉！然佛虽为久学人说，毕竟扫荡太过，易滋众生之惑，有宗起而矫之，诚有以也。《新论》衡空宗，洞见本原，字字不虚不妄，未容轻议。余于此往复申说，亦不惮烦，诚以大空之学为大有各派所承，即禅净诸家亦须汇归于是，否则未能无执。哲学家谈形而上学，不究乎此，无以涤除成见。空宗理趣幽玄，而其根底不容损坏，根底一失，即其无量言说皆成肤乱。余怀无限意，难为今人言。

评者谓《新论》解说《心经》似是而非，共举三点：一、谓"析至极微，分析至邻虚,仅是分破空,而不能真知自性空"。此等无知真可哀!试问佛典处处将五蕴一一分析,以明无我。今用评者之言以难之曰仅是分破我,而不能真知无我,诸佛受过否?

二、谓"对于空即是色,却不能反过来说此真如即是幻相宛然之色法,而增益为离相寂然真理即是色法之实性"云云。此则本其痴想空宗为空真寂实性,而不空颠倒妄相,因以曲解《心经》而妄诋《新论》。

三、谓"《新论》言《心经》空五蕴而不空无为,不知《心经》明明说无智亦无得,无智即无能证得的现观,无得即无所证得的真如无为"云云。评者不承有实性,故以真如、无为、涅槃等名,皆作为假名说,因此,遂不许空宗有现观。现观,证解也。无实真如,即无证解可说。《大经》与四论无一字本之现观,即皆虚妄语,龙树诸菩萨被汝一笔抹煞,而况《新论》乎?须知,无智者,无有能证得之相,非谓无现观也。若果无现观智,佛法成甚东西?无得者,无有所证得之相,非谓无有真如无为法也。若于智证真如时,有所得相,即堕虚妄,经所以遮执,非遮智与无为也。使遮智与无为,即佛法根本推翻,汝何故为僧?此真可哀!

评者谓"破相显性不是空宗的空,反而是空宗的敌者有宗"。此等无知语,真属创闻。余极力排除主观,虚衷以逆索评者此种实想之所由来,久之发觉评者却未解得一"相"字,故有此痴想,成大矫乱。在有宗唯识论,分别法相有时或省言法,或省言相,或亦言诸法自性。法性,有时或省言性,或易文曰实性,或亦曰实相,或亦曰诸法自性,以于诸法而识真如,即可说真如是诸法之自性故。此与在法相上亦言自性者,意义绝不同。凡诸异名,可随文求解,毋劳举证。本甚明白。性、相二字,有时互用,并非淆乱,须求训释。《唯识述记》卷一疏释颂文"稽首唯识性"处,言唯识性相不同。相即依他,唯是有为;中略。性即是识圆成自体,唯是真如,无为无漏,唯识之性,名唯识性。本文前曾节引《记》文,并附注,可覆玩。又曰:"为简依他,故说识性。何故须简？有漏依他，不可敬故；无漏依他，亦俗谛故，非最胜故，非诸圣法真实性故，此真实性，是圣者断障之所显得，凡夫虽具，而不得显，故以圣法简之。非所证故，略不敬也。"据此，则性、相二词之义界，基《记》卷端便已训释明确。相即依他，唯是有为。性即是识圆成自体，唯是真如无为。此中"识"字是广义，举能缘即摄所缘，故此言识，即无异言一切法也。"相"字之所指目者，即是依他、有为法。基师亲译《唯识》，又经奘师审定，其说自是确据，如谓不可据，则中国译籍只合一概推翻，还谈甚佛教！

如评者以为性相之分只在有宗唯然，则基师明言"相即依他，是有为；性即圆成真如，是无为"，据此，性相之分即是有为无为之分，亦即是生灭不生灭之分。生灭，即有为之别名；不生不灭，即无为之别名。岂止有宗分别性相，佛教各宗皆同兹义据，基师此疏，可骂他谬误否？余意，只有痴想《般若》为只空法性真如无为，而不空缘起虚诳相者，"余意"二字，一气贯至此。可以大骂特骂基师无知胡乱。基师亲禀奘师，空宗所宗之《大般若经》，即奘师所特别竭其全副心力以译出者。《般若》所说法，有生灭或有为与不生不灭或无为之分，犹之哲学上有实体与现象之分，《易》家有形上形下之分，此等名词之分别，皆非不根于实义者。若泯此类分别，必是于本体信不及而妄持说者。此辈唯依现象界构画而成一套理论，即只谈有为，无所谓无为；只谈生灭，无所谓不生灭，只谈法相，无所谓法性；只谈现象，无所谓实体；只谈形下，无所谓形上，"此辈"二字，一气贯下为句。此乃思想与理论之必然。吃紧。如其不解此意，便无法与谈学问事，又谈甚佛法？若果识此意，即基师说"相是依他有为，性是真如无为"，确是综佛教各宗同禀之大义而通言之。佛教中绝无有以虚诳之依他法为立命之地者，故性相之分，在佛教各宗皆然。惟第一义谛中是否破相，则大空、大有争端所在。评者于空有两无所知，并于一极重要之相字尚未知是指目甚么，岂不哀哉！

评者如知相即依他，唯是有为，则何至有"破相显性是空宗敌者有宗"之梦语？须知依他即缘起义，他谓缘，依他众缘而起曰依他起。故依他即缘起之别名。有宗经论有那一部曾如《中论·观因缘品》之破斥四缘乎？稍有头脑者，读几部有宗书，当不至痴想有宗曾破缘起义也。评者年力尚少，自居佛弟子，我慢异常，而于佛书字句竟不仔细理会，出家一场，何苦如此？评文言有宗有两种类型：其一，虚妄为本的唯识论，如无著、世亲学云云。如此妄诬菩萨，毫不畏罪可乎？无著、世亲何至以虚妄为本而造论乎？以此自害害人，当堕地狱，尚足为菩萨乎？唯识之论，明明归于转识成智。转有二义，转舍、转得，谓转舍杂染，转得清净。故虚妄是其所必舍，而谓其以虚妄为本，二菩萨受此不白之冤，于汝安乎？无著、世亲学，只矫守教末流之弊，其骨髓仍在《大经》《四论》。《成论》"归无所得"，犹《般若》密意也。为唯识正名，当曰明妄趣真宗，不可诬以虚妄为本也。评者以空实性而不空颠倒虚诳法之痴想堕空宗，并复诬及有宗，今日佛教虽衰，而中国之大，贤比丘犹当不少，岂尽受汝诳乎？无著、世亲短处，只在其种子论，一切错谬皆缘此而生。种子论之最不可通者，莫如法尔本有种，二重本体之嫌疑在此。即立真如，又立本有种，且于二者之关系无所说明，非二重而何？又种子与果，俱时而有，评者既已承认，尚未至如粗涉佛典者，根本不了果俱有义而恣妄谈。尚未，至此为句。但评者必反对《新论》种现对立之评判，则又挟私而自陷错误。评文中有云"我要指出唯识宗是缘起论的，是以因果、能所成立一切的"云云。此处忽尔将"破相"二字忘却，既知是缘起论，何故道他破相？相即缘起，如前已说。此事且置。今应问：果俱有义，如何不是种现对立？种子是能生者，故名因；现行是所生者，故名果。评者已者唯识宗是以因果、能所成立一切，则能生之因法即种子者，与所生之果法即现行，既是同时并在，如何道种现非对立？又就唯识种现说之体系而言，赖耶识亦有自种子，赖耶之种种子，省言种。与前七识之种，均藏在赖耶自体内而为赖耶之所缘相分。即为赖耶所知之一种境相。赖耶于种为能缘者，种于赖耶为所缘，亦是能所对立。又前七识从其自种生时，既自为现行界，而其自种此时则犹眠伏赖耶自体中，故前七种与其所生前七现行识现行，即识之别名，今合用为复词。并不同处，非能所对立而何？彼种现说之体系确如是，何必为之曲讳？种现对立既无疑，则其犯两重世界之过失，又何容否认？不一不异，若就大海水与众沤之喻上说，方为恰当。旧唯识师种子，于俗谛是有实自体的，于真谛亦是幻有而非无；从种而生之现，是与其自种同时并在，此于俗谛是有实自体的，于真谛亦是幻有而非无。种现明是一潜一显两重世界，种藏伏赖耶中，是沉隐的世界；现行识，方是显现的世界。虽强以不一不异言之，究是异而不一。佛家诸菩萨任何说法，总是要劈得极开无融会处，而后又来说个不一不异，譬如将一小动物的生机体切成几段几片，再将段段片片说为不一不异，终不与生机体相应。唐李泌谓德宗曰："陛下与濮固怀恩，譬如破叶不可复完。"吾于佛家诸大菩萨之说法，总不免有此感，非独有宗如是，空宗亦然，例如生灭与不生灭开作两片说去，却不肯说生灭即是不生灭的实性之显现。非独大乘如是，小乘无弗然者。此意兹不及详，明者当自得之。

　　熊先生尝言：旧唯识师谈种现，如在心理学上说，此谓哲学的心理学。若科学的心理学则不涉及本体，而只依据生理与经验以说明精神现象，与哲学之谈自有大不同者，此不及论。而不以之组成宇宙论，则有重大之价值。如依据《楞伽》《涅槃》《华严》《胜鬘》等经而谈真常心，另以种现义作为习气或妄心之说明，而归于顺真常心以创净习，即融会孟子扩充义，救耽空滞寂之流弊，儒佛可一炉而冶，理实如是，反己体之自见。

　　《新论·明宗》章首揭出性智，即通《楞伽》等之如来藏，与《华严》之合毗卢遮那、文殊、普贤、观音而为一性海，并《成论》之四智，及《大易》之仁,宋儒德性之知,阳明良知,皆融会为一。《功能》章谈习气,及《明心》章说习心,则因旧师种现义而变通之,至本体论与宇宙论方面,则以体用不二为宗极。即依本体之流行而立用名,用上说为一翕一辟而成变化。

用由体现,不可离用而觅体。不可离用觅体故,即于用而识体,易言之,即于流行识主宰。然复须知,用一翕一辟,翕即有物化之倾向,疑于不成为用矣,严格谈用,唯辟是用,以不失其本体之自性故。此云自性,犹言本体自具之德,德有二义,曰德性、曰德用,如空寂、虚静、空、虚,皆非空无之谓,以无形体、无方所、无作意故,名空、名虚。寂者,无迷暗、无扰乱之谓,静亦然。清净、刚健、纯善、生生化化流行不息、进进不坠,进而又进,曰进进。以其具向上之性,恒不坠退,云不坠。皆其德也。万德咸备,万理具足,不可胜举,故总说言本体有其自性,是其流行不已而自性恒不改易也,否则不成实体,云胡现用？

用具翕、辟二势,翕势物化,唯辟不舍失其本体自性,故可于辟而名为心,亦不妨于辟而说为本体。故内在于吾人之真常心或性智,即是宇宙实体;宇宙实体,亦即是内在吾人之性智真常心。吾人与天地万物本为一体,无二本故。就吾人分上言,此性智、真常心,即是吾人之真己;《新论》所谓本心或性智,即真常心之异名。就一一物言,即一一物各各具有真常心。然克就真常心遍为万有之实体而说,即真常心是超越天地万物而独立无匹。言天地万物,犹云万有,即摄吾人在内可知。本文前面曾言万物各具之自性神,言万物,即赅吾人在内。即是绝待之一神;绝待之一神,即是万物各具之自性神。所谓一为无量、无量为一是也。此神即真常心之目,与宗教家言神而杂以拟人之观念者绝不同。《新论》性智,即真常心,亦云本心。由即用见体义故,便于用上说体。夫心之名,本依辟而立,辟,用也,今以心而说为真常者,真常,即本体之名。由即用说体故耳。《新论·明心》首明此义。空寂而生化不测,虚静而健动不屈,不屈,谓无穷竭。是吾人所反求而自识者也。《新论》汇通《大易》与《般若》,自明自见而始言之,非取两不相容之说而强求其通也。

翕之势似与辟反,而实为辟之具,故翕终从辟,即物随心转,而物莫非心也。

空宗只以不生不灭言体,以空寂言体,空,非空无之谓,详《新论》。故不于体上说流行,即不能依真体之显现而施设宇宙。《新论》议其短在此,可谓精核之评。空宗虽于俗谛不破缘起,然但视为虚诳法,由众生颠倒故有,第一义谛于四缘即破除。《新论》救此失,故明由体成用,而用上即可施设宇宙;复以由体成用义故,便可于用识体,即一一物皆是全真。此《新论》骨髓,所以有异乎空宗也。

有宗之学,即无著、世亲学。其短处只在种现说,以阿赖耶识中一切种子亦名功能。说明宇宙人生,而遮拨外道之梵天神我等说。参考《摄大乘》等论。彼计含藏一切种之赖耶识,亦从其自种而生,赖耶与其自种系同时而有,故赖耶能藏其自种。详《成论》及《述记》等。彼又以器界即俗云自然界或天地。与吾人根身,均是赖耶识之相分,此根器相分各从其自种而生,至其分别八个识为一切相分、见分,皆各从自种生,其说极繁琐,今不及详。有宗之宇宙论,确太穿凿,《新论》广破,无可曲讳。然《新论》虽弹正其种现说之失,并不以此减损有宗之价值。熊先生尝言印度人颇好为凿空之论。种现说,在吾人今日衡之虽不满,然在当时,为融摄各派思想与理论计,自为精密而有力之伟论。种子义,实从数论自性及外道极微说修改而成,赖耶识亦从外道神我说而修改得来,其间枝节之义又多与小乘对照而立,兹不暇论。且有宗之以种现成说变更以前之缘起义,而寓构造之旨,虽不必应理,然试探其所以矫正宗教之本意,则有大不可忽者。空宗于第一义谛破一切相,遮拨四缘不遗余力,《心经》为《般若》

撮要,首曰"照见五蕴皆空",五蕴,有为法也,亦即缘起法也,言空,即遣除尽净,竟无所有。《新论》断为破相显性,确尔无疑。有宗之兴,正为空宗破相即破缘起。而矫其失,故盛演三性义而成立依他。依他,即缘起之别名。二者相争之基地,即是依他有为法,一破一成,显然互不相容。《新论》语体本中卷。《功能下》明明揭示此事,而评者竟绝不通晓,反谓有宗破相,岂不愚哉!

空宗重要关键在二谛。俗谛不破四缘,有世间颠倒法故,方有涅槃,亦由第一义中说空故,知有世出世法。说空,即知有世间法,否则何所空?由空世间颠倒法故,知有出世间法,详玩《中论·观四谛品》。真谛即第一义。则破缘起法以显性,而于性体亦不许作实物想,所以破执,非破性也。评者不了此胜义,乃谓空宗是无体论者,岂不哀哉!

有宗重要关键在三性,三性主要义在成立依他,此与空宗针锋相对。但有一问题,空宗第一义中破一切相,即得法空慧而不堕法执,今若成立依他而不破相,岂非自堕法执乎?有宗为释此难,故说三性,三性中初性即解决此问题。

三性者:一遍计所执自性,二依他起自性,三圆成实自性。三性名义,《新论》语体本中卷。《功能》章已疏释明白,但非字字注意亦难解了,所望学者肯虚心耳。

遍计所执自性,应分三项以明之。

一、能遍计,谓意识周遍计度,是能遍计。

二、所遍计,谓依他法。依他起,省云依他。

三、遍计之所执,谓人我与法我,如依五蕴而执有实我,此是人我执;如于五蕴中一一法上而坚执著此是实物,当知才作是想,便名法执。

依他起自性者，即诸有为法，省云有为。亦名生灭法，省云生灭。其实即是五蕴法。五蕴中总分色心二聚，色，犹云物。聚者类义。五蕴法，总分心物二类。此色心诸行，行者谓有相状幻现，迁流不住，犹俗云现象也。有问：心无相状？答曰：否。虽非如色法之可目见，而非无相状，汝反体之自知。唯依众缘合而现起故，众缘，谓四缘。都无实自性故，性者，体义，无自体者犹云不是独立的实在的物事。故以此色心法说为依他起自性，亦云依他法，亦名缘起法。有宗说依他，于俗谛是实有，于真谛则谓之幻有而非无，此是与空宗根本不同处。空宗缘起，即依他。俗谛是颠倒虚诳法，详前。第一义中即真谛。四缘则破除净尽。

圆成实自性，即是真如，此是一切法之实性。此中一切法，谓色心诸行，亦即依他。

详此三性义，有空之中坚思想在第二性依他，此与空宗恰恰相反，稍有头脑者，一对照便可知。

空宗直下破相，相，即依他有为法，详前。所以显性，而于性体又恐人作实物执著。原夫人生习于实用，其于一切事理无往不坚执为实，本此心习而猜度宇宙根源，即于一切法之实性亦将当作实物而想像之，且坚执之，如此，则性亦成相，直是作茧自缚，其何以堪！故经复说"生灭不生灭，一切如化"，见前。所以防人于性体上起执，其用意深微已极矣。而评者乃妄臆空宗是空法性而不空缘起虚诳相，岂不哀哉！余昔游熊先生门下，有人问：空宗荡一切相，似乎中外思想界罕有如是者何耶？先生曰：佛家之学自止观来，空宗修空观，自不容著一毫相，故于法性不容起执，于性起执即于性体之上增益妄相，此空宗所以力遮也。从来哲学家只作思辨工夫，不修观行，行者，修为义。观即是行，曰观行。宜不了此。昔马大师言"即心即佛"，后言"非心非佛"，其门下梅子和尚闻之曰：这老汉又误煞天下人,尽管他非心非佛,我只是即心即佛。人以告马祖,祖曰:梅子熟了也。世之习空教者,乌可妄执一切如化而恶取空,以自害害人哉!

　　有宗不破相即成立依他。而妙演三性义,则以为法执之起,正由能遍计意识。对于所遍计法即依他法。而妄起我法执,此我法执纯依妄情上有,妄情,谓能遍计。理实无有。无有如妄情所执之实我实法也。但所遍计之依他法,不可说无,吃紧。即此依法之实性,所谓圆成真如,一真绝待,理绝言思,不可于此著空见,自不待言。有宗以为只破遍计所执,即是于依他法上无有执,亦即是于依他法而透悟其实性圆成真如,都无妄执,此其所以不破相而自不堕法执也。空宗破相,即空法执。有宗分别执与相依他。是两事。执,依妄情故有,照妄即执空;相,则真谛不无,去执乃于相而见性。此有宗矫正空宗之功,实有不容忽视者。三性确是有宗胜义,不必为空宗所及。《新论》于有宗矫正空教之本旨,固极赞同,惜乎今日学子莫知注意,乃妄疑《新论》诋毁无著、世亲学,岂不痴哉!

　　然有宗矫正空宗之本旨虽善,惜其于法性真如,仍承空宗之旧。只是不生不灭,不许言生;只是无为,不许言无为而无不为;只许言如如不动,不许言流行。而所谓依他法,究与实性真如为如何之关系,终不可得而明。若唯以不问宇宙如何而有为佛氏密意所存,不容于此作批评者,则既已说依他法,又说实性真如,独以何义而于依他法与真如之关系竟不许发问?岂非怪事!又有宗之言依他,只是种现互为缘,而首立法尔本有种为现法之因。一切现行相分、见分,得名现行界,亦得名现法。其于现法又析得极零碎,则推求其种,自不得不极多,轻意菩萨言"无量诸种子,其数如雨滴"。此无量种皆聚集赖耶识中,而与其所生现法判为潜显两重世界,且既以本有种为现法初因,又复承有法性真如,并不说明种与如之关系,如者,具云真如。则两重本体之嫌亦无可否认。况复种分染净，新熏系后起，可云无关实性。本有种之染性者，是否与真如实性有关，此皆未有说明。若细核之，其所谓依他，即种现说者，实含无量矛盾，难以言之成理，不徒有凿空之患而已。自斯学东来，历千余祀，聪明睿智之俦，不知凡几，皆惊其奥赜，苦其难通，《新论》出而后肃清霾雾，此功何可没哉！

《新论》明由体成用，则用即是体之显现，体与用本不二而究有分，可分而实不二，故不必问体与用之关系，以其本不二故。佛氏之依他法与真如，一为不生不灭，即无为。一为生灭，即有为。明明说成二片，即不能不问其关系。而佛氏毕竟未有说明，此可谓根本缺憾。《新论》发明体用，始彻法源底，无支离之病。又复由大用流行之迹象上假说万物，一方可随顺俗谛，说万物条然宛然相依相待而有，融摄关系论；关系论与缘起说，貌似而实不同，则以缘起说之骨髓在有个体的生命，即妄识流转故。《新论》不涉及此。一方可趣入第一义谛，乃即用而识体，即流行即主宰，即现象即真实，不待破相而性显，此与空宗异。亦无性相不圆融过。有宗相即依他，不可说由体现；性即圆成真如，不可说流行。性相终欠圆融。《新论》即用而识体，便无此失。《新论》在宇宙论方面可善巧施设，而与本体论血脉相通，在本体论方面，不说本体是不流行的；即在宇宙论方面，可依本体之流行，即所谓大用之一翕一辟，而施设宇宙。故血脉相通。佛氏法性是不生灭，相是生灭，便说成隔绝。自有谈玄以来，至易简、至圆融无碍者，无如《新论》，谁是有知而可妄毁！

评文谈性相与体用，有曰：《新论》分辨性相与体用，贬抑佛家，是非常错误的。不知性与相对立的说明，以相为现象，以性为本体，在佛教经论中不是一般的，惟有在能所证知认识论中，才有以相知性、泯相证性的相对意义。在一般的因果、体用、理事、真俗中，或说性,或说相,二者可以互用,并无严格的差别。

审曰:性相、体用,余在斥评文谈空有中已极分明,本无复赘之必要。惟念评者思想总不入轨范,又不忍无说。评文谓"以相为现象,性为性体,在佛教经论中不是一般的"云云,此甚错误,评者总由诬堕空宗是空法性而不空缘起虚诳相之妄想在中作祟,故作是说。须知佛家性、相二词各有所指,决不是两个空名词,此处正须忘言默会。佛教小乘且勿论,大乘空有两轮,确由人生论发展而谈实性,即相当于哲学上所谓宇宙本体。空宗施设二谛,而有第一义,即依实性而设,若只承认缘起虚诳相而无所谓实性,则何有第一义可言乎?《般若》明明分别说生灭与不生灭,或有为与无为。明明说涅槃,何可误解《般若》为无体论?有宗开山无著、世亲二大菩萨,虽别唱有教,而与空宗根本不同处,只是三性中依他,一于真谛破而不立,一则认为幻有非常而已。其立净分依他,尤有深旨,此中不便申释。关于法性真如,空宗破执之语气过重,有宗虽意存矫正,然终不谓龙树有空法性之邪见也。《成论述记》自是基师亲禀奘师之绪论,其攻击恶取空者,只在空教末流之清辨,而绝不涉及龙树、提婆。且空宗唯一根据之《大般若经》,实译自奘师之手,倘《般若》果为空实性而不空缘起虚诳相之妄说,奘师为有宗大哲,何至宣译此经,备极尊崇?降一步言之,《述记》何故攻恶取空者性相皆空,只在清辨,而不及龙树乎?《般若》明明为初学人说生灭如化、不生不灭不如化,明明法性真实,其为久学人说一切如化者,只是遮执,非破法性,不可误解也。《中论·观四谛品》说:"因缘所生法,我说即是空,亦为是假名,亦是中道义。"首二语,即空除缘起法。第三语,空亦假名,则缘起虽空,而非一切空无,于俗谛中非无缘起虚诳相,于第一义中明有实性,故空之一词亦应空除,不可妄计一切皆空也。此语意义深微,非深心体认不得其旨。第四语,明中道者,缘起法空故非有,第一义中诸法实性不空故非无,所以为中道也。大乘空有二轮都无空法性之浅见邪说,此乃无上根本大义,必须认定。王辅嗣说《易》云"会之有宗,统之有元"。斯义诚千古不磨。在知识上说,世间学术,如科学等。各部门的知识,在每一部门中虽自成体系,而对于宇宙之浑全以言,毕竟是各限于一部门。故一切知识之学,必须有其统会之宗与元,否则知识终陷于散殊之域而无统会处,人生将无最高之蕲向,有日趋堕落之忧,此义非浅夫俗子所逮闻也。如俗畅言,当别为论。犹复须知,人生具向上之要求,如无此要求,即不成为人类。故常有一种超越感。超越感者,即恒自觉有超越小己与万物之无上真实根源为其所申诚归仰。一神教者,视此根源为外在。儒者之言性与佛家之言真常心,则视此根源是遍为万有实体,而亦是内在于吾人当躬,即为一身之主者。此非灵魂的意义,须善会。儒者有杀身成仁,即为平日富于超越感,其生活非虚浮空荡而无所归宿,故临难有此勇气。佛氏有投身饲虎,亦以此故。宗教与玄学虽分途,而穷究真实根源之精神则有其大同,不容否认。但一由信仰,此就耶教言,佛教固笃于信仰,而极尚理智思惟。一任理智,此就西洋哲学家言,若吾儒之学,虽是理智的,而非仅以思辨为能事。故有教与学之分耳。空宗首唱无住涅槃,不舍众生,悲愿弘大,岂不究真实根源者乎?求之《大经》《四论》,本无此浅见邪说。区区之忱,唯望评者悔悟。

评者又谓"惟有在能所证知认识论中,才有以相知性、泯相证性的相对意义"云云,此误不小。评者完全不解证量一词。须知克就证言,便无能所相可分,如何可说以相知性?既云以相,即有相存,有相存矣,胡云知性?又云"泯相证性的相对意义",太不成话!既云泯相,何有相对?评者于此大根本处,何乃绝无理会?证量是何境界,评者知否?《新论》说空宗在认识论方面破相显性,此为导引学者趣入证量,而非克就证量立言,不当误会。至云说性、说相,可以互用,则随行文之便,而意义自当随文领取，未堪淆乱。如实性，亦得云实相，则此相字是体相义，非相状义。又如说识以了别为自性，识即相也，则此自性是克就识相而目之，此性虽亦作体字释，却是自体之体，与实体之体字绝不同义。举此二例，可概其余。评者每于佛书辞义不求真解，更无论言外之意，任在这里涉猎得一义，那里复涉猎得一义，终于真义没理会处。古今学人不蹈此败阙者无几，真修行人，务须痛戒。

评者有云："佛法本来不以性相为对立的根本论题。"余则谓佛法是否以此为根本论题，不妨暂置，望先了解性、相二词。佛教三藏十二部经，谓其于哲学上所谓宇宙论无所涉及，则非教僻至深，未有以为然者。今试从宇宙论以究佛之旨，则佛教如非安住虚妄法中而不究真实根源者，自不能不于法相而穷其实性。法相略当于哲学上"现象"一词，实性犹云实体。基师《成论述记》分别性相，非其臆说，亦非限于有宗一家之言，各宗皆可以义准。倘于此犹疑基师，则必其人头脑不清，难与析义，置之可也。佛之徒有言，佛教不许有离心外在的宇宙，故无宇宙论，而只谈人生。余诘之曰：汝知佛教析观五蕴都不可得实人乎，为甚有人生可谈？性、相二词，如已解得，则是否根本论题，似不待论。

评文有云：佛以为诸行是虚诳妄取相的，不可执为实有，所以以幻化阳焰比喻他。又云：流转不已的诸行，观为无常、无我，而证得涅槃，说为不生不灭的无为云云。

评者此段话，还是空法性的痴想横梗于中。今应问者：既云诸行是虚诳妄取相，却须知诸行者，色、心二法之都称。色法且置，汝心既是虚诳妄取相的痴物，凭谁而修无常无我的正观？又云"即于诸行，观为无常、无我，便是证得涅槃，说为不生不灭"，据汝此言，则涅槃、无为、圆成、真如、不生不灭等名,皆变为虚用之词,不得为实性或本体之目。目者,名目。如仲尼即为孔子其人之目。十二部经被汝一手推翻,吾疑汝颇大胆。然看到下文有云"有为实性即无为",始知评者只缘不通辞义而陷此罪过,是可哀也! 须知有为实性之云,本于有为下、实性上,中含一"之"字为介词,而佛书译者求高浑,往往不用介词,读者非精通文理,便易误会。夫言有为之实性即无为,则无为是有为之实性,而不即是有为明矣。有为是相,前引基师语,相即依他,是有为,此义无可摇夺。空宗说有为相纯是虚诳无实,只言无实,不谓无此虚诳相也,俗谛不破四缘者以此。但评者竟只认取此缘起虚诳无实之相,而横欲空法性,妄计有为即无为,且疑性相分别只在有宗唯识为然,其文中于实性一词全不求解,只滑口读过,悍然以空宗为无体论者,无体,谓无本体。岂不哀哉! 夫法性一词,具云诸法实性,犹云宇宙本体。或时亦省言性,圆成、真如、涅槃、无为、不生不灭,皆其名字也,稍读佛书者当知之。评者身为僧人,于此无上甚深大根本处不能悟,而亦不求悟,且欲泯性相之分而即以相为性,妄臆有为即是无为,却不悟有为实性即无为一语中,其实性二字万不可忽、万不可不求解。譬如说冰之实性即水,冰相只是虚诳无实,虽现此相,此相者,谓冰相,下同。而本来空。冰相无自性,即本来空,非以意空之也。但冰之实性即水,此非空无。有为相不实,而有为之实性即无为,此不可说空,冰相,喻有为相;水,喻有为之实性无为。应如理思。当如其理之实而思之,不可妄猜也。评者谈空宗,只承认缘起有为虚诳相,而空除有为之实性,即所谓真如涅槃,通观评者全文意思,只是如此。以此诬空宗为无体论。评文分量颇不少,其纠纷与浮乱令人难阅,本不足辨,而卒反复以辨正之者,诚念佛法不当诬乱。今世之真志乎佛法者既少,能解佛书文字者益少,误堕烟瘴,即损慧命,吾是以不忍无辨,而此苦则无可言矣。

《智论》卷三十一云:"智者于有为法不得其相,有为之相,虚诳无实,其自相本空，故云不得其相。知但假名。曰有为法者，但假名耳。以此假名导引凡夫，知其虚诳无实，无生无作，有为本无自性，何生何作？心无所著。中略。复次离有为，则无无为，所以者何？有为法实相，即是无为。此中实相，犹云实性。无为相者，则非有为。但为众生颠倒故，分别说。有为相者，生灭住异。有为法生起，名生相；生已而灭，名灭相；方住时，名住相；有变异故，名异相，是有为法之四相。无为相者，不生不灭，不住不异，是为入佛法之初门。若无为法有相者，则是有为。"为初学人分别说无为相异有为相，其实，无为法不可以相求之也。若妄计无为有相者，则无为何殊有为乎？又曰："第一义空者，第一义名诸法实相，不破不坏故，是诸法实相亦空。何以故？无受无著故。"以无受无著，名空，非空无之谓。又曰："一切有为法及虚空，非智缘尽。智缘尽者，如说正智是能缘，真如是所缘者，则是犹有智缘之相，今智与如相俱泯，即能所相俱空，是谓智缘尽。此明证量义也。《心经》云"无智亦无得"，即此义。云何无上法、智缘尽？智缘尽，即无上法也。智缘尽即是涅槃，涅槃中亦无涅槃相，涅槃空是第一义空。中略。贪等诸烦恼断，是名有余涅槃；圣人今世所受五众尽，五众，即五蕴。更不复受，是名无余涅槃。不得言涅槃无，以众生闻涅槃名生邪见，著涅槃音声而作戏论，若有若无，以众，至此为一读。以破著故，说涅槃空。注意。若人著有，是著世间；若著无，则著涅槃。破是凡人所著涅槃，不破圣人所得涅槃，圣人于一切法中不取相故。圣人得涅槃，不于涅槃作有相或无相想，故云不取相。贪等诸烦恼假名为缚，若修道，解是缚，得解脱，即名涅槃，更无有法名为涅槃。若已得解脱而更计有法名为涅槃，便是将涅槃当作一物事来猜想，便是取相，故《论》言"得解脱即名涅槃"云云。《论》只遮于涅槃取相，非谓涅槃空，此处须虚怀体究，切勿误会，如人被械得脱，而作戏论：是械是脚，何者是解脱？是人可笑，于脚械外更求解脱。众生亦如是，离五众械，更求解脱法。"五众即是虚诳法，亦即是械。离此械已而更求解脱法，即又取相，又复被械，经论不许人于涅槃作有相想者以此。据《智论》此文，只遮于涅槃取相，实非空涅槃。《新论》谈空，无一字妄下，而评者不善会经论文旨，实为可惜！《智论》卷三十七云："法性者，诸法实相，除心中无明结使，无明即惑，亦名为结使。结缚人故名结；惑能役使人故，亦名使。除者，断除之，犹儒者云克己也。以清净实观得诸法本性，名为法性。注意：缘起诸法自有本性，若只认取虚诳相而不见其本性，便妄空法性，此自陷使结中也。性名真实。注意：只认取缘起虚诳相而不承有缘起之实性，是无真实，明明违经论。以众生邪观，故缚；正观，故解。"正观，即解缚也，除无明结使，即得诸法本性，无有我邪法执，是名正观。据此，以清净实观即得诸法本性，性名真实，则缘起虚诳相不即是诸法本性甚明，何可执相而空性乎？

佛家在量论方面，量论，犹云认识论。就断惑证真言，即于相而识性，故性相不一不异。然从本体论方面衡之，佛家以相与性，剖作生灭相与不生灭性或有为无为二片说去，其于体上不许言生、不许言变、不许言流行，故不可说由体现用，即无以施设宇宙。有宗成立依他，已谈宇宙论，但其圆成真如与为现界因缘之本有种作何关系？未有说明。因此，佛家之量论与宇宙论无融会处。宇宙论一词有广义、狭义，狭义即谓现象界，广义则通本体与现象而总言之。今此中宇宙论一词，即广义。《新论》谓佛家在本体论方面由有出世情见故，不悟体用不二，此千年来暗室孤灯也，后有达者，当知抉择。

评者谓法相一词不是斥指已成物象而名之，以此攻《新论》却是自安迷雾。《智论》明言"四缘是颠倒虚诳，无有实"，此虚诳相不实，而于世俗亦非无者，正是物象，汝不悟哪？且评文明言"缘即相依相待的关系性"云云，若未成物象，岂有相依相待的关系可说乎？以相依相待互相关系而有，说明物象不实，此则诚然。却须知，相依相待互相关系而有者，正是克就物象上说，如无物象，说甚相依相待？说甚关系？《新论》克就用言，即无物象。佛家不说体现为用，然说有为之实性即无为，此实性无为,即第一义,是有物象否? 第一义中破四缘,汝不悟哪? 评文随处引佛典而皆不求解,又何怪不通《新论》乎?

评文又云:"佛法所说体用的体,与《新论》的自体相近。"此是无端添一葛藤。《新论》体、用二词,须从《新论》之整个体系中求解释,此与佛书及他书中有时用体、用二词者不必同,稍有头脑者,读《新论》决不至误会。而且《新论》中卷《功能》章对此二词特为解说,鄂省三十六年印行本中卷末有后记,更阐发精详。商务馆本缺后记。若以《新论》体用义准诸佛法,则《新论》所云体者,相当佛家之法性真如,但弗说为不生灭或无为法;所云用者,略当佛家之生灭法。亦名有为法。此中略字,注意。佛家生灭即缘起法,是染污性,有宗净分依他,当别论。彼不说体现为用,其缘起法非真如现为,故与《新论》所云用者异义。《新论》用出体现,即非染污,污染则是人生后起恶习,与用无干。据此,则《新论》用义似与佛谈生灭法者迥异,而复云略当者何耶? 应知《新论》于用上施设宇宙,佛家缘起法,俗谛实有,亦即于此说宇宙万象,缘起法者,即色心诸行,俗云宇宙,即色心诸行之都称。故云略相当也。评者于《新论》及佛法,两无所解,而曰"佛说体用之体,与《新论》的自体相近",不知果何所指?

评文又曰"佛法是没有以体为真如实性的"。此真愚极! 实性之性在佛书中即作体字释,汝未读唐人注疏乎? 如前所说,有为之实性即无为。此实性一词与哲学上言实体及明儒言本体者,其所指目者都无有异,但解释不必同。所指目同而解释不必同者,如桌子一词,两人说此词时,所指目者全同,而一人据常识说桌子实有,一人据哲理说桌子不实,此解释之异,而二人于桌子一词所目者,未尝有异也。各家于实体一词,其所指目者无不同,但解释不必同,亦犹此譬。有为法者,色心诸行之都称,俗云宇宙万象,即此有为法是。故佛法中言有为之实性,犹云宇宙实体,辞义分明,而汝不会,岂不惜哉! 此义屡详前文,兹复赘说,诚念佛法根本处不可晦也，余岂不惮烦哉！真如虽有十一名及七名见诸经论，而皆以诸法实性为言。如流转真如一名，非谓流转即是真如也。经论明曰"诸行无始世来流转实性"，此实性一词，实伏有之字为介词，而汝不会，妄意真如即目流转，实则正显真如是流转法之实性，曰流转真如，依主释也。自余诸名，皆应准知。辞义不通，诬乱大法，身托佛门，如何不戒？评者又有"佛法以为存在的即流行的"云云，凡一大段话，无一语不浮乱，总由只认取虚诳相而不知有实性，所以陷浓雾中，曾无一隙之明。

评者误会《新论》遮拨现象，不悟《新论》明由体成用，即于用上施设现象，稍有头脑者自知之。又谓《新论》神化，而神字作何解？评者尚不知。此则余已详说如前，无复赘之必要。又谓《新论》离开常途的因果观，此则诚然，《新论》不涉及宗教，故不谈果报。然评者谓佛法中谈缘起只是相依相待的幻相，而绝口不谈赖耶识，则因果何存？既无世间因果，即无涅槃，则胜义从何开显？无怪评者抵死不承有实性。又复应知，《新论》明由体现用，则万有无非胜义，即俗全真；又修正旧师种子义而明业习流转并未毁坏世间因果之所依据，汝乃一无所知何耶？

评者谓空宗决不是离用言体，此甚错误。须知空宗所谓颠倒虚诳的缘起法，不谓之用而何谓？评者文中曾引《阿含经》中佛称世间法为行，也称为有为，行与有为的字根，与作业及力用相同云云，据此审定佛家有为法亦名生灭法，亦名缘起法。即属《新论》所云用。评者原无异议，用字之所指目者，既已决定。再说体字，评文引述推宗龙树之天台学者谈证悟，有见真谛及见中道二说，西藏所传龙树中观见，亦有主绝无戏论及主现有空双聚二家，而自断之曰"这可见离用契体，应说泯相证性及即用显体，应说融相即性"云云。评者于此处明言离用契体，则一切法之本体不无可知；明言泯相证性，则诸法实性非空可知。如此，则评文中体字或性字与哲学上本体一词所指目者亦不能有异。体用两词义界都已核定，今从宇宙论的观点审察空宗,彼空宗。于体上唯显空寂,而无有生生化化不息之健,非离用谈体而何?彼于用上唯说颠倒虚诳,此虚诳法不可云由体现为,是又离体而谈用也。

自释迦唱教,首说十二缘生,以宇宙从迷暗而开发,人生从迷暗而肇有,此乃不向真实明净源头上理会,直从吾人有生以后拘于形气成乎染习处着眼,以视吾《大易》直由乾元始物及万物各正性命处开显,孰得孰失?如有具慧眼者,自当明辨,不必期凡愚之共了也。《新论》归宗《大易》,良不偶然。

至云"一切法即是毕竟空,毕竟空不碍一切法",正是《新论》理趣。本体无形无象、无作意、无惑染,非毕竟空而何?由体现用,虽翕辟宛然而都不暂住,无有定相可得,一切法即毕竟空,何消说得?然大有流行,虽不暂住而翕辟宛然,众相俱成,却是毕竟空不碍一切法。

评者又举经中"依无住本,立一切法"等语,佛家惯技,说一切法析成各个碎片,及知其不可通,又来说向圆通去,无如粉碎之各片终究无法圆融。彼之无住本元是空寂,是不生不灭,其一切法即诸行元是力用、是生灭,既已碎成二片,今却要说"依无住本,立一切法"等语,吾不知一片不生灭与另一片生灭如何融会?此一关捩子转不得,休言依无住本立一切法,休言不动真际建立诸法,休言我说空、缘起、中道为一义。评者不须忿诉《新论》轻议诸大菩萨,其实《新论》只救智者千虑之一失,而于其穷玄探微之理趣,未尝不有所依据与推演也。禅与净诸大德不缚于教,而其所深造自得者,并不与教中言外之意相背。可惜束教之徒死于句下,难与语斯事耳。评者又谓《新论》误解虚空喻。彼义实如是,非执喻以相责也。

《心经》"色即是空,空即是色",《新论》疏释正确,而评者绝不留意,乃妄取以附会其空实性而不空缘起虚诳相之谬说,且以此证成佛说空寂即是生化，欲破斥《新论》评佛失当。不悟佛说本性相分清。空寂是斥就性体而言，非谓本无实性，只于缘起法上说之为性也。非谓，一气贯下。缘起是就虚诳相上言之，是染污性，与《新论》所云生化绝不可相混。《新论》生化是用、即体之显，前文曾略辨，如何可以缘起虚诳之生化混同真体流行之生化？评者此说，于佛法及《新论》，两皆无据，两不可通。

评者有云"《新论》的根本谬误，以佛法的泯相证性为离用言体，即于佛法作道理会"云云。评者自陷根本错误而不自省，反诬《新论》。佛家浩浩三藏明明说了许多道理，且用逻辑为破他宗、立自义之工具，与儒者体现真理于人生实践之中、不尚理论者，根本异趣，此事显然。佛家本以说道理为能事，故宗门不满之，而首唱不立语言文字以救其失。宗门虽矫枉嫌过，然诸菩萨及论师好说道理则无可讳言。《新论》从其说道理之阙失处而绳正之，与宗门用心略同，而态度较好，以其不废教理之探讨，足为实修之助也，道理且置。评者此中本意，似谓诸佛泯相证性之谈为导引学人入证量之阶梯，此即偏从量论的观点来理会佛说；然有万不容忽者，佛氏无量无边言说，不限于量论一方面，还须从多方面去理会。如汝所举《经》云"依无住本，立一切法"及"不动真际，建立诸法"等语，此则明明属宇宙论方面之谈，未可作泯相证性理会也。但试究其如何建立诸法，则见夫一片是不生不灭的空寂真际，亦云无住本。一片是生灭的缘起虚诳相，以《新论》衡之，分明体用成二片。其于道理上有阙失，《新论·功能》辨析精确，圣人复起，不能易也。《新论》明由体现用，而即于用上立一切法，大乘空有二轮未竟之绪，至《新论》而始完成。《新论》本继述大乘菩萨之志事，非违反大乘也，而佛门中必欲攻《新论》，诚所未喻。余阅至此，尤感兴趣者，昔从游熊先生门下，尝叩体用义于佛经有所本否？先生即举"依无住本，立一切法"及"不动真际，建立诸法"二语，曰：此与乾元始物意思可融会，惜空宗二谛，仍未圆融。先生意谓，虽说真俗相依而有，但生灭、不生灭究是二片。有宗三性成立依他，更由断染而说净分依他，以视空宗说缘起不别说净分依他者，用意较深；但其说真如不生灭，仍与空宗同，则本有净种即与真如成二重本体，云何可通？余潜思累年，始揭体用不二义。明由体现用，而于用上立一切法，缘起之义但可于大用流行之迹象上施设，乃空宗所谓虚诳相也。如不明体现为用，则如空宗俗谛中缘起承十二缘生之说，宇宙人生无有真实根源，只是无端而有一团迷暗现起，此成何说？有宗看透此失，故成立净分依他，宇宙人生自有本有净种为因，不可说为染污，其染污者客尘耳，非其本然也。有宗此处确正空宗之失，有功大法，惜其净种生灭与真如不生灭终成两片。余乃斩断一切葛藤，直说由体现用，而依大用之一翕一辟建立诸法；又修正种子义纯言习气，染污则是客尘，净习则率性以成人能，人极立而天道显，天人实不二，此《新论》所以融儒佛而一贯也。先生自明述作之旨如此，宏廓深远，莫如《新论》，真切易简，莫如《新论》。虽世道衰微，此学此理无可讲于今日，真理自在天地间，老氏所以有下士闻道大笑，不笑不足以为道之乐也。

又复应知，佛书中说泯相证性，此即《新论》评空宗处所云"破相显性"，评者在前面反《新论》，今忽又与《新论》一致。泯者泯灭义，及泯除义，皆是破义。为导引学人入证量故说。"导引"二字，注意。若克就证量言，便无所谓相，更何所泯？此属量论方面之谈。若夫显示性德，则属本体论方面之谈。佛家在本体论方面，总是以空寂或寂静显性。显者，独言明示其为如此如此也。一切宗派，说法无量，印以三法印，前二印会归第三涅槃寂静。此与《大易》无方无体、寂然不动而有生生化化不息之健者，此中不动，非静止之词，乃无昏扰义。两相对照，其于性德之证会有偏全，灼然可辨。佛氏为出世教，宜其于空寂之领纳特深，亦提揭独重，无足怪者；《新论》融会儒佛，始无偏蔽，未见性人只在言说上转，终不喻斯旨也。评者读佛书，不能从各方面去理会，乃谓《新论》评佛离用言体，是由误解泯相证性、引归证量之谈，而妄有此评，自家读书用思不入轨范而妄攻人，大可惜哉！《易》家曰"辞也者，各指其所之"，此语含逻辑上无量义，辞之所之属于何方面或何范围，此不可不深辨也。于此不辨，一切大迷乱由兹而起，可不慎乎！评者此处一大段话，矫乱不堪，如诸佛菩萨有知，恐只合付之一叹。

评文中有云"无为与空寂当然可说为诸行的否定，但这不是自性的否定，当下含摄得否定之否定的"云云。余阅至此，适一佛学家至，见之颇动悲愤，曰：无为空寂，奈何做诸行的否定说去？佛法乃至此耶？余曰：评者本不承有诸法实性，无怪其然，但不应以此说佛法耳！否定之否定，此语原出马学，马学本之黑学黑格尔学。而已异于黑，评者用此语是否有当于马氏，此中似不必谈；惟评者用此语而演之曰说无生，而更说无不生，此言无生是生之否定，但此否定当下含摄得否定之否定，所以更说无不生，评者以此为妙之又妙。但据评者之主张，说无不生，当下又含摄得否定之否定，必更说无生，若依此式循环转下去，如下：

生　　　肯定

无生　　否定（含摄否定之否定）

无不生　否定之否定（又含摄否定之否定）

无生　　否定之否定

依上式，无生又再否定，递转下去还归无生，如此循环演去，佛法谈体毕竟无生，《新论》所言未堪摇夺。

"佛家最初说五蕴，色心平列，近二元，《新论》似曾说过。"一近字，甚吃紧。非谓佛氏持二元论也。就法相上言,色心相依俱现,心非色之副产物,色亦非心之副产物,故近二元。但诸行之实性,即自性涅槃,诸行者,色心二法之都称。此乃本心,与色法相依俱现之心,是依本心之发用故有,而非即是本心。不可谓之色法也。佛法究是唯心论,但与西洋唯心论者所唯之心不必同,彼等未能发见离染之本心耳!《新论》自是唯心论,但已熔儒佛为一炉,即以空寂而有生生化化不息之健者,是诸行实性,名为本心。《新论·明心》融通仁寂而谈,此乃从来所未有,惜乎今人以驰逐杂乱闻见为学而不务反己,难悟此理趣耳!

物质宇宙本来是无,此说何可否认?《易》曰"变动不居",此"不居"二字甚吃紧,不居哪有物质存在?由科学言之,可以说宇宙是能力之发现;自《新论》言之,如计能力为实有,尚是一种执著相。故应说言大用流行有其翕之一方面,即此翕势渐转而粗,可以谓之能力,但不可计执为实在的物事。故科学上所云能力,犹不即是《新论》所云用,此义宜知。能力尚不可执实,而执有实物质可乎?

神者,不测之称,穷理至极,无复有上于此者,故说为极。心行路绝,语言道断,心行者,心之所游履曰行,如思辨或思考时,即谓心行。语言即心行之表出诸口或文字者也。理之极处,思辨所不及,故云心行之路绝;言说形容不到,故云语言之道断。故言不测,故说为神。《新论》神义,是否宗教家拟人之神,稍有头脑者自知。

五蕴之色或四大,皆就俗谛立言,即顺世间情见而言;《新论》谈生化是就真体之德性与德用而言。世俗在实色上,见为不滞碍、不凝固,自是俗见。名家云"鸡三足",俗只见鸡两足,行动无滞碍,那有三足?然名家曰三足者,有所以能行者,神也;其神亡,而两足立成僵物,即滞碍而不行矣。执物而不能穷神,难与言哉!

《新论·成物》后,谈《坎》《离》义,最有冲旨。须知万物各具之生命，即是宇宙大生命，此大生命之显发其自力也，不得不凝成为一切物以为表现其自力之资具；然已成资具，即生命本身将有为其所缚之患，是谓坎陷。自然界之无机物阶段，其时生命或心灵只是《乾》之初爻，隐而未见。后来生机体发展，而生命心灵始盛著，却非本无今有，乃由隐之显耳。如本无生命心灵，焉得后来忽有？无能生有，决无此理。有无二词与隐显二词，须分别理会，不容混乱。有而未显，只是隐，不可谓无，显而可见谓之有，不可谓无，人皆知之；隐而不显只是隐，不可说无，则人能知之者鲜矣。通乎隐显之义，则无机物阶段，只是生命在其运用资具或通过物质之进程中必经之坎陷。然生命要是备万德而健进不已，毕竟解缚而显其主宰之胜用。如老子云，五色令人目盲，五声令人耳聋，乃至驰逞发狂，此皆见吾人生命有被缚于资具或物质之患。然儒经曰"视思明，听思聪"，乃至思曰睿，又曰非礼勿视听言动，则又可见吾人生命或心灵究是官天地、府万物，而不失其主宰之胜能。唯人生若自堕没，如《礼经》所谓"人化物"，孟子所谓"从其小体为小人"者，则乃锢蔽其大生命与心灵而不得显发，是则人能不修所以致此。佛法在未得有余涅槃以前，真如不得出烦恼障，亦是此理。评者乃疑心的本身不够健全，然则真如未出障时，岂是真如身不够健全耶？斯理玄微，非可以凡情猜度，能悟斯贵，未悟何若存疑？

善恶问题，中外古今纷无定论。《新论》本已说得明白，而评者竟不体会。其实孟子性善，千古定论；孙卿复言性恶，似与孟水火，而实互不相妨。抉择孙孟而知各有其所明。以孙还孙，以孟还孟，互不相碍者，清儒汪缙大绅其人也。世皆以汪子为佛之徒，不知汪实儒者，兹不及论。然评者已不会《新论》，纵闻汪说，亦复何补？

法空慧及一切智智，岂可从杂染中得来？欲断杂染，非定不济。定力不深，智慧不生。熊先生《读智论抄》有一段可考证，此处不容浮语虚词诤论。武侯戒甥书犹曰"才须学也,学须静也",而况求得一切智智,可无定乎？为佛之徒而轻视静定,未知其可也！

《新论》所谓慧,相当于俗云理智,《新论》亦谓之量智,故别于智而言之,文言本《明宗》章已有自注申明。评者误会为观察慧,则未审《新论》但据凡位立言,观察慧必转依而后有,得此则周通万物而无所谓逐外也。然非定力深、惑障尽、智体呈露者,不得有此,谈何容易！《新论》注重静定工夫,是就发现性智即得本体。而言。凡夫逐物之知正是妄识,不可返识自性,千圣同此见地,非《新论》创谈也。

评者所以弃绝禅定,由其不承有诸行实性即本体之根本谬误而来,此根本谬误不除,自无法与言禅定。评者极力反对廓然离系、显发性智、契会本体,以此为一般神学及玄学者同一路数,如印度婆罗门教及佛教末流,佛梵同化,与儒佛一家者,大抵如此云云。余以为诸大学派虽各各有互异处,然同归于廓然离系、显发性智、契会本体,此根本处不容有异,唯各各所造有浅深、偏全与实证、相似之分。诸大学派间所以有异同或诤论,即因浅深、偏全与实证、相似等等不齐而起,但于根本处决无异论。因此,诸派学者有互相商讨及攻难之余地。今评者极力反对廓然离系、显发性智、契会本体,已将根本处推翻,还有什么深远道理可说？理之极处,至大无外,极高无上曰远,幽奥难穷曰深,凡愚不得攀援及此。民国以来学子,有打倒玄学鬼之声,无怪其然。舍此根本而言学,唯依乱识寻求世智,"乱识"一词见《摄论》等。凡夫杂染或散乱之心,名为乱识。世智亦佛书屡见之名词,凡世间知识技能之学,通名世智。即凡为知识之学者,其知识不成体系,技能未有专长,但务肤杂见闻者,亦世智所摄。自不感触禅定重要。

评文有云"释迦本教,不但不由静证体,而且还有不必深入的。如慧解脱阿罗汉,没有得到根本定,仅得未到定甚至一刹间电光喻定,即能证得涅槃,与深入禅定者的俱解脱罗汉,在息妄体真的解脱方面毫无差别。从定发慧，不过说真慧，要在不散乱心中成就，那里一定要静虑之功造乎其极"云云。评者身在僧列，竟有"释迦本教，不但不由静证体，而且不必深入"之言，此真愚极，稍有头脑者，读过半部佛书，恐不会赞同此言。评者所举不必深入之例，大粗心在，得未到定甚至一刹间电光喻定一刹间之定力，喻如电光之一闪，其促不可形容，曰电光喻定。即证涅槃者，在其未证以前之未到定中，不知经历若干长劫修持始有此顿证之效。电光喻定，亦是此一刹以前，有无量功修，方获顿证。顿之为顿，实积渐而至，舍渐言顿，是末学未通教理之过，不宜袭之以自误也。真慧，要在不散乱心中成就，评者已知，而又谓不要静虑功夫造极，此正病根所在，须知不散乱心，非就有漏心中暂时染缘不至及遇胜缘妄念乍伏，可以谓之不散乱心也，非字，一气贯下。佛家地前地上无量修行是为甚么？如不散乱心毋须费大力而得到，则诸佛何故徒自苦为？孔子言求仁必由克己，又曰"仁者先难而后获"，此亦与佛法相印证。人生不可自甘堕没，幸勿以时俗知见自误。

评者疑《新论》偏于定而略于观，此甚错误。须知禅定与般若，虽分言之而实际上不可分。禅定之义为静虑。静即止而虑即观，止故无嚣乱相，观故照了一切法相，法性及法相皆如实照了，而离虚妄分别，方是虑，亦云观，此虑义与观义极严格。非制其心于不用之地可云禅定也。般若是智慧义，非禅定已深、乱识已舍，不得有此智慧。故言定，即有观在；言观，必由定发。不定之心，恒是虚妄分别，虽于俗谛知识有所当，终不可入真理，非佛法中所云观也，此义宜知。

就证量言，能证之智与所证之理，本非二事，佛说无有如外智，无有智外如，此是了义语。证量中本无能所之分，有能所即不名证量，此义须认清。宗门说自己认识自己，此话老实，用不着许多闲言语，悟此者可与谈证量。

评者好谈缘起论,其实佛家此义,是由破斥外道之神我说而自成其另一神我说,始有此缘起义,余屡闻熊先生言及此,深思之极有味。余初研佛书时,见其破外道神我甚力,然说佛法本旨言,则确不谓人之生无所自、死无所有,却明明是为吾身自有去后来先之主公见前。沦溺生死海,期拔出之,此非神我而何？胡为破外道乎？及闻先生言,乃知佛氏以缘起义来说明神我,确高明于外道者甚远,此意如要说,便太麻烦,姑不论。评者将佛教之神我置诸勿论而空言缘起,兹不论其违教与否,须知空言缘起,亦不过如哲学家之关系论。只在物象上着眼,发见一切事物互相关联而有,绝没有独立的固定的实物,即无自性义。其见地只及此而止。倘由此而进穷之,或可悟入本体之流行,即归于《新论》之体用义,始识宇宙自有真源,人生自有真性,人生真性,即是宇宙真源,宇宙真源,即是人生真性,虽分别为言而实非有二。不空而空,体用真实不空,而一切物象只依流行之迹象假为之名,所谓化迹是也。化迹如旋火轮,此则是空。空而不空。一切物象缘起不实,是空义;本体流行即所谓大用不息,是不空义。老云"玄之又玄,众妙之门,吾无以名之,字之曰神"。

评者言心,只认缘起法,即色心相对之心,而不见真常心。是可哀愍！评者误计空宗是空法性,不空缘起,遂执取缘起幻象为立命之所,此如认贼作子,适以自害。评者因妄臆空宗是空法性,遂谓谈真常心者,如《楞伽》《胜鬘》《涅槃》等经,属有宗之另一派。其实空宗早谈真常心,《大智论》卷四十一云:"心相常清净故,如虚空相常清净。烟云尘雾假来覆蔽,不净,心亦如是。常自清净,无明等诸烦恼客尘来覆蔽故,以为不净;除去烦恼,如本清净。"此非真常心而何？此与《新论》所言性智或本心,亦非二物。评者必谓谈真常仅属有宗之一系,是将空有判为绝不相通之二途,甚违教理。昔奘师为有宗上哲,而空宗之根本大经,即由彼所宣译,基师亦承宣空教,足见空有虽各自成宗、各有独到,要未可谓其根本处不一。诚宜辨其别异，以观其会通，而后不至以一曲之见蔽大道。

评文有云"如佛教的唯心论者，从相分见分而到证自证分，从六识七识到如来藏识"云云。评者于四分义似绝未索解，此真怪事！每一心心所，各各有四分，只是以分析法来分析每一心为此四分而已，言心，即摄心所可知。并非内向的工夫由相见至第四分一步一步地体验进去。又如八识之谈，亦是分析说来，不是内向的工夫从眼等识一步一步体验到赖耶或如来藏。

摄色归心，并不坏色，只是色不离心独在。摄智归理，元不废智用，良以智即是理，理遍现为色心而无碍，故智周万物而无阂。智即心，亦即理，色亦即理，故理周通乎万物而无阂，为其理之一也。评者于此不悟，余欲无言。

评文举《新论》不大不小的错误共十项，今审决如下：

第一，谓《新论》不知经部师可以缘无生心云云。评者似指《新论》卷上第二章破经部师极微计处而言，不悟《新论》此处只明和合色是假法，无有为五识所缘缘义。《观所缘缘论》颂云"和合于五识，和合，具云和合色。设所缘、非缘，设者，纵词。纵许和合色是意识之所缘虑，而终非是引生眼等识之缘。彼体实无故，彼者，谓和合色，和合色是假法，无实自体。犹如第二月"。经部师亦不说五识缘第二月，故以为喻。《新论》据此说和合色是假法，不得为引发五识之缘，此缘，谓所缘缘。有何错误？汝自向善知识问《观所缘缘论》去。陈那菩萨岂不知经部缘无生心而说和合色于五识非是缘？此必有故，汝妄吠作甚！大乘非不缘无，而云变似无之相分为所缘缘。

第二，色法无有等无间缘，据佛家各宗多数主张及大乘论定之义而说，何容妄难？如说佛家破我执，纵有以犊子计我难之者，而说者终无过。

第三，刹那即妄念之异名，基师明文，《新论》引据之以为非时间义者,此有深义,汝自不了耳!妄念才生即灭,无有暂住,诈现而非实,故假说刹那。而时间义,据佛家说依诸行相续流转假立为时,若法已生已灭,立过去时;此若未生,立未来时;已生未灭,立现在时,故时有过现未等分段。《瑜伽》及《百法论》中说为不相应行法之一,《杂集》等论,并可参考。佛家虽以时为分位假法,而不妨随顺世俗说有过现未等分段,故时间相与妄念顿起顿灭之相,实有不同。因作时间解时,即计有分段,便成空间之变形故;空间是有分段的,今计时间有分段,即是空间之变形。妄念顿起顿灭,无有分段可得,故基师以妄念言刹那,方可表示生灭之无住与不息者,唯是妙用不测,不测之谓神。正未可作分段相。此中理趣深微,非达于化者,无可与语也。但如了解刹那本非世俗时间义,却亦不妨假说为时间,唯此时间是内自体认生生化化、健动而无住与不息之流,一向新新而起、故故不留,因假施设时间义,但不容以世俗时间观念应用于此。自非超悟之资,深解《新论》,未有能识斯理趣者也,而于评者何尤?

第四,评者不承认空宗是站在认识论上说话,《新论》认为空宗所说虽包通许多方面,但主要的意思在破除情见、导入证量,故如是云。

第五,赖耶见分说为不可知,评者谓《新论》只说了一半。据《成论》云,不可知者谓此行相极微细故,难可了知;《述记》云"见分行相,难可了知"。或此所缘内执受境,《述记》,内执受境,即有漏种,及有根身。亦微细故,外器世间,量难测故,名不可知。详此,则《论》文于所缘相分但置或言,实重在显示见分为不可知。《新论》即据《论》旨而谈。此中尚别有解,兹不及详。

第六,因缘种子。名为作者,余缘名作具,《成论述记》确可检,此际不暇查卷数。

第七,评者谓无著无本有种义,确不然。《摄论》等谈三法展转、因果同时。三法者,本有种为因,亲生现行,现行复为因,亲薰生新种,此无著义也。彼计无始创起之现行，必有本有种为其因故。

第八，佛家所谓根，虽通摄者多，毕竟以五净色根为主要，佛说净色根明明别于扶根尘，如何道他是物？六尘境方是世俗所谓物。五净色根，非心法，自不待言。

第九，成佛方舍赖耶，此佛氏究竟了义。《新论》据此而谈，谁云错误？地上入观虽无漏，出观则否。如疟根未断，终不可谓无疟人；十地未成佛，终不可谓无漏显现。

第十，自性涅槃，既众生本有，为甚又立漏无漏种？且评文云"无漏种子无始以来成就"，何故第七项中不承认无著立本有种？评者自相矛盾且不论，惟此无漏种与自性涅槃作何关系？唯识师究未有说明，若细推之，其过甚多。总之，唯识师于本分事毕竟不曾究了，徒恃闻熏，勤求外铄，如木无根，虽外蒙雨露，何可滋生？《新论》绳正，其功甚大，百世俟圣而不惑可也。

附识：本文有一段云：智即是理，理遍现为色心而无碍，故智周万物而无阂。自注云：智即心，亦即理，色亦即理，故智周通乎万物而无阂，为其理之一也。熊先生摄智归理，义极重要，而难索解人。可参玩鄂省印《新论》语体本中卷后，《附录》释理一则，及本书答徐见心君言"心即理，物亦即理"诸文。

与冯君谈佛家种子义

佛家派别甚繁，说法极多，非以思辨谨严之态度治之，未有不混乱也。种子义，《瑜伽师地论》颇采有古义，与后来无著兄弟唯识论之种子说全不相同。《瑜伽》为类书，无著所总辑，其中收集材料甚富。然无著编辑此书，其每分之大意，分犹篇章。则自有匠心运其间也。

古种子义，此土无专译，今不可详。余著《佛家名相通释》部甲于种子条下曾采《瑜伽》五十二说"云何非析诸行别有实物名为种子？言非分析诸行，而谓离诸行本身别有一一实物名为种子也。非字，一气贯下。亦非余处？言非别有实物潜存他处可名种子也。然即诸行如是种姓、种姓，犹言种类。如是等生、如一叶刹刹前灭后生，自类相续，曰类相续、曰等生。一叶如是，他物准知。如是安布，诸种类物，各各等生，现前显现，曰安布。名为种子，即依诸行种类、等生、安布诸相上，假名种子。亦名为果。果对种子而得名，种子既依诸行而假说，别果亦如之。果与种子不相杂乱，若望过去诸行，即此名果，现在诸行望彼之过去而言，即此现在行相名为果，以现在从过去而生故。若望未来诸行，即此名种子"现在诸行望未来而言，即此现在行相又名为种子，以现在为未来续生之因故。云云。据此，种子与果均依诸行相上假为之名，非异诸行别有实物可名种子。例如现前一棵树，自其根言之，此根从其前前刹刹不住。谓无一刹那顷有故物留住也。易言之，即刹刹灭故生新，是其前前恒为后后作生因，故应说其前望后名种，后后恒续前前而生，故应说其后望前名果。此根一向刹刹前灭后生，而因灭果生恒在一刹顷，不可妄计从因灭至果生中间尚有时分也，如前灭后生之间有时分，则后不续前而中断矣，故此云前前与后后，皆不得已而为之名，未容以世俗钟表计算之时间观念应用到此，是义宜知。就树根言，此根前前为后后作生因，假说其前为后之种，已如上述。更就树根言，义复同上，乃至树叶及花与实一一皆如上义。是故一棵树，其根干枝叶花实各各自类等生而安布者，皆非各别有实种子故生，只是各各刹刹续前而生，现在一刹顷之根为前一刹顷根之果，现在一刹顷之干为前一刹顷干之果，乃至现在一刹顷之实为前一刹顷实之果，凡言乃至者，中间略而不举故。诸果同时并有，亦可云果俱有。但此与无著兄弟唯识论之种子义决不可并为一谈。若见种子及果等名词，便不管各派异义而混同作解，黑白不分，麦豆莫辨，此之谓大混乱，以此言佛学，未知其可。

　　上所引据《瑜伽》文，吾名为古义，次说无著兄弟唯识论之种子义。彼等成立赖耶识以含藏种子。赖耶一名藏识，以是种子所藏处故。种子在赖耶中，为赖耶所缘之境。有宗经论，皆有明文。

　　种子是实有的，是个别的。易言之，即是异诸行别有一一实物名为种子，并有其所藏之处，恰恰与古义相反。轻意菩萨《意业论》言"无量诸种子，其数如雨滴"，此印度菩萨明文，非吾臆造。八识各各不共种，甚至每一识更分心与心所，而每一心心所且各各不同种，又复每一心与其心所各各析为二分，虽有四分三分之谈，此有别义，可略之。二分者，相与见也。如眼识所缘色境，名相分；了色境者，名见分。余可类推。护法诸师说每一心或每一心所，其相见二分，各各不同种。据此可见种子为无量数，轻意菩萨拟之雨滴无量，诚哉然也！

　　一切种子皆为能生；一切相分见分，皆是种子之所生。

　　种子既为实物，已如前说；一切相分见分各各从其自种子而生时，即此一切相见各各为实物。如眼识相见二分是实有，乃至赖耶识相见二分亦是实有。故一切相见，通名现行。现者，现前显著义。行者，迁流义。俗云宇宙万有者，即此所云现行是。

　　既明定种现各有自体，现者，谓一切相见。所以种生现时，现行已另成一个显著的物事，故名现行。而其种子始终潜藏在赖耶识里面，并非舍失其自体而转变为现行，此时种现两物同时并有，一隐一显。无著兄弟唯识论谈种子六义中之果俱有义，正谓此现果与其因即种子同时俱有，现行对其种而名果，故云现果。《成论述记》疏释详明。《新论》驳其如母生子为两人，自是的论。种现各有自体，一隐一显，明明成两界，岂容曲辨？

　　此土唯识之学，唐以前真谛所传，颇多不同于奘师所介，吾常欲董理之而鲜暇。奘师所宏，只是无著、世亲一家之学，十师推衍世亲学，愈以悬空解析为能,吾《新论》所斥破者,奘师所介之学而已。印度有宗古师各派之说,今难详征。吾意真谛学比奘师所传宣者较好,惜乎今之作佛教史者于此无考。

自抗战结束,国家危机益甚,老夫无心谈学,乘便写此,冀供研治经论之功,如不谓然,即可姑置。

与林宰平

前日哲学会,弟最后言推理之事,皆先有一全之观测,次乃致察于分,终必遍察众分,皆足以证实其全,而后其最初之观测乃得成立。否则必舍弃之,又别设臆。但此时设臆,仍是先观其全而后致察于分也。兄疑全之一字或可以言哲学,而于科学方法似不可通,此则由弟当时言词简略,致兄有此疑耳。弟所谓全之意义,本有简别。就科学言,则某种公则或原理对于其所统驭之许多散殊事物自可说名为全,而散殊事物则其分也。因明三支比量与三段论式排列不必同,而意义则一。兹举因明比量五分法为例:

> 声是无常宗
> 所作性故因
> 凡所作者皆是无常同喻体如瓶等同喻依
> 凡非所作皆是其常异喻体如虚空异喻依
> 声是所作故声无常合

如上比量,当其设臆声是无常时,实已有统驭一切所作法之一公则,即凡所作者皆是无常之公则在,此即吾之所谓全。以此公则对于其所统驭之一切所作法而言，可名为全故。次则求同、求异，而见夫同品定有，如瓶等是所作，定是无常。异品遍无，如虚空非所作，皆是其常，而无无常。因以断定声是所作，故声无常。据此比量，虽似先测众分而后归纳于一公则之下始得其全，实则设臆声是无常时，已有一凡所作者皆是无常之全理，即公则。方据之以实测众分。及其汇同简异、一一不爽，而同类事物中之全理乃灼然昭著无疑耳。弟谓推理，先观全而后察于分，科学方法实亦不外是者，意只如此。倘设臆时无全理为据，则于一一事物不取共相，如闻声只知是声，见瓶等只知是瓶等。而心上不作凡所作者皆是无常的全理的观测，即无有所据以分测瓶等一一所作法，而声是所作、故声无常之断案，又如何得立？此中有甚多意思，兹不及详。

　　弟所云全，自科学言则全者对曲而得名，曲谓散殊。即依许多散殊事物之公则或原理而名之为全，亦云全理，似无不妥。若就哲学言，此云哲学，实即形而上学。则全者乃无对之称，所谓万化之真源、万物之本体是也。此言万物，而人在其中可知。前在会中，东荪兄似曾言人生有一根本要求，即我人与宇宙不可分离而实打成一片，因此而小己之生死见自然泯绝云云。东荪在国难中，不以生死易节，其得力盖在此。孟实继起发问：哲学发端，如果是因有个总的要求，此总的是什么？余因举《易》之《观》卦曰"观我生"。于此反己理会，自然一针见血。大凡哲学家如只任理智或知识去推求宇宙第一因，则层层推求终不可得最后之因，《大智度》所谓"推求愈深，眩惑滋甚"。《般若经》扫荡一切知见，寄意深远，惜乎古今少人会得！惟超悟人，初亦未尝不任理智推求，但迷途知返，于是不肯过分信任理智，乃返而观我生。观之为言，神明离染，湛然睿照。生者，《易》所谓生生不息之元也，天地万物统资始乎此一元。故观我生则知天地万物与我同体，无内外可分，无彼此之间，子玄所云"称性玄同"是也。东荪云"打成一片"，犹是强为之词，本来一片，何待打成？孟实问总的是什么？反己自识而已矣。但此境界非理智推求所及，唯放舍推求而默然内证乃得之。宋人小词云"众里寻他千百度，回头蓦见那人正在灯火阑珊处"，正谓此也。回头云云，喻反己自识；灯火云云，喻推求不起，默然内证时，正是本体呈露也。

玄学求见本体。本体自是全的，是不可剖分的。此唯证相应，非可以推度而得。故哲学之极诣是超理智的。

然则哲学必反理智欤？曰：否，否！言超理智，非反理智之谓也。哲学求见本体，初未尝不任理智推度，庄生《齐物》曰"若有真宰，而特不得其朕耳"，玩此语气，似亦自述当初推度之情。及其悟到自本自根与"朝彻而后见独"之云，独谓本体。则已超理智而归诸证会矣。从来哲学家由理智推度而达于超理智的证会境地者，自不乏人，但庄子进于超知之境而遂至反知，则吾所不许。此中有无限意思，兹不暇论。

观与证有分，此意难言，证之诣极矣。观者，智慧初启也；证则智慧盛显矣。

知识富者，不必有智慧，以其未离杂染故也。智慧盛者，知识皆转为智慧，不可曰求智慧者无事于知识也。

刻急理行装，心绪纷乱，又时有客至，写此不能达意。此民三十六年，吾父返北平，及冬初回汉时与宰翁书。今于故纸中检出，存之于此。次女仲光记。

仲光记

父嘱同学研究船山书，语之云：船山在哲学方面之发明，余尝综以明有、尊生、主动、率性四义，见《读经示要》第二讲。此所以救宋明溺于二氏之弊，功绪甚伟。其为学之方面甚多，如哲学、本体论、宇宙论、人生论、认识论。政法、社会等学，多有独辟之处，为汉以来群儒所不逮。然其于各方面虽有许多精思妙语，但未能分别门类、详细发挥。如虚君共和之论，船山明明说到，而只寥寥数字，不曾盛阐明之。诸如此类，不可胜举。是不足为船山病，中国学术界，自汉以后，诸子百家之业久废，分类研究尚无其风，思辨之术更非素讲，船山虽天纵，其能绝不为时地所限乎？余平生于古今人，多有少之所歆、移时而鄙，独至船山，则高山仰止，垂老弗变，其书感人之深如此。

又曰：船山不幸而宗横渠，故于本原处始终不透。余尝欲取其《全书》中凡谈及道体者，条列而辨正之，卒以心所欲为而未得为者极多，竟鲜此暇。

李仲强，粤梅县人，从吾父问学，为人朴实笃厚。尝言其父国圻少与程壁光同学，甲午日寇，我海军失利，壁光时在某兵舰，曾向日军递降书。其后李鸿章起用壁光，入见时，李公大呼壁光名，斥责之曰：尔曾向日递降书，知罪否？声色俱厉。壁光抗声曰：大帅勿提此役，大帅亦不得无罪。李公遽改笑容曰：程壁光，很好，很好。自此对壁光信任益专，壁光卒为海军名将。国圻亦海军界耆德，与壁光至交，常道其遗事云。吾父曰：李少荃以雄才，学于湘乡，明足以知人，智足以自反，大度足以容物，故为一代巨人。自昔衰世逞志者，昏狂自恣，喜用仆圉，朝夕献谀，不闻己过，卒至危败。少荃深于史，故成就卓然。

与友人

弟近来殊怕用心，然不用心时，杂染习气亦易纷扰于中，憧憧扰扰者不可名状。内经云"种种诸识浪，腾跃而转生"，此可畏也。欲得乾元性海流行无间，此事真难。六十余年为学，尚是凡夫，能无愧悚？

与某生

　　夫逻辑之所可贵者,以其术存乎解析故也。自家用思时,恒注意解析,则意理之条贯与底蕴一经精剖自然昭著,而免于模糊与笼统之弊矣。《易·系》所谓精义入神,至可玩也。审核古今人立说之当否,亦妙于解析,盖凡浮妄不根之谈,未有经解析而不立破者。虽然,苟非其人,道不虚行,既非天才,又未曾按部就班作过困勉工夫,或任一己浮乱思想,或涉猎书籍,而自无深根固蒂之道,任何学问都无幸成之理,逻辑何独不然?吾望汝勿效世人轻谈学问,且以少年宝贵光阴及有限之聪明与精力,找着一种学问死心踏地钻研去。汝既卒业大学,普通知识应有相当基础,今后便当开始专门研究。如其一意专精佛学,则聚精会神于此,日就月将,不求速获,久道化成,必有深造自得之一日。至与佛学相关之诸学,如心理学、名学及中西哲学等等,亦皆随时用心探究。英文勿旷废。闻西洋书籍原文较易了解,译本乃多不通。汝曾学过英文,则时时练习,无令生疏,不独便于看西书,将来或可译中为西,岂非快事!汝且安心所业,每日公余静坐看书,汝勿谓事务牵扰未能多读书也。天下事只要勿间断,今日看五页书,了解若干义理,明日看五页书,又了解若干义理,日日如此,行之十年,自当六通四辟,豁然贯通,此患汝不为耳。汝今念念不安现状而只欲求学,只此便是而耗心力于无用之地,易言之,即自寻死路。若将不安现状而欲求学之念放下,却落落实实即在现状之下安心所学,不急不迫,无怠无荒,日日行之,决不间断,吾敢断言,汝学问之进步将若决江河莫之能御矣。人皆具有心力而不知所以用之,此真可惜!吾久欲写一信与汝,苦无精力;然不写,却不安于怀。汝毕竟是诚笃人,吾故不能已于言也。某生于吾不相信,此不足怪,乃其可怜耳。其识不及此，非其心术有差谬也。新年见子，总有不通畅意思，望深切自省。心不通畅即与道理隔绝，不堪学问，务反求其不通畅之根，必努力拔去。

与李生

吾子劝于读览，习于思索，颇以为慰。然此等工夫，只合以无怠无荒、不急不迫八字行之。若操之过急，不唯无益，而且害生，不可不慎也。

学问之要，儒曰立志，佛曰发心，今人视此为闲言语，学之所由绝、道之所由丧也。吾已衰年，自计少时亦是狂妄度日，三十后渐有真忏悔，自是迄于衰境，犹是知及之、仁不能守之域，吾不敢欺天也。世之知我者，见吾一生未轻表襮，未谋名利，未涉官场，以为吾亦庶几不愧古人。其实，此但以迹论耳。若夫洗心藏密之地，出王游衍之中，《诗》"昊天曰明，及尔出王；昊天曰旦，及尔游衍"。中有主而不昧，外肆应而无穷，吾间有之而实不能常也。颜子之三月，吾实不敢自许；程朱陆王诸老先生之诚切谨严，吾有愧多矣，可自欺乎？所堪自慰者，一生不敢作伪，以自欺欺人天耳。夫吾为学至老而自叹尚如此，汝曹锢于时俗，但以闻见与思索为务，尚不知有立志与发心之事，汝必自谓已志学矣，而非吾所谓志也。此吾所深惧也。夫心志不真诚，即私欲与惑染日益增长。私欲与惑染增长，即神智蔽塞，而欲悟至理与大道，此实不可得也。理道与神智非二也，吃紧。佛家唯识言真如是所证、正智为能证，此戏论也。正智、真如，不可分能所也。详玩《新论》，当自得之。若就妄识分上言，则分能所诚然，理见极时，是名证会，则非以能行于所，非以此知彼也。学至私尽、惑断，即真理显现，自家身心浑是真理呈露。由其自明自了，谓之神智。实则非真理别为一境，神智又别为一物也。嗟夫！此学难言，于今尤甚。汝若悟及此，当知为学于见闻思索外，更大有致力处也。若只是各以知解构画组成一套理论,所谓言之成理、持之有故者,古今中外,实繁有徒,彼乃学其所学,非吾所谓学也。

与友人

世间学,只要天资不太蠢,血气未衰,肯用功,便足期成。特别学术,特别人物,非恃寻常天资、寻常血气之勇所能为力,须有一副真愿力。愿力培养得厚,火然而光彻,鼓枻而舟行,浩然而天地塞,所谓大自在者此也。聪明知虑,器也,凿之深入,斧之利斫,视用斧与凿者之力量为如何,此俗所知也。聪明而无大愿力,则斧凿虽具,亦奚为哉?老哥之病在独善而担荷之愿力不足,此所以常有老而学不成之惧。弟固亦兢兢焉,恐所愿之不得达,然与兄之情乃大异。弟所虑者,非一己之学无所就,特欲深造而导无限无尽之人类于光明之域,终夜而彷徨,嘤鸣而求友。问何以然?不自知也。自反亦尝有夹杂及浮泛不真切处,然弃暗就明、舍狭致广、背小向大,则尝以之自励也。甚愿老哥竖起两肩,充其愿而强其魄,一日千里,弟敢预祝。至于世间文籍,取舍宜严。昨岁以来,尝投药石,而兄似未大采用者,此亦吃亏之一端也。弟于学,最善用掉臂不顾之精神,自省却不至走入粗疏。如兄看僧人缘论疏,弟则极不愿以之入眼,此层友人亦多异于我者。彼等于僧俗杂志亦喜浏览,弟则断断乎不多阅也。不阅亦何害?如精力有余而翻阅之,犹曰借以觇庸俗之情怀;若忙如吾兄,则愿自惜眼力可也。唯古今专家宏著,则当穷探力索而必不可畏难,优哉游哉,日日而探索之,久则自有豁然油然之乐矣。漱溟欲为曲阜书院,不知果进行否?文化事业,定须倡自民间,一涉官场,便无丝毫效用。弟若在国立大学,讲学有年,想不能有一毫影响于学风。国庠人物复杂,譬如阿赖耶识含藏无量无边杂染种子,纵有一二清净种子储蓄其间,而力微势孤,终不能发起现行也。此札系由高君民国十二年日记中抄寄来者,非本年之稿,姑存之于此。三十七年冬,女仲光附识。

与林宰平

前得由宁转杭一信,似问及诸友由学涉事之情况。据闻精神颇不差,此可慰。唯将来事功如何,不敢断言。吾料二三君子,亦犹李刚主诸儒之所志而已。李氏承颜先生之学,以有用为臬极,欲一矫两宋以来儒者疏于济世成务之短。会当胡虏盗据,不便入仕,因以游于在朝公卿,下及州县之幕。本三物之旨,欲佐主者以化民成俗。此就世儒言,其魄力不可谓不宏,其心愿不可谓不伟。然吾若高悬一格以衡之,则不能不为李氏惜也。夫就社会言之,其各方面相互影响之故,至蕃变隐约而难言也。凡一社会之生存,自外表以言,若专恃乎政治生产等方面领袖倡导之人物,坐而言者,似非贵。又凡开导一世之人物,其学说或思想之传播,亦必其为一般人所共了。至若括囊万有、超出物表,即与社会上现实问题无关之人物,其所实践而独喻者,不独一世所不能了,甚至历千百祀而不可得一遥契之人,此等人物、此等思想,纵可谓为社会之宝物,究何所影响于社会耶?今之持此论者颇不少,实则此辈仅泛观社会之外表而不能深窥其根底也。凡社会所以生存之根底,即由超出物表之大人有其实践独喻、众所不知之伟大精神,无形中感触庶类,有如春气潜运、百昌昭苏而不知其所以,庄生所谓"尸居而龙见,渊默而雷声"者,正谓此也。大底衰乱之世,乾坤几熄,将欲起死回生,必有此等出类拔萃之大人独凝生理,徐以感被众槁而反致诸同生之域,所谓剥极而复者以此也。言及乎此,则李氏之所短,可得而详已。彼其汲汲皇皇于用世之术,而根底之学修之不深宏、养之不朴茂,讲之于人人莫不相悦以解,其感人之效也浅。李氏所以无救于皇汉民族之倾覆,而当时甘心事虏、无复人气者,反批李氏以为名高,斯岂其本怀所及度,直由其根底尚欠深远故耳。迹诸友用心,仿佛李氏,吾所望之者,本学以施之于事,即事而验其所学,又且于应事外,尚有闲适而孤往之工夫,使根底强大而枝叶畅达,则远非李氏之侪。即与吾辈行藏殊异,要自不害其为同。但虑感触多端,神解难期超拔。又书生善持大正,济变之才不足,当世犹未有曾、胡,匡济徒成虚愿。此所云云,未审有一节之当否,乞兄审度见示。自来中央大学,忽忽二十日,不得好住处。神经衰弱最怕扰,而同住多男女生,日夜狂叫不堪。近移来杭州西湖广化寺,高楼俯瞰明湖,前对吴山,后倚葛岭,如星小岛孤峙湖中。凭栏而望,苍苍者天,明明者水,湖不波,如鉴明,故云。悠悠远山,浩浩东海,目穷于望,遥感于怀。况复钱江若带,帆舟往来,时有鸟声掠过虚空,独如梵唱。会此众妙,几忘乱离。兄与漱溟皆不得偕,以此相思,何堪惆怅!

前信发后,昨又得由杭州转来挂号信。对于南来,仍是尼父无可无不可之态,此大不可也。兄既无所取于寂寞之幽燕,来此尚有二三乐与数辰夕之人,奚为其不决耶?兴趣是生命,亦即是学问。滔滔天下,吾侪可与煦沫以相提撕激发而不孤寞抑塞、沦于退坠梏亡者,当世有几?诗人伐木之歌,宣尼不孤之叹,寄意深长,此岂可一旦忽哉!兄年将五十,弟亦四十余,皆耿耿孤衷,不舍苍生忧患,又临天地玄黄之会,感物兴怀,若非同契相助以精进,恐力量不充而易流于波动之情怀,将如昔人所谓忧能伤人者矣。以此相思,所关极大。吾侪何忍拆散,成为劳燕分飞,宁不为平生志愿计耶?漱溟及平叔、艮庸二子,本约之共聚于宁。渠既留粤,则彼尚有四五人堪慰寂寞。若我两人,则断断不容异处。弟之在宁也,气味薰感,殊无多人。石岑迫于生计,不能离商务馆而赴宁。若吾兄者,内抱孤贞而外不戾俗,诚不似弟之过僻,然孤寄于鸟栖兽走之荒城,所见者何事？所闻者何事？所与往还周旋者何物？稍一触思，其能不黯然神伤而欲尽耶？弟不可无兄，而兄又何可无弟耶？又锡予浑含，兄尝服其雅量，耦庚天真烂漫，秋一为学缜密，素履冲澹，宜黄一代大师，气魄甚伟，兄皆当与游处。更有石岑，野气纵横，兄虽与之神交有素，尚未促膝共发狂啸，久怀爱而不见之忱，空兴在水一方之感，奚不翩然遵海而南、襄成盛会？江南地衍物博，值此新秋，天高气爽，登钟山远眺，大江东注，海不扬波，上瞩遥空，迥远无极，我欤人欤？天欤地欤？浑兮浩兮，欲辩忘言！孰谓宰平不肯同此乐哉？以上与宰翁二信，似是民国十六年间事，亦宰翁交来者。女仲光记。

与林宰平

世事至此，真是民族存亡生死关头。朋友中如有留心政治者，不必问其能力长短，只看他有无兴会。若彼真有兴会，即望肯去努力。都来谈学问，亦是不得了也。弟与兄对政治鼓不起兴会来，这个莫可如何；然忧时之念、救世之心，未尝不切，只是性情不耐与政途为缘。自问不合供疏附与后先奔走之任，而又无导引万类之宏才，只合以书生终老而已。漱溟愿力弘大，思想多独到处，年来研究乡村建设问题，不欲问政权，却虑迂缓难有济也。

今年决心不念世事，恐念及有碍所学。政治为大家利害所关，群力横冲直闯，总有辟出一条道路之日，但迷途与险难自所必经，无可幸免耳。学术有各人神解独到处，不但并世贤豪未必同调，即千载而上、千载而下，或莫有测吾心之所偏至者，吾安可自舍自荒耶？今当把握此心，任他天翻地覆，吾不离学而从政。以上二信，由宰翁交来。民国十四五年间，吾父与梁漱溟、石蕲青、林宰平诸先生同在旧京，念北洋军阀将倾，天下事不堪复坏，常商量出处，其后吾父与宰翁终不出。此即吾父当时与宰翁决定不出之二信也。姑存于此。三十七年冬女仲光记。

仲光记

父亲举《华严疏抄》四十八引《经》云："佛性者，名第一义空。无形相、无惑障，故名空，非空无也。第一义空，即诸法实性之名。第一义空，名为智慧，此二不一，以为佛性。"第一义空，以其在人而言，则名为智慧。故第一义空与智慧二名，实非有二也，总名佛性。又曰："以性从相，则唯众生得有佛性，有智慧故。墙壁瓦砾无有智慧，故无佛性。若以相从性，第一义空无所不在，在墙壁等皆是第一义空，云何非性？"愚按墙壁等从其本性而言，即是佛性，但不显耳。

问《十力丛书印行记》中引大人语，似有融思辨入体认义，此何谓？父亲举《大论》八十三《摄异门分》云："现量为依，说名思唯；比量为依，说名分别。"此义宏深，难得解人。世间所云思辨，只是比量分别；如科学知识经证明不误者，固是比量，而异非量。哲学家之推求与推论等，或是比量，甚至成乎非量者为多。吾所云思辨，即佛氏所云思维。此以体认为依据，体认犹云现量。远离倒妄，《深密经》所云"如理作意，无倒思唯"是也。此等思辨冥应实理，故云融入体认者，以其不同虚妄分别故，须善会。

《智论》卷九十二有云："毕竟空，唯是一法实，余者无性，故皆虚诳。"余读至此，问父亲云：此云一法实者，当指诸法实性，所谓真如、无为而言乎？父亲曰：汝已会得，但不可于实性作物想。

问：如瓶等物，依俗谛言，皆是实有，佛氏说为假名，何耶？父亲举《成实论》卷十三云："俗谛谓但假名，无有自体，俗谛中所认为实在的事物，其实但是假名，非有一一独立实在的事物也，是云无自体。如色等因缘成瓶，如以白色及坚度等因缘而成立瓶之名，实则无有实瓶，但假名瓶而已。五阴因缘成人。如以色等五阴为因缘而成立人之名，实则无有实人，亦假名人而已。以上参考《佛家名相通释》部甲。上古时人欲用物故，万物生时为立名字，所谓瓶等；若直是法，则不可得用，故说世谛。汝熟味此段文义可也。"又举《成实》卷十《无明品》云："随逐假名，名为无明。"命予小子终身细玩。凡夫日常生心动念以及一切学问知识，无往不是随逐假名，可哀也！万事万物无量名义，皆假名也，而人乃于诸假名种种分别、种种执著、种种追求、种种争论，是谓随逐假名。

父亲偶举《疏抄》七十六引《经》偈云："我今解了如来性，如来今在我身中，我与如来无差别，如来即是我真如。"谓此偈极亲切，初学宜深体之。

父亲序王伯尹《清闻斋诗稿》有云：余平生不能诗，亦未学诗。析物则强探力索，侈于求知；穷玄则深极研几，究于无始。究无始则神敛而遗感，侈求知则思密而沉兴。诗也者，感物起兴，得天理自然之妙机，接乎外而动乎中，亦缘其素所存于中者裕，故其接于外也融融。余于诗味，非全无领纳，独惜所学异方，未及致力于此也。

问：体认一词，后儒始言之，大人今以为现量之异名，恐佛教徒不谓然。父亲曰：哲学之术语，有可承旧名而更定其义者，即不须别创名。余谈现量，不全同佛家本义，拟于作《量论》时特为说明。《量论》虽未及作，而吾之意思于《新论》及《语要》中时有散见，若细心人自可看出。《新论》卷四附录答谢幼伟曾略谈体认一词，《语要》卷三王淮记语中谈证会义即是现量义，亦即是体认义。余以最高之体认即现量，亦名证量。王淮记云：每日宜有一段时间凝神定气，除浮思杂念及一切想像与推度，唯是澄然忘念，此中至虚至寂，而意不同木石，却炯然自了，即是证也，即本体呈露也。又曰：夫证会者，一切放下，不杂记忆，不起分别，此时无能所、无内外,唯是真体现前,默然自喻,而万理齐彰者也。余所谓最高之体认即现量者以此。注意涵养工夫,久自识得。

仲光记语

父亲与一人函,口授不肖代笔,未能达意,然于当世学风足资警惕。略云:今宜发扬孔门之学,以为吾国中心思想,此中有千言万语难说,略明此意。人类进化,学问与知能方方面面日益复杂,诚如华严家言宇宙无量,然则纷纷歧歧可乎?王辅嗣云"统之有宗,会之有元",此不刊之论也。征之物理,八大行星各各自动固也,然皆以太阳为其共绕之中心。假令八纬各各纷歧,还成甚宇宙乎?原子、电子之系统,亦如日系。足知物理界虽万殊,而必有宗以统之,有元以会之,思想界又何独不然?一国之学术与思想,总应有其宗元之所在,一国家之教育必本此宗元而定为宗旨。宗元既立,而后学子有共同信守,足以维系身心、激扬志气、踔厉风发,堪为齐民矜式。今自清季以来,四五十年间,学校之教唯日以稗贩为能事,不知宗旨何在。人习于卑下,而反盛自高贤,事之可痛,无逾于此。试考察各上庠名家学者之所成就,理工诸科,其专家之业深造至何等,吾侪门外汉,姑不妄论;法科之教者、学者,对世事研究、对国计民生诸实际问题有能穷析条流、真知利弊、究了得失根源而后定救治之方案、坐而言者可以起而行,如唐之姚宋足为救时良相者其谁乎?夫相曰救时,并不足言开物成务与百年大计,则其为良,亦有限耳。今乃并此无之。稍有心者思之,能不痛耶?文科当为一国思想之发源地,为各科学之主干,尤其中心思想之阐扬必有赖于文科。今各大学文科,巨子显学,最上不过考据之业,下者犹不敢与以考据之名,只是耳剽目窃、多所杂缀、扩大篇幅、出洋本本或腾报纸以驰声誉而已。至其所考核而陈列之题材,尤琐碎无谓,诚不知其居上痒而神游目注者,如是之琐碎卑陋!既不能穷神知化,又无一材一艺之长可资实用。若夫哲学有国民性,凡有高深文化之民族,其哲学上家派纵多,而其一国家或一族类特有之精神必彼此不约而皆能尽量表现之,此之谓国民性。例如印度佛家谈本体,究极空寂,中国道家谈本体,证会虚静,表面看来似相近也;然印度人有出世思想,奘师云"九十六道,并务超生"。超生者,超脱生死海,即出世,不独佛家如是。中国人不尔。故老之言道,道者,本体之名。曰"无为而无不为",佛氏谈体,则只曰无为而已,决不于真常体上说无为而无不为也。真常体,复词。有则真常,即谓体也。此例不胜举。道家无出世主张,故自老庄迄宋明之为道者,多攻独裁、倡自由。《十力语要》及《读经示要》二书,曾略及之。吾国僧徒,从来遇夷狄盗贼为帝,则依附以弘法,真正治道家学术者,却无此事。哲学不宜失国民性,于此可见。今海内为哲学者,于本国学术既贱视之若无物,不知古人著书虽无体系,而其思想囊括大宇、穷深极幽,决非零碎感想也。善学者由其散著之文以会其无尽之意,而因以自窥天地之纯全,则道备于己,官天地,府万物,富有日新而无穷尽,孰是有知而谓无物哉!今学子都不肯虚心求固有学术,本根尽剥而唐慕外人。诚使有深造于外人,若玄奘于无著、世亲学,吾犹俯首称庆;不幸今人于外学绝不深求,甚至于中外均无所究,而急欲以逻辑自标、以论道自贵,吾恐大道非浅薄可窥,逻辑亦不当如彼琐碎。董子《繁露》,根本《易》《春秋》以明逻辑旨要,有曰:"物莫不有凡号,案凡号谓玄名与公名。号莫不有散名,案散名者,谓于事物之散殊而以分析之术求之,乃随物名为之名,孙卿所云散名之加于万物者是也。是故事各顺于名,案事物万殊矣,而有散名以举其自相,有凡号以举其共相,乃至赜而不可乱,故曰事各顺于名。名各顺于天,案天者,自然之理,理实如是,非吾人以私意妄构也。佛家穷理至竟,归本法尔道理,法尔者,自然义,与此云顺于天同旨。天人之际,合而为一,案名发于人而应于天理,故天人合一。同而通理，案依于散殊而求其统类，观其会通，即于散殊而得共相，是谓同而通理。动而相益，案先物而起判断，征之功用，而效益不爽，是谓动而相益。顺而相受，案各个命题于其全体系中，互相顺成而无相违反，是谓顺而相受。谓之德道。"案德者，得也；道者，由义。思维所以得成规范而行为所必由也，故云谓之德道。详此云事各顺于名、名各顺于天与同而通理、动而相益、顺而相受，皆逻辑上甚深宏大之义，中外谈逻辑者，莫能外也。今人只钻琐碎，无有远旨，学不宏通，思苦狭陋，故知任何学术，不窥古人堂奥，难启新猷。后生崇尚浮虚，弗求深造，视名声易得、学问易谈，古人暗然日章之业永绝于今世，岂不悲哉！各上庠名教授，以哲学称家者，孰是中外之学真正虚怀诚意朴实头地下过工夫？吾年向衰，丁兹衰乱，实不忍媚世。浮浅混乱，无如哲学界，盲以导盲，醉以扶醉，中心思想从何得有？国民性焉得不斩丧以尽？人才从何养得？危亡虽不一因，而此则其主因也。不肖谨案：此段话切中时弊，自愧未能畅发。然此等意见具见《读经示要》，当世竟莫之省，此诚无可如何者。父亲尝言：一个人必有自立之精神，而后可采纳他人之长；若自甘暴弃，未有能学人者也。一个有高深文化之国家，历史悠久，自有其特殊精神。此等精神之表现固在其民群生活种种方面，难以概述，而凡一有文化之国家，其哲学思想界之主流尤为其特殊精神之宝藏。此等宝藏可以随时演变与扩充，断无可根本遗弃之理。若根本遗弃，即无所据以为演变，无所据以为扩充。譬如园夫接木，必厚培其根本，而后可以他木之枝接纳于此木之茎，使之吸收异质、发荣滋长、别成一新物事。未闻此木根本摧残无余而可接纳他枝以自活也。今人之智不及园夫，妄欲完全毁弃其所固有，而唯学东施效西子之颦。自清末废科举、设学校以来，于今五十余年，步步趋入全盘西化之路。实则西洋人之精神与学术思想及其行动，皆非今日拥上庠称名流者所得有其分毫。而固有之积累，则不分好坏而一切唾弃，乃至扫荡以尽矣，而国人独不自省何耶？

　　父亲丁亥返北庠，曾与胡先骕氏谈及今之大学无可言学术及养才。胡氏谓今人知识实比民初进步，勿太悲观。吾父曰：公所言者，我非不知。然真学术不是浮泛知识，首须脱去依傍，有独立研究的精神，有宏远的规模，有深沉的风范，有雄大的气魄。若只以耳剽目窃之功，稍袭外人肤表，涉猎本国古书，都不穷源彻底、析条分流，"都不"二字，一气贯下。更不寻言外之意，只管粗心浮气、逞妄立说，洋本满天下，果何当于理道？又曰：公言知识进步，却须明白知识之多于前是时代的进步，如今乡村妇孺皆知有原子弹，此等知识在民初为老师宿儒所不闻，公以为今之妇孺其知识果高于昔之老师宿儒乎？今之一切刊物，自无识者观之，惊叹许多知识，自有识者见之，都是无根底的浮话而已。此意难为今人言。佛说有法眼、慧眼，孟子曰我知言，今世如有佛氏或孟子出，其于今人之言，正不知作何感想？又曰：今日各大学教者学者，知识似多于前，但与之论理、论事，便觉其理解力太差，说向深远处与真是处，他便不会，许多浮杂知见梗塞其胸次，虽墨氏之辩、释尊之广长舌，恐也无如他何！言至此，胡氏频点首。

仲光记语之二

　　父亲避寇难于川时，常规设中国哲学研究所，卒无法募款，事遂罢。三十六年回北庠，颇有意商胡校长于北庠附设之。继知其不必言，终未言。父亲兹谈及当时讲学意思，记录如左：今日各大学文科，皆习为杂碎考据，哲学与文学方面，既不足言思想。历史为民族精神所系，前代大政治家，其涵养身心之道与经纶世务之业，多由精研历史、鉴观往事资其观感、益其神智、养其气魄，而后能据既往以测方来，不迷于得失成败之故，不失其因革损益之宜。其于古今人物见贤思齐、见不贤而内自省,所以激扬其精神志气而完成其伟大人格者,历史教训尤为重大。近世曾、胡、左诸公,皆深于历史,甚至千军万马中,日必读史,其成为一代伟人决不偶然。今日各大学法科学政治经济者,只知读外籍,玩空理论,而于本国人情及当世利弊曾不留心考索。至其愤激现状,往往因自身利害之私而不自觉,乃自居公愤,实无《大易》所谓"吉凶与民同患"之心。吾在清末,见革命党志士,实未有以反己之意去研经史者。盖清代汉学家,纯是考据风气,治学与其作人无关系,其治史不过以考定故事自务博雅而已,于世务素漠不关心,虽熟读百代之史,终不能开启其德慧,不能引发其精神志愿,故于历史中不能得到政治经济等知识。其本既亏,一切无感触。清末志士无救于国、无救于其自身,此事彰明,追原作俑,不能不归咎于考据学风之为害烈也。此等学风深入社会,使人失其为学之本,而一般人终不悟也。今之学风士习比清儒尤变本加厉,治历史者,形形色色,吾不欲言,即欲言之,亦无从说起。

余欲筹办中国哲学研究所,以哲学为主课,而史学文学及政治社会诸科学皆须兼治。史学以广义言,亦摄社会科学,今此别出之。哲学以中国哲学思想为主,而西洋与印度皆须兼治。文史政治社会诸学,并须中外融通不待言。

哲学方法,则思辨与体认须并重,余欲为《量论》一书明此义,兹不及详。体认非修养不能臻,故余常以哲学为思修交尽之学。

哲学之至者,固期养成超世人物,如古所谓圣贤,而尤期养成各方面事功人才。舍事功而言理道,则理为空理、道为迂道。犹复须知,科学知识,其长在专门,而短亦在是,庄生所谓天下各得一察焉以自好,不睹天地之纯全,科学家不免此病,唯哲学不限于某一部门的知识,故宜求通识。

史学以本国史为主,而外国史须旁考。治史必有哲学家作人之精神,经世之志愿,而后可运用考据方法,搜集史料,以穷究民群治乱并运会推迁之故,与一切制度、法纪、风习沿革之由,及个人对历史上人物觉感所系,在在运以精思,不可徒作故事玩弄。凡治史者,必以郑所鱼《心史》、方正学《正统论》、王洙《宋史质》、顾亭林《日知录》、王船山《黄书》《读通鉴论》《宋论》等书为根本,然后可博览历朝专史及诸编年史与《通典》《通志》《通考》等书,旁及历代名臣文集之类。中国自汉以来,二三千年间长为夷狄与盗贼交相宰割之局,吾自受书以至衰年,常痛心于此。此事,汉以后之史家须负责任,民族、民主二种思想被历史家毁弃尽净,完全失去《春秋》经旨。《春秋》三世义归趣太平,国界种界终于泯除,人类一切平等,互相生养,犹如一体,无有相陵夺相侵害者;然在未入太平之前,则国家思想、民族思想必须涵养纯挚,不容舍弃。但其所谓民族,亦以同一国土、能敦义礼,而认为同一族类,并非狭隘之血统观念,此所以为人道之隆也。国各自爱自立,族各自爱自立,则无强凌弱、智欺愚、众暴寡之事,而世界乃大同,人类始太平。倘有一国一族不自爱不自立者,则人间世无可望平等,而弱者必见夺于强,愚者必见害于智,寡者必见侮于众,世界恶乎大同?人道恶乎太平?《春秋》最高之蕲向在太平,而必以国家民族思想为达到太平之阶梯,此义无可易也。但国族思想不容狭隘,自爱其国而不可侵他国,自爱其族而不可侵他族,若怀侵略之志,如今帝国主义者所为,则世界终无由大同,而人类将趋于自毁。《春秋》于侵略者,斥之以夷狄,等之于鸟兽,其诛绝之严如此,圣人重人道而忧天下来世也无已,其仁矣哉!汉以后史家,受豢养于夷与盗之帝,即尊之如天,亲之如父,为之讴颂其鸟兽之行,而何有乎国家民族思想?可痛哉!可耻哉!二十五史也。民族、民主诸思想不发达,汉以后史家贼狲,不容不负责也。二三千年间,有明圣间出焉,郑所南《心史》,则民族思想上继《麟经》也；方公《正统论》,黜夷狄,民族思想也,黜盗贼,民主思想也；王洙《宋史质》,以明朝赠皇,上承宋统,亦民族思想也；船山、亭林之书,并富于民族、民主思想,皆《春秋》经之羽翼也。有此数部书端其本,而后治群史方可避史家污贱之恶毒,但取其材料而究明得失可也。史家之至鄙贱、至无知无耻者,无逾魏收。唐太宗虽得统于北庭之夷,而不直收之所为,此其所以为千古之英也。司马温公《资治通鉴》,昔人推尊备至,足见奴隶思想入人太深耳。温公于民族、民主思想全无所有,纯是以帝制思想为根据而造此书,其大旨不外希望为帝者鉴过去成败兴亡而致谨于用人行政之际,行政毋病民,用人唯贤,则以成以兴,否则败亡。《通鉴》之书,予人主以鉴者如此,至于人臣事君之道,尤其所致详。故此书纯为帝制之书,揆之《春秋》,则圣人恶之,必不稍宽也。然其书终不可不读。近世政体虽变,群治虽复杂万端,然当一国行政之任者,于用人贤否、行政得失,必敬慎周详而不敢忽,其可于历史取鉴之处犹不少,凡夷与盗及愚贱官僚市侩等祸国祸民之奸谋与恶事,必不可容于今之世。能如是取鉴,则吾民国治定功成亦久矣,然则温公是书可轻弃乎？吾国吾族经二三千年夷与盗之摧残,人民在暴力之下偷生,习于种种不幸之败德,如效顺外人为虎作伥而无耻,初清、汤斌、陆陇其之徒皆然,况武人乎？自私而不知有公,偷避而不能见义勇为,此皆在暴力下偷生必有之恶果。然中国人有唐虞迄春秋战国之高深文化,民质甚优,其智力颇不低,高明俊伟之人物衰世犹不无,中华民族毕竟有优点；但须领导者能宽大以养之,而勿操之过急、束之太严,须如慈母之扶育小孩然。如此,不数十年,中国人必为大地上最优良之民族,吾敢断言。吾望今后历史家能以爱国爱族之心而治史,幸勿自毁！

政治社会诸学,须研西洋书籍,自不待言。然于六经、四子、诸史及历朝名人文集,虽不克全读,总宜择要熏习。一则感受先圣贤成己成物之精神志愿而不甘凡鄙，二则熟悉过去社会得失。如某家子弟对其家族先世至现在之一切情形，闻见愈亲，关切益至，将如何兴利除弊，如何革故鼎新，其下手必不卤莽灭裂，而有实事求是之效矣。今各大学法科，教者学者，其心只为利禄而来，其生活又深染于都市恶习，其所读之书又只是远西学者之理论，而于本国社会一切脱离，欲其卒业从政、可以为治，不亦难乎？民国垂四十年，革命不知几度，吾总觉革命不难，革命而能建设诚难之又难，此非注意养才不可也。犹复须知，吾国自清季以来，只是逐层崩溃，而实难言革命，吾人不可不自省。

　　文学自汉以后之诗文家，甚少有可道者。诗人除少数触境抒情，表现其闲适、悠远、冲澹之生活为不容菲薄者外，自余感遇之作，得君而喜，失官而戚。散文如序、传、碑、志诸作，亦以记述职官、赞扬荣宠，居其大半。中国人卑鄙之官僚思想，由于汉以下愚贱诗文家之养成者为多。余于诗古文辞甚少尝玩，魏晋人诗文华而无实，气势复薄，尤所不喜。学者宜熟读《三百篇》《楚辞》《左传》《国语》及于《史》《汉》，能味其质实意味，亦大佳；至于练习著述之文，则诸子书、佛经、宋明大师语录，皆不可不读，船山、亭林遗书，读之意味深长。

　　余在川时，筹办研究所，原想写一文字详述教学旨趣，后因其事不成，即不复写。今闲谈及此，殊略甚。当时意思自多，兹不尽忆。余年未二十，即投身兵营，以谋革命。三十左右，自审非事功之才，故专力于学术一途。老而感世变愈深，觉得今日中国人，过去之毒根未拔，一旦接触外化，则又群习于浮浅混乱，依外力转，而无自树之道。抗战时，吾作《读经示要》一书，确甚重要，惜乎今人不省也！

答唐生

刘念台言意,系依《大学》诚意而言,吾故不能不就《大学》诚意而论。主宰是无为,有为者人功也。吾上次一信,来函若未寓目者何耶?前言良知主宰是要致,良知主宰,作复词用。致者,推扩之谓,推扩工夫即顺良知主宰而着人力,人能弘道以此也。顺主宰而推扩去,才无自欺,故曰欲诚意者先致其知也;诚只是毋自欺,《大学》明文。不能顺良知主宰而努力推扩,鲜不陷于自欺者。《新论·明心》特提揭即工夫即本体,此予苦心处。若无推扩之人功,主宰只是无为,将被私欲隔碍,以至善善不能行,恶恶不能去,非道弘人故也。若吾子之意,良知善善恶恶之几,常能主宰乎念虑之间,果如此,则人人不待修为,自然都是圣人矣,谁无此良知善善恶恶之几者?吾子又言:良知善善恶恶之几,常有定向乎善而不容昧者,即名之为意,由是,而意不特为心之所发,亦即心之所存,存发只是一几云云。似欲调合阳明、念台二家之说,以为言之成理,殊不知良知善善恶恶而定向乎善之几,既是所发与所存为一,则何以人人不尽是圣贤而几乎皆是禽兽耶?孟子曰:"人之异于禽兽者几希,庶民去之,君子存之。"庶民所去之几希,即良知善善恶恶定向乎善而不容昧之几也,君子所存之几希,亦即良知善善恶恶定向乎善而不容昧之几也。船山曰:"庶民者禽兽也。"然则庶民何故去其良知善善恶恶之几而为禽兽乎?吾子云:良知善善恶恶之几,即名为意,且申之曰存发一几。今征诸庶民,则其发与存却不是良知之意,纵如念台别名之曰念,然试问何以成乎禽兽之念而去其良知之意?此个原因安在?若于此不切实反勘,而空说道理,空谈历史,恐无所昭示于人。望虚怀切究一番是幸。

吾《新论》归重人能,特即即工夫即本体,此是从血汗中得来。然尔时尚是大段见得此意,及作《读经示要》,取《大学》首章以明六经之纲领旨趣,乃于诚意处改正朱王在好恶之情上说诚之误,而特注重毋自欺,又归本致知之致。到此,始亲切。但在讲《大学》处,只好依他之体系而立说,却未提出一志字。《大学》于此不提志字,因为开端便曰"古之欲明明德于天下者",其地位尽高,故不言志而志早已立定也。其工夫扼重在毋自欺与致知之致,已自谨严至极,发用无穷,乃真是赅费隐、彻体用也。但此地位太高,吾故于第二讲首以立志。从来儒者都知志之一字最重要,而志字之义云何似少深究。此吾《示要》所已剀切明辨者也。然《示要》中尚有一种意思未明白提出,因当时写得急促。此种意思,盖谓天人之间须有一个枢纽,即志是也。吾人之真性,固是得天之全,譬如每一沤皆揽全大海水以为其体,人皆得天之全,亦犹此。应说人即天也。然从另一方面说,人虽禀天而生,但既生以后,便为形气之物而不易复其本来禀受之天,所以良知主宰虽有善善恶恶及定向乎善而不容昧之几,无奈人生不免为形气所限,终有如阳明所谓随顺躯壳起念之危险,即人每物化而失其天。孟子言庶民所以去其几希而成乎禽兽者,以此也。学者诚反己而精察之,便自喻。

夫能反己而毋自欺者,必先有立志以为之本。志且未立,则已物化而失其天,帝谓不通,帝谓,见《诗经》。帝或天,即吾人内在之性智或良知,非外在之上神也。谓者,性智知善知恶,若诏示吾人者然。不通者,良知已被障碍而不得显也。浑是一团惑障。从何可得毋自欺乎?《大学》者,大人之学,根本就已立志者说,故于诚意处单刀直入而言毋自欺,此亲切至极也。余以为志者,天人之枢纽,天而不致流于物化者,志为之也。志不立,则人之于天直是枢断纽绝,将成乎顽物,何以复其天乎?孔子自言十五志学,《孟子·养气章》说:"志,气之帅也。"有志以为之帅,则人之所以通乎天之枢纽在是,循此枢纽,而动用一顺乎天。久之则人即天,而天即人。先儒所谓尽人合天，合之一字，犹是费词，费者，虚费。天人毕竟不二，非以此合彼也。但就始学言，必以志为天人之枢纽，此则吾平生亲切体验之言，垂老而益识之明，持之坚也。此枢纽树不起，则毋自欺不能谈；毋自欺作不到而言涵养操存，其不陷于恶者鲜矣！

念台言意有定向。不悟有定向者，乃良知之发用自然如是，非可于良知或心体之上别构一重意来说有定向也。念台曰："《大学》之言心也，曰忿懥、恐惧、好乐、忧患而已，此四者，心之体也。"此言明明违背经文，经曰"有所忿懥，则不得其正"，乃至"有所忧患，则不得其正"，今乃曰此四者心之体，此成何话？夫专以情言心体，则心乃佛氏所呵为无明之心也，《大易·乾卦》以仁显心体，而必曰大明、必曰知，岂有离知与明而言情可以指目心体者乎？念台此语已罪过无边，其下文即径接曰："其言意也，其字，谓《大学》。则曰好好色、恶恶臭。好恶者，此心最初之几，即四者之所自来。"此语尤邪谬。夫善言此心最初之几者，孟子四端千的万当，以其于性之见端处言情，则情为随顺大明真体而显发之情，故此情即性，而非好好色、恶恶臭之情也。好好色、恶恶臭之情是与形骸俱起之习气所成，非真性也。此等好恶，无有大明或良知为之宰也。念台谓为忿懥等四者之所自来，诚是也。《大学》说此四者令心不得其正，念台乃谓此四者来自此心最初之几，何其邪愚至是乎？以念台之说与孟子四端之说对照，稍有知者，孰忍朋念台而违孟子乎？

念台又承上而言之曰："故意蕴于心，非心之所发也。"彼既以忿懥等四者所自来之好恶之初几言意，又即以意蕴于心而非心之所发，是其为说，明明将心与意区别两层来说，蕴于心者方是意，则意不即是心也明甚。其下又径接之曰"又就意中指出最初之几，则仅有知善知恶之知而已，此即意之不可欺者也。故知藏于意，非意之所起也"云云。夫念台在上文明明诬《大学》而横计曰"其言意也，则曰好好色、恶恶臭。好恶者,此心最初之几"云云,是明明以好恶之情言意,今却曰"就意中指出最初之几,则仅有知善知恶之知而已",夫好恶之情中而有知善知恶之知,则此知必是佛家随惑中所谓不止知,必非良知之知也。

夫贞明而无障蔽者,心体也。《易》义如是,释与道亦同证及此。未有指好恶之情为心体者也。好恶之情,形而后有者也,若认贼作子,则本明之心既失,好恶如何得正乎？王学末流至于念台,不堪设想矣！今日尚可张此迷雾乎？其曰知非意之所起,却是；曰知藏于意,便大迷谬。念台所谓意者,好恶之情也。好恶不失其正者,固是良知发用,不当曰此知藏于好恶中也；好恶失其正时,良知早已被障,而谓良知藏于好恶中可乎？念台谈义理,不迷谬者甚稀。在好恶之情中而言知善知恶,此正是今日人心陷溺所在。今人丧尽良心,正在此,不谓念台衣钵流传至今耶？

吾《读经示要》所谓意者,是依本心即是良知之发用而得名。良知备万理,无知无不知,是吾人内在主宰,不可于良知或心体之中又建一层主宰名意。

只认取虚寂、明觉之本体,毕竟靠不住者。人能弘道,非道弘人,宣圣此言实为义海。《新论》专提工夫即本体者,正以此故。黄宗羲尝曰：象山以识得本体为始功,而慈湖以是为究竟,此慈湖之失其传也。慈湖平生履践无一瑕玷,在暗室如临上帝,毫釐犹兢兢,未尝须臾放逸,其工夫严密如此,独其教人直下显体,以为不起意即无往非真体流行,不必更有所事。其实学者何堪语此？慈湖门下鲜有成才,正由其立教有失,不可无戒。工夫基于立志,志未立定,那有工夫？如木无根,那有茎干枝叶？余言志为天人之枢纽,此须留意。诸葛公戒甥书曰："使庶几之志,揭然有所存,恻然有所感。"此志,即是工夫,亦即是本体。《读经示要》第二讲,可熟玩。武侯之言,简约而无所不包通,与孟子必有事焉、勿忘勿助之意相发明。工夫只在揭然有所存。孟子必有事焉,正是揭然有所存。恻然之感,则揭然而存者,自然不容已之几也。若不存时,即本体已失,私情私欲用事,焉有恻然而感者乎？故曰工夫只在揭然有所存也。孟子言持志,阳明曰责志,此是工夫下手处。保任固有虚寂贞明健动之真,周行乎万事万物而不殆,工夫无懈弛,即是本体无穷尽。天人合一之学,如是而已。"合一"二字须善会,非以此合彼也。

答杨钧

《新论》说翕故成物,则物是幻象可知。俗计物动,亦大误。若知所以成物者为翕之势,则知动者非有实物故动,乃由幻现物象之翕势迁流不住。而人于此不察,妄睹物动耳。

附：

困学记

熊池生仲光　撰

自序

抗战时,余方随侍先严,池公,字师周。羁栖古寺,日读儒、佛诸籍。适先严剧病,余亦无人指授,但心好之而已。近侍嗣父,黄冈熊先生。专理旧业,时承诲谕,有所领悟即便记录,其有修辞欠妥、说理未畅,辄由嗣父随笔改定,汇而存之,曰"困学记"。余自有知以来,于人世滋味殊少快感,唯有寻乐于学问与义理之中。世方多难,倘得不废所学,此记当与年俱增,不至辍也。

熊池生仲光识于广州郊外化龙乡黄氏观海楼

成论四大要领

《成论述记》卷一,明论体以四义。此中体字,初学煞费解。体者自体义,如笔之为笔,必有其自体,否则将何物名之为笔乎?凡有形之物,固有自体;无形者,凡思议之所及,亦各有其自体,如言仁则别于义等,言义则别于仁等,是仁义等理各有其自体也。准此而推,即著述言,如一部论决非以名句等文言集聚而名论,必文言之所表诠者有其实义,方为此论成立之体。《述记》出示《成论》体,略举四义,此不容忽;如其忽而不究,则虽读《成论》千百篇,与不读同。此与《述记》本意,稍变更。

四义者:一摄相归性。二摄境从心。三摄假随实。四性用别论。或作性用别质。

父亲云:此四义即赅括唯识哲学上诸大问题,以少文而摄无量义,治斯学者,首须注意。

第一,摄相归性。相者相状,具云法相,谓一切色法心法,即宇宙万象是。性者体义，具云法性，即目诸法之实体。此性、相二词必须确切了解，否则不可研此学，不可悟无上甚深妙义。世间依妄情分别，于诸法相只横计为一一物事，仰视天即苍然者耳，俯视地即块然者耳，中观万物及与吾身并峙之人类，只是一一实物或一一实人耳。如此，便于条然宛然之诸法相上而起妄情分别，横加执著，如蚕作茧自缚而死其中，如造蛛网自锢于网罗之内。释尊叹众生无始颠倒、长夜沉沦，大悲所由起，大智因之以发也。故菩萨承佛悲智而说唯识，欲令众生于条然宛然诸法相而了悟其实性，即于一一法相不作一一法相想，而皆见为真理呈现、一极真如，是谓摄相归性。真理即谓真如，亦即法性之目。详诸经论。证及此者，超越情见，迷妄都捐。此唯识究竟宗趣也。但诸经论将法相说为生灭、法性说为不生不灭。由此，将性相剖成二片，相上但说缘生，性上但说无为，竟无融会处。此当为出世思想之误。及《新唯识论》出，以体用不二立极，《新唯识论》，后省称《新论》。法圆义成，始无遗憾。

　　第二，摄境从心。此明境不离心。心为主故，境则从属于心，不离心而独在，故说识名唯。如《述记》云："由心分别，境相即生；非境分别，心得生故。"此皆就宇宙论上言。天地万物，众象森然，而皆依自识现起，非有离识犹在之宇宙。此事分明，迷者不悟，良由众生一向习于实用，总计有心外之境，从而追求不已，期有以满足其需要，因此迷妄熏习力故，遂至本不离识之境而无端见为外在。诸佛菩萨明证境依心现，故说三界唯心、万法唯识。无著、世亲弘兹胜义，广造诸论，虽条理万端，而摄境从心固是其宇宙论方面之根本义也。

　　第三，摄假随实。此就世谛中言，如方圆长短等，名为假法；瓶等物，世俗亦名实法。假法无自体，必依实法而得有，若离瓶等，即无有方圆长短可说故。故摄假随实，亦是俗谛中要义。

　　第四，性用别论。性者法性，即诸法实体；用谓法相，即色心诸行。

二者不容相混。如《述记》云："相即依他，唯是有为；性即是识圆成自体，是无为。"此则分别性相甚明，但此中名词，初学每难解。依他之他是缘义，依他者，谓一切法相皆依众缘幻现。譬如一棵树，唯依种子及水、土、空气、阳光、岁时、人工等缘而幻现树相，若离上述诸缘，即树相无有。树相如是，其他法相皆然。故一切法相，通名依他法，亦云缘生法。或名缘起。此缘生法虽无实自体，而生灭灭生，迁流无息，有势用故，斯名有为。犹如云气，本非实物，而刹那幻现，有大威势。诸有为法，其相亦尔。父亲云，若了缘生论，当知宇宙万象皆非实在，凡情迷执，自生相缚，可哀之甚也！相缚者，凡情横计有实天地万物，是谓之相。即凡思维中种种分别之相，亦皆是相。为相所缚曰相缚。古今哲学家不陷于相缚者其谁乎？法相之意义略如上释。

次谈法性。《述记》云"性即是识圆成自体者"，识字下本伏有一之字作介词。《马氏文通》言，古书介词每伏而不显，以求整练，佛书更甚。性谓识之实性，犹云实体或本体。譬如说麻喻性。是绳之本质，绳喻识，亦即喻法相。此不可忽。于此不清，即性相莫辨。圆成一词即真如别名。圆者圆满，谓此性体无在无不在，具足众德，一切无亏欠故；成者亘古现成，非若生灭法有起尽故。此所云性，即是识之圆成实性，所谓真如。参考《解深密》等谈三性处。《成论》至后亦复详说。故一切法，克就相言，都非实物，即无自体。然若于法相而不执取其相，即于一一相而透悟其实性，便见诸法皆有圆成自体。谁谓一切皆空，竟无所有是佛法哉？

父亲云：依梵方大乘唯识师义，克就相言，帝网重重；此借用《华严经》语，喻世界无量，法相条然宛然，千差万别。儒者所谓分殊，义亦犹此。克就性言，如如不动。此二语分显性相，含无量义，学者宜知。不肖窃谓法性之谈，用今哲学上术语言之，属本体论；谈法相，则今所谓宇宙论、人生论并包含之。义理自有分际，不宜淆混，故性相须别论，乃见夫至赜而不可乱。

《成论》据《三十颂》析以境、行、果三分,境中性相各为释,最宜精究。然梵方诸师于性相实欠圆融,非虚怀以究《新论》,难识此意。此中与《述记》原意不同。

问:《述记》言识相,罕用法相一词,何耶？父亲云:所言识者,即是有为法；余色等法,不离识故,皆识所摄故。由是可知,言识相即摄一切法相,非举识相含摄不尽。非字,一气贯下。又曰:识之一名,有广义、狭义。狭义即能缘心对所缘境而得名。缘者缘虑义。广义即所缘境,亦名为心之一分,所谓相分。举识便已摄境。唯识论者,不许有离识独在之境故。故举识相非不摄余一切法相,思之可知。

主宰义

戊子秋末,随父南游,居番禺郊外黄艮庸家。耒阳李笑春来省,问及主宰义。父亲曰:学贵宏通,不可守一先生之言。主宰义须从各方面去领会。宗教家所谓主宰,则目有人格之大神,为超越万有而独在者,如耶教之上帝及印度外道之大梵天等皆是也。然佛教兴于印度,虽亦是宗教,而甚富于哲学思想。其教义穷高极深,宗派复繁。要皆遮拨一切外道所谓拟人之神帝,即不取外道之主宰义。但佛家理论虽广博,而印以三法印。三法印者,一诸行无常,二诸法无我,三涅槃寂静,前二会归于第三。《智论》有文可证。故涅槃寂静为佛家之究竟了义。涅槃四德,常乐我净,此中之我即主宰义。谓自性涅槃,本来清净,含藏众德,虽遇客尘覆蔽,而如金在矿,终不受染。此与印度外道及耶教等计有超越万有之神帝说为主宰者,其意义迥别,决不可并为一谈。

老子言道,曰独立无匹。庄生曰"若有真宰而特不得其朕耳"。详道家之说,本以道为万物所由之而成,参考王辅嗣《老子注》。故有主宰义。

盖道者，万物之本体，故可说为主宰，非谓其超脱于万有之上而名主宰也。此与宗教家言主宰之意义截然不同，而与佛法却有可和会处。以道之在人而言，即是吾人自性，与自性涅槃义可融通也。魏晋玄家 玄家宗主实在道家。首迎合佛教，诚有以也。

儒者言乾元始万物，又曰"天下之动，贞夫一者也"。一谓乾元，亦即宇宙本体之目，言天下之动贞于一，犹言万化本于一而各得其正也，则一即主宰义可知。道家主宰义，即依本体而言之，其义实本之儒家《大易》。

佛道二家与吾儒毕竟有大不同者。孔子语颜渊以非礼勿视听言动，此处甚吃紧。四勿之勿，正由内有主宰，不敢违失，才下此勿字；若中无主，如何言勿？人生息息感摄乎天地万物，或经纶乎家国天下者，其作用流行总不外乎视听言动四者。吾人本有内在主宰，阳明所谓良知，是即吾身之乾元，《易》云大明者即此。其于视听言动之几礼与非礼，此主宰自然辨之明而监之严。吾人只须能敬事自家故有主宰，不敢违失，于非礼而勿视焉，于非礼而勿听焉，乃至于非礼而勿动焉。如此，行习之久，自然主宰恒安，肇万化、历万变，皆有其不可乱不可摇者主乎其间。而化道以成，变通则可久可大。所谓官天地、府万物者，此乃性分上切实事，非玄言也。儒者工夫，只于流行中识主宰，不待空天地万物等法相，以趣寂而后证真宰，乃即于天地万物息息流通处，慎吾视听言动之几，不敢违吾内在主宰之明辨与监督，以陷于非礼。"慎吾"二字一气贯至此。即主宰常现在前，不待趣寂以索之也。家国天下事，皆吾性分内事。于吾视听言动之行乎国家天下者，而谨其非礼之萌，以此己立立人、己达达人，则齐治平之效自著。老氏唯务致虚守静，而于世务一切放任，不敢为天下先。于是礼应动者而不动，则已废主宰之大用，其戾于儒者之道不亦甚乎？二氏觅主宰于空寂虚静，其流弊甚多，今此不欲详谈。儒者超悟自我与天地万物同体，不可遏绝一体流通之机，故于视听言动之几，在在不违主宰，而一循乎礼。此为合内外、通物我、融动静，无往不是主宰周流遍运。非仅守其内在炯然明觉者，即可谓证得主宰也。

五蕴与八识及种子义

佛家自释迦首说五蕴，及大乘有宗唯识论兴，始说八识种现等义。凡研佛学者，于此等理论体系不可不先求明晰。

五蕴论，用今哲学上术语言之，即宇宙论、人生论或心理学等知识皆包含于其中。

唯识论师之八识种现等义，除同有五蕴论之所包含者外，更扩大而盛演本体论，并含有极精微之量论。家父据因明而造量论一词，量者知义，犹云知识论。自无著、世亲兄弟迄于十师之推演，而吾国玄奘、窥基师弟乃集其大成。基师所揉译之《成唯识论》，省称《成论》。规模宏阔，体系谨严，诚中外古今之一大巨制也。

五蕴首色蕴，次受、想、行、识，凡四蕴。

云何色蕴？蕴者聚义。色之一词，分广义、狭义。狭义者，眼识所缘之青黄赤白等境，是名为色；广义即一切物尘或物质宇宙，通名为色。眼识所缘之青等色亦广义所摄。今此色蕴之色，正是广义。

色蕴详释，莫如《通释》一书。具称《佛家名相通释》。家父所著。今略谈大旨。色蕴中，实以吾人根身与自身以外之天地或物界总名色蕴。世俗恒计有内身与外界或外物对峙，而五蕴中叙述色蕴之旨，初无内外对峙之见。易言之，决不以吾人一身与天地万物判为内外，只总名色蕴而已。《通释》发明此旨，言简而义精。后来唯识师主张人各一宇宙，非吾身与世界为二，其根底实在五蕴论。父亲云，此等脉络须探索分明。

次受蕴。受者领纳义,谓于境而有苦或乐等领纳,是名为受。此属情的方面。

三想蕴。取像之谓想。谓于境而取像,有分齐相现,如缘青时,计此是青,非非青等。由斯取像,即于境而有分别,是成知识。故想属知的方面。

四行蕴。行者,造作义。谓于境起知已,即同时对境而有造作。此造作无论其显发于外否,而在心中确已有造作之势用生焉,故说为行。《易》曰:"几者动之微。"盖即察见行相之微萌处。此属意的方面。

五识蕴。识者,了别义。谓于境而起了别故,即此了别。名之为识,深远无边。心的现象所以截然与物异者,即此了别耳。近而见色闻声之一闻一见,即了别也。其来不知所自,其神速不可度思,远而智周万物、发大宇之奥秘、彻万化之根原,一切科学与哲学上广大深微之创见或阐明日出不穷,乃至人群变动万端,治乱兴衰虽相倚伏而文物制度终期创新尽利,凡此皆足征了别势用之盛,浩浩乎无尽宝藏也。

如上五蕴,总为色、心二法,如下表:

```
┌ 色蕴——色法
│ 受蕴——心法
│ 想蕴——心法
│ 行蕴——心法
└ 识蕴——心法
```

色蕴叙述色法,受等四蕴叙述心法,总为心、物两方面。

佛家小乘只说六识,即眼识、耳识、鼻识、舌识、身识、意识。至其谈识,复分为心与心所。心所,具云心所有法,即谓心上所有之一一作用。今称心所，省词也。受、想、行三法均是心所。但行蕴之解说，前后颇不同。释迦初说行蕴，并未言明此一蕴中包含有其他多数心所，而且自释迦至小乘二十部所说心所法，多寡之数亦不一致。直至后来大乘有宗唯识，始定为五十一个心所。因此后来谈五蕴者，于受蕴中只一受心所，于想蕴中只一想心所，独至行蕴中，则于思心所外行，亦别名思。此思是造作义，与常途言思想者异议。却包含有多数心所法。易言之，即五十一心所除受想二心所各别为一蕴外，其余所有心所统属行蕴所收，即次于思心所而以次一一叙述之。五蕴名目虽仍其旧，而行蕴中兼收许多新发明之心所，后来大乘师之五蕴论已见之。父亲云：据《唯识述记》卷一经部师说，佛说五蕴，故离心外唯有三心所，一受，二想，三思，即行。更不说余心所名蕴。故离二外，更无余所云云。详此，则行蕴兼收多数心所为后来变通之义可知。

六识中，每一识皆为心与心所。后来大乘只于六识外另加第七末那识及第八阿赖耶识，而每一识分心与心所，则仍同小乘。

受想行三蕴皆是心所法，而识蕴则专言心。在小乘说六识，即有六个心，通属识蕴；在大乘有宗说八识，即是八个心，通属识蕴。故识蕴中只是谈心，而心所则不属识蕴也。

又心对所而言，亦曰心王，以是诸心所之统摄者故。此在《通释》解说綦详，可不赘。

佛家尚有十二处、十八界等说，实即以五蕴法而别作一种编排。初读佛书，总苦名相纷杂，甚难了解。然细心理会去，久之得解，亦觉平常。

五蕴论色心平列而谈，以视《百法论》举一切法摄归唯识，显然异致。欧阳大师尝以此为法相唯识二宗不同之证。吾父则谓唯识并非根本旨趣有异法相而别为一宗，只是法相宗即有宗别名。理论发展日臻完密，而始成唯识之论。

吾父曾言:五蕴色心并列,颇似二元,而实不尔。五蕴以识蕴终,似有结归唯识之意,盖已为《百法》导源。

有以五蕴证明释迦至小乘不谈本体论者,尝过庭咨决,承海曰:释尊创说不专在五蕴,若十二缘生、若四谛及谈功修处,并须扼重。四谛中灭道二谛赅摄深广,一切功修亦依四谛而起。后来大乘之法性论与量论_{法性,犹言诸法本体},皆从灭道二谛推演而出。《杂阿含》尤须详究。释迦至小乘非不涉及本体论,只未深谈耳。

已说五蕴,次谈唯识。唯识论之体系,据基师《述记》卷二,初以相、性、位三分法明论之结构,次以境、行、果三分法明论之结构。

唯识论大成于基师揉译之《成论》。《成论》依据世亲《三十颂》而为释文,揉集十师之义而折中于护法。故欲明了《成论》体系,则于基师之所自述者,非寻绎而牢记之不可。

初相性位三分者,《述记》卷二第五页云"前二十四颂,宗明识相,即是依他。"识相"一词,犹云法相,见前条。第二十五颂,明唯识性,即圆成实。识性,犹云一切法之实体,亦见前条。后之五颂明唯识位,位者,修行位次。即十三住"。

次境行果三分者,《述记》卷二第六页云:"初二十五颂,明唯识境。此言境者,即所知义。识相、识性,并是所知,通名为境。次有四颂,明唯识行。行者,修行。末后一颂,明唯识果。修行为因,证得菩提、涅槃,方成佛故,是为修行所得之果。先观所知,_{所知,即上所云境}。方起胜行,_{行而曰胜,赞辞也}。因行既备,果德乃圆。"

如上所述,前之三分可摄入后,如下表:

⎡（初二十四颂）识相
境——（第二十五颂）识性
行——（次四颂）
⎣果——（末后一颂）

据境、行、果三分核之，可见唯识之论，托体极大，极大即无外。并包无遗。五蕴所明，只是境门识相一项，门者，类义。境行果三，类别而谈。于境言门，以此中所谈自为一类故。而于识相，初唯六识，心所复略，更未建立种子。今以《成论》与最初五蕴之谈两相对照，颇觉佛家思想演变由至简而趋至繁，甚可玩味。

今将《成论》境门、识相之谈略提纲要，以与蕴论比较，而见其变迁之大概。

蕴论识蕴五蕴论亦省称蕴论。原止六识，即眼、耳、鼻、舌、身、意六识。及大乘有宗始于六识外加第七、第八，共为八识，列表如下：

眼识
耳识
鼻识
舌识
身识
意识
末那识
阿赖耶识

先从心理学之观点，以考核两论异同。

论若依小乘仅六识,《成论》则于六外增至八,此学者所共知;然内容甚不简单,则从来学者似不甚注意。

第一,五识通得识名,此自释迦以至后来大乘皆无异说。由蕴论至《成论》,始终为一贯主张,此与近代心理学颇不同,值得研究。据心理学而言,则佛氏所谓眼、耳、鼻、舌、身五识皆现量证境。证者证知,但此知字之义极深细,非常途所云知识。"现量"一词若欲详谈,必须专书讨论。兹略言之,则五识现量相当于心理学上所谓感觉。然"感觉"一词,学者所讲复不一。如杜威《思维术》一小册中似曾说感觉有错误,如此言感觉,实是以知觉而名感觉,故说有错误。譬如见绳谓蛇,通常以此为感觉错误,实则眼识正见绳时,并未唤起记忆,亦未起推求与想像等作用。此时能见之见与所见之绳浑然一体而转,实无能所可分,是谓现量,故当现量证境时,根本不起绳与非绳等分别,那有见绳谓蛇之错误可言乎?杜威所云感觉有错误,实则以知觉名感觉耳。感觉之经过甚迅疾,虽以一刹那言之,亦难形容其神速。故正感觉时,能所不分之境,吾人实际上无从把捉,只可于理论上承认之耳。佛家所云五识现量,本与心理学上所谓感觉之意义相当。但此"感觉"一词,须与知觉简别清楚。心理学者以感觉归之官能,且不承认感觉为知识。佛家所言根即官能义。此根与识分别甚严。眼、耳、鼻、舌、身谓之五根,此根名曰净色,谓其力用特殊、不同粗钝之物尘,非即以肉眼、肉耳与肉体名根也。识是具有了别作用,此非根之副产物,但依根而发。易言之,识不从根亲生,只依根而出生。譬如草芽依土出生,非由土亲生。如佛家言,正感觉绳时,元是眼识依眼根而发识,才有此感觉,不可曰无眼识而唯根感觉之也。心理学者不独行为派否认有识,即在承认有心作用者,而其谈感觉亦只归之官能,不必如佛家有所谓眼等五识,故亦不以感觉为知识。佛家既立五识,此识与五根只有相依之关系,不可曰识从根亲生。五识现量证境时,不起分别,能证与所证浑然一体而转,若按之心理学,只是正感觉时,记忆与推想等皆未起之候而已。在心理学不说此为知识,而佛家乃说为现量。量者知义,但此知字之义不同意识上种种分别之知,而是甚深微妙、不可名状之知。例如正感觉绳时,虽不作绳与非绳等分别,而此时眼识于当前正感之绳虽无粗动推想等,而能所浑然俱转之中浑然者,无分别貌。自有冥会默喻处,非若两块顽石相关合,全无了别也;只此了别之相甚深细,似不自觉耳。现量中能所不分之知,内外一如,才是真知。此中理趣深远,非简单可说。佛家立五识,谓五根虽能取境而非能了境。了境者,毕竟是识非根。唯五识了境时,是能所为一体,浑然冥会,无有粗动分别,谓之现量,不可说为无知。此或是佛家定中观察所到,吾人不可轻反对也。父亲昨在杭州浙大讲说时,颇详及此。今追忆略述,不能畅也。

第二,自释迦至小乘只立六识,此六识者,为是一体而随用异名耶?为是各各独立、只相依而有耶?此确是一大问题。而释迦当时盖无分明之表示。后来宗派日繁,似不能长此浑含。在初立六识时未明言各各独立,后学自有趋于同体异用之一派;然当初既是六识并列,亦自有趋于各各独立之一派。此二派之演变,在中国过去学者似不甚注意,即今日著佛教史者犹未考及此。小乘各部译籍殊不全,而且唯识论之体系,各小部中尚未完成,则其于上述问题,或无显著之分化。要至大乘有宗以下_{省称大有}。建立第八识,唯识理论渐以精密,而后对上述问题之解决自不容已,则诸识各独立与诸识同体二派之论,自不期而成对峙之势。吾国介绍大有唯识论者,前推真谛为盛,后则玄奘最显。奘学行而真谛之传殆丧。虽晚唐以后,奘学亦绝弦千载,而典籍多在扶桑,清末已还中土,欧阳翁犹起而光大之。真谛残篇,可搜无几,此诚有幸不幸也。父亲云:中土唯识之论,自基承奘命而揉译《成论》,主张诸识各个独立,一切心、心所各从自种生,一切心、心所各缘自所变相,不得外取。_{变要义,后详。}

此二义者,并是《成论》根本大义,诸识各个独立而相依以有。斯义决定,后学莫敢兴疑。故自唐以来,谈大有之学皆盛推奘师。吾独惜奘师偏扬无著、世亲而定一尊,遂令中土不窥大有之全,至为可惜!吾意,梵方唯识不止无著、世亲一派,诸识体同用异之论与无著兄弟异,奘师屏斥弗传,今犹有可推迹者。如基师《成论述记》卷二疏释《论》文"或执诸识用别体同"句,有云:"此即大乘中一类菩萨,依相似教,说识体一。"此谓诸识虽有八个名目,但随其作用不同而多为之名耳。诸识自体,究是浑然而一,非是各各独立也。又引《摄论》第四,一意识菩萨计,与一类菩萨主张颇同。基师云"有云,一意识师但说前六识为一意识,理必不然。此说八识体是一故"。据此文,颇有一大疑问。基师言"有云但前六识为一意识"者,恐是小乘时代已有明白主张六识只是一意识。其发于眼根以了色尘,则名眼识。乃至发于身根以了触尘,则名身识。故六识只是一意识,非六识各别有自体也。小宗中已有此说,后来大有立八识时,仍承小宗一意识师计而说八识者,其自体原是一意识,但随作用有别而有八个名目耳。故基师云"此说八识体是一故"者,当是大乘承用小宗义。假使此推断不误,则诸识体同已始于小宗,不自大乘首唱也。然基师未有此说,吾不便臆断。就基师此文测之,其举"有云一意识师但说前六为一意识"者,似谓一意识师原是大乘中学派,彼唯主张前六识是一意识,不通七八两识而言。基师以理断其不然,乃谓此师主张八个识通是一意识,即只驳斥所举有云之误解,并不谓此有云者是小宗也。此与吾意迥别,吾无暇详检小宗译籍,未便遽遮基师之说,故仍假定诸识体同之论肇于大有。唯吾由此断定梵方大有始唱唯识,尚有一类菩萨及一意识师并与无著、世亲异派,且其创说在先,由无著《摄论》之征引可见。惜乎此派学说奘师全不宣译,中国于奘师之前本有真谛学,据基师《中边述记》言,真谛法师似朋一意识师,则真谛唯识确与无著兄弟不同派。无著派下明明攻击一类菩萨依相似教云云，相似即谓其非正传也。其于一意识师同例破斥，于真谛亦深不满。奘师门下有圆测法师，本深于真谛学者，颇与奘门相攻难。然是时奘门所传正为新兴显学，测公终莫能敌，其著作多失传。吾尝欲从游诸子搜集真谛遗帙与测公佚义散见者，董理而申论之，以存无著兄弟敌派之绪，卒未有专力于此者。是可惜也。以上皆吾父所言，姑记于此。大乘唯识论兴，有两派分歧，要皆自五蕴中六识并列已伏分歧之势，此实治唯识者所不宜忽。中土向传大有以无著兄弟为开始者，纵其说出自梵方，想是无著派下之词。以理推之，大有开山当更有人也。

第三，心、心所分说，蕴论与唯识同。然每一识中，注意"每一"二字。其对境而了别之者，是为心，亦名心王。即此心上有对境领纳与取像等作用，覆玩前谈五蕴处。是名心所。蕴论于心、心所之相分别未精细，吾父《通释》据《成论》则疏释极详，今此但据蕴论为说。然诸心所为离心外，无别体乎？抑诸心所各各有自体而非即心乎？此一问题，在释迦初说五蕴时亦未及详。后来略分二派：其一，主张心所只是随心功用假立此名，如觉天等引《经》说三法和合、名触，触者，心所之一也。三法者，一根、二境、三识，谓识依根而发，以趣现前之境，即于此时是根、境、识三法和合，而三和时，即有触心所生。此义求详，须考《通释》。又说士夫六界染净由心，士夫犹言人，六界谓十八界中六境，须考《通释》。境随心转，故云由心。故无心所，觉天据上所引《经》，只说心，不曾说心所。但随心功用立心所名。觉天以为但随心有受及想等功用而立诸心所之名，故说无心所。据此，则心所非是离心而别有者。此派之说与一意识师及一类菩萨主张诸识体是一者颇相通贯。复有经部师说，佛说五蕴，唯有三心所，一受二想三思，行亦名思。更不说余心所名蕴，故离三外更无余所。据此，则经部稍异觉天者，只承认三心所离心别有，而其他心所必皆随心功用假立之，固与觉天不异也，故应属第一派。其二，无著兄弟派下之唯识论,主张心、心所上心字下伏有及字,他处准知。各各有自体。例如眼识,其心是有自体的,是独立的,其诸心所亦是各各有自体的,各各独立的,但心、心所互相依而为一聚,故名眼识,非以一个单纯体名眼识也。眼识如是,耳识乃至第八赖耶识皆可准知。所以然者,一种子不共故。每一心各从其自种子而生,每一心所亦各从其自种子而生。二相分各变故,如眼识心、心所,虽同取青相,而心之青相是心自变之亲相分,其与心同取青之诸心所,均是各各自变青相分。眼识如是,耳识乃至第八识皆可类推。是故心不取自心外境,诸心所亦各各不取外之境,故说心、心所实是各各独立。是故《成论》卷一之二有云"或执离心无别心所",此即遮拨觉天经部等计,所以树立其心、心所各有自体之论。无著后学与觉天等派之纷诤,固释迦初唱五蕴时所不料也。

第四,蕴论虽已分说心、心所,而未谈四分义。及无著兄弟派下之唯识论始将每一心及每一心所皆析为四分。四分者,一相分,如眼识缘青,缘者攀援思虑义,他处准知。此青即识所变相分。据唯识俗谛义,此相分是实有质碍者。而了别此青相分者,是为见分。又复应知,相见二分外,须立自体分,所以者何?二分条然各别,义不应尔,必有第三分即自体分。为相见二分所依故。基师《述记》云:"依自体上而起相见,二分。如一蜗牛变生二角。"此喻二分依自体故生,宜知其意,不可泥执譬喻也。后至护法更立第四分,则因量论方面理论之发展所致,当别为论。据护法师义,一眼识中,其心析为此四分,其诸心所亦各各析为此四分,注意诸字及各各字,心所非一故。眼识如是,耳识乃至第八皆应类推。但四分义完成于护法,奘、基二师始奉为定论。世亲派下有十师,护法其一也。十师中有只立自体分者,亦有只立相见二分者,兹不及详。然基师论定四分义,亦可以第四摄入第三,即只三分;又可以第三摄入见分,而与相分对待成二,即只相见二分;又复摄相归见,即只一分。自体分。义指不一,宜由《通释》以探《成论》。但既破成四分，又复拼合之，如求破叶复完，终无是处。

四分名目如下：

- 相分
- 见分
- 自体分亦名自证分
- 证自证分

证者，证知，自体分是能证知见分故，亦名自证分。第四分是能证知自体分故，名证自证分。

相分约当于俗所计外境或外物。唯识不许有离心外在之物，故说为心或心所之一分，而名相分。

四分义，如活讲，亦甚有义据。如吾心缘青相时，青相是境，第一分。见分是知此境者，第二分。同时自知已知青境，第三分。即此自知之知亦复明了自知。第四分。此在心理方面说，似同时有此等层累曲折可言，但不宜剖为各个碎片而已。故四分义宜活讲，护法诸师不免析得太死，此不及详。父亲云：四分义，可变通言之。人心之功用，本有外缘、返缘两方面。外缘之用，如见分缘相分是。亦有返缘之用，如自体分缘见分及第三第四分互缘，皆可作返缘讲。心灵作用未发达时，只有外缘，而或未能返缘。及发达至高度，则外缘之力固增，而返缘之用益以盛大。宗教家内修之虔诚与哲学家高深之体悟，皆返缘所致也。外缘属量智，返缘属性智。量智、性智，俱见吾父《新论·明宗》。性智原是万理俱备，返求之自得。量智亦依性智而有，但因驰于外缘而未免失其本。返缘深者，即超越常途所云思辨工夫，而达于观察之境。但此观察之察字与常途言思察或考察等意义不同,此察字义极深,为避免误解,不如言观照也。返缘之极诣,即全冥外缘而入证量,此时并观照亦不足言之。佛氏所谓内证离言,《大易》所云不言而信、存乎德行,不言,即离言说相,离分别相;而信者,自明自了,即内证之谓。此必修养极至,性智全露,而后能之,故曰存乎德行。此中有千言万语说不得,难期一般人共喻。哲学家讲知识论者,如经验派只从人心功用之外缘方面着眼,理性派似于返缘方面有窥,然大概犹是量智思辨之诣,其与儒佛诸哲境地恐相隔太远。此中有无量义,吾父原欲于《量论》中阐明之,惜未及作。父亲以外缘、返缘二义改造旧师四分之论,义蕴无穷。

凡陷于知识窠臼不能超拔与惑障深重之人,其返缘作用均不显,此意难与浅夫昏子言。

有问:据无著派下唯识论,虽云八识,而每一识均分析为心及心所。如眼识并非单纯体,更析之为心及多数心所,是眼识为一极复杂之集合体。眼识如是,而耳识乃至第八识皆可类推。如此,则每一识均如碎片结集然,何成作用?答曰:汝所解释诚不误,每一识确是复合体,但每一复合体中,说心是一,心所乃有多数,心以一故乃统摄多数心所而为之主,故心亦称心王。因此,不同机械而得显其作用。此其立义之妙,最宜深玩。吾父云:无著派下之唯识论是融会数论、胜论二大派之思想而成立,其方法极重分析,而其谈心确似物理学家分析物质,极不应理。玄奘西游时,值此派正盛,故偏推崇之。实则一类菩萨与一意识师之主张远胜无著兄弟一派,惜乎玄奘师绝不介绍。自唐二千年间,言大乘有宗学者皆为奘师所误,此可惜也云云。不肖谨按:《新论》谈心,不取析物之方法,是与一类菩萨等计,较为接近,而无知无识之徒妄谤犹不足惜,欧阳翁亦极不谓然,或因奘师传统之故欤?

无著兄弟敌派之思想虽未传中土,然真谛朋一意识师,基师已有是言。此外，无著派下之典籍亦偶有引述者。今人作佛教史，乃于真谛学派全不研究，只于思想无关之事迹不厌求详，此为现时中国人作学术史之通病，非独佛史为然。老云"绝学无忧"，诚忧之极也。

识论只六识，至大有说八识，末那第七。赖耶第八。皆极深细，颇与心理学家所云下意识者相近。然其陈义至为深广，则又非可径作下意识理会，但识包含有下意识之意义则无可否认。

唯识家熏习或习气之论，若仅限于心理学与人生论方面，诚至殊胜，亦至切近。《新论》语体本中卷谈习气处，变更无著派下种子说之体系，而义蕴深远，读者若肯虚怀体究，当知人生浑是一团习气。凡夫起心动念皆习气流行也。其下意识即无量无边习气潜伏，所谓识藏是也，亦可命之曰习海。人生即在习海中飘流，无所依止，此可痛也。法人柏格森以记忆证明意识独立，其实记忆不可消失者，正由习气相续流之故。柏格森不曾观察到习气，又不悟习气现起即名妄识，《新论》亦谓之习心。此正佛氏所谓如幻如化如蕉叶聚而无实，未可以此证明精神独立，必克治妄识而自证浑然与天地万物同体之本心，始见独立无匹。此则柏格森氏所不悟，而《新论·明心》之所昭示者，至为深切。

次从宇宙论与人生论之观点以考核两论异同。

蕴论色、心二法平列，《新论》谓其颇似二元论，读者或不谓然。其实《成论》已破小乘二元说，如云"或执外境，如识非无"，见《成论》卷一之二。即是主张外境与内识并有，非色心二元乎？《述记》疏释此处云"萨婆多等依佛说十二处密意言教，诸部同执离心之境，如识非无"云云。按十二处即六根六境。六境：如色声香味触等尘，六根如五净色，皆属五蕴中色蕴。据此，则小宗诸部承认离心独在之境为与内心俱有者，其思想实导源于释迦最初之五蕴论盖不容疑。孰谓《新论》是臆说乎？

五蕴以色心平列，虽可演变为二元论，然终之以识蕴，则亦可演变为唯心论,故大有肇兴,首以唯识标宗。唯识家宇宙论与人生论方面之思想,其显异于释迦氏最初之说者。释迦初不谈宇宙人生本源,即其最初不谈本体。似只谈现象。如五蕴之色心平列,实只解析色心现象,并不究诘根源。十二处、十八界诸说,则依五蕴法而另作一种编排,别无冲旨。至其十二缘生之论,不究人生真实性,只依众生类生活现象而为解析,固与五蕴论同一用意。四谛首苦集,仍是从现象立论。灭道二谛可以引起后来之本体论等思想,而在释迦当初似未曾肯深谈也。十二缘生与四谛名义,可参考《通释》,再研《阿含》等经。父亲云:灭谛惑障已尽,道谛是圣智境,自不期而证真。故释迦成道后,谓其无窥于本体固不得。后学因之以求证本体为究竟,如《厚严经》云:"非不见真如,而能了诸行皆如幻事等,虽有而非真。"非不见至此为句。真如即本体之名。此乃后来大乘师共同之宗趣,亦非于释迦绝无所本也。此等大问题,须别为专篇讨论。今此但以无著派下之唯识与释迦最初五蕴说相对照,则唯识师在宇宙论方面特着重于本体之探穷,此与释迦元始教义显然殊趣。兹略论之。释迦五蕴平列,不以色摄于识,而后来唯识说则立三能变义。三能变者,初能变是第八识,第二能变是第七识,第三能变通目前六识。因谓诸识所缘境是诸识各自所变之相分。如此,则色蕴中大种等境便为第八识之器界相分及前六识之尘相分。佛书言四大种及器界,实相当于俗所谓自然界或物质宇宙。五识缘尘相,意识与五识俱时亦然,故尘相通前六识。由斯诸色境不离诸识而独在。识为能变,色只是识之所变。此所变色即识之一分,所谓相分。如此,则色摄于识,不得别立色识,与心平列。此其首先变更五蕴论之旨趣所以成立唯识之论,最不可忽。唯识家虽变更色识之义而亦未否认色法,但说为诸识之相分,即不许说色法为离心独在,易言之即不以物界为外在世界而已。

唯识家既以色摄属于识,而复为诸识寻求因缘,于是建立种子为诸识作因缘。种子亦名功能，以其具有生生之功能，故以种子名。取喻物种有能生力用故。此与哲学家为万有现象寻求第一因实同一思路。思者思唯，路者路向，思之所至即是路向。无著《摄论》成立种子义，而首取诸外道之谈本体者，如自在天及神我与自性等论，一一破斥，并遮拨无因、外因等论。无因论者即否认本体，外因论者虽许有本体，而妄计本体是离吾心而外在者。此虽印度诸外道之迷误，而远西哲学家谈本体者亦同此失。无著遮拨此等计，诚为卓识。然评人之失虽极精当，而自想立义究与真理相应否，则又是一问题。彼既历破外道，而后标揭种子义，自以为妙显真际，无诸过患。真际即目本体。无著异母弟世亲承兄之学，盛弘唯识，其后学在梵天者，十师为盛，传移东土，则有玄奘、窥基师弟。种子之论，自世亲以逮奘、基，研讨日益精密，具详《成论》，然大旨犹秉无著之规也。

　　唯识之论出，既以色法摄归于识，又为诸识寻求根源，遂建立种子，以为诸识因缘。易言之，即诸识非无因而得起，实各从其自种而生。种子亦省言种，后仿此。此中各从云云，须注意。欲知其种子之为一元或多元者，则必先究明诸识是体同用别抑各各独立，而后可推寻其种子说是否为多元。此实治无著派之唯识论者所宜首先解决之问题。余于前文已甄明无著派下诸师与一类菩萨等主张诸识体同用别者恰恰相反，彼不唯以八识为各各独立，而且于每一识又剖得极零碎。兹析言之如下。

　　一、每人有八识。彼本主张一切众生各各有八个识，今但就人言。而所谓八识者，并非八个单纯体，即将每一识析为心、心所，心是一，心所乃有多数。如一眼识即以一心及多数心所类聚而名为眼识，可云眼识聚。眼识如是，耳识乃至第八赖耶识皆可例知。

　　每一识聚中，其心是一者，以其对于多数心所而为统摄者，故心亦号心王。

二、每一识聚中，凡言每一者，须注意。其心是有自体而独立者，其诸心所多数故言诸。亦各各有自体而独立者。然则各各独立不将如散沙乎？曰：彼许相依俱有，且于相依俱有之中而以一心为多心所之主，如各行星共绕太阳即无横决之患。更有触心所为同念诸心所之联络员，有作意心所为同念诸心所之激引者。其理论极精细，可考《通释译》。

三、每一识聚仅分为心、心所而已乎？犹未也。更于每一心分作四分或三分乃至二分，于每一心所亦如是。

四、在宇宙论中，四分之说可约为三分或二分。三分者，如《成论》谈能变，则云识体转似二分，所谓识体即通指每一心或每一心所之自体分。二分者，相分及见分，如眼识心、心所，其所缘色境即相分，其了别色境者即见分。二分均由自体分上变现为之，不可执为定实，故言转似。此言转者，变现义。相分或有形，或无形，此以有质碍者说为有形，无质碍者为无形。如五识之五尘相及第八识根器相，皆有形。意识思唯某种义理时，亦必变似所思之相，此相无质碍，可名无形。又如忆念昨见之梅花，意中变似梅花之相，此相亦无形。而皆随俗说为实有。

以自体分摄入见分，即唯二分，曰相与见。自体可以摄入见者，相唯是境，但是所缘。见是能缘，自体与见同能缘，故可与见摄为一体。

五、如上所说，八个识各各析为心、心所。再将每一心、心所又各各析为三分，乃至相见二分。由此可悟所谓宇宙只是千条万绪之相分而已。舍此无量无边相见分，何所谓宇宙乎？唯识家如此解析宇宙，大有义味，学者宜会意于名相之外。

六、每人有八个识，而第八识曰阿赖耶。省之赖耶。故赖耶识非众生所共，乃是众生各具一赖耶识，此不可忽。赖耶识之专司，即在受熏持种。持种者，谓本有无量无边种子，皆赖耶含藏之、任持之，永不散失。受熏者，前七识起时，虽刹那即灭，然皆有余势续生，刹刹迁流，无有断绝。此等余势熏入赖耶,是云熏习。凡诸熏习无穷无尽,赖耶一一受而藏之,是名受熏。即此新熏众势伏赖耶中成为新种,与本有种杂居,其功用亦不异本有种。赖耶亦号种子识,即以其含藏无量种子故。或问:赖耶亦自有种子,彼赖耶从其自种生,如何能藏其自种?答曰:据唯识义,赖耶与其自种是同时俱有,故赖耶能持其自种,不可说种子有孤存而未生赖耶之时也。假令一切种子有孤存而未生赖耶之时,则赖耶藏种之义无可立矣。唯其所同时而有,种子是能生,赖耶是所生,能所同时,不相离隔。故可说赖耶藏种。

赖耶藏无量种,即是万化根源。可借用老子之言曰"谷神不死,是谓元牝,元牝之门,是谓天地根"云云。按谷者,虚而深潜之象;神者,生生不测之称;牝者生义,元者大义,赞其生生之盛也。王辅嗣释谷神曰"无形无影,无逆无违,处卑不动,潜隐故云处卑;无粗动相云不动,非静止之谓。守静不衰,深潜故谓之守静,能生故云不衰。此至物也。处卑而不可名,故谓天地之根"云云。父亲尝谓辅嗣以此数语注谷神,恰似形容赖耶识。

赖耶相分有三部分。一种子,种子藏赖耶自体中而为赖耶见分之所缘,故亦得名赖耶之相分;二根身,亦赖耶之相分;三器界,如太空诸天体及大地或色声等尘,通名器界。亦赖耶之相分。

赖耶亦名根本依,前七识必以赖耶为依故。譬如八大行星必以太阳为依故。

由唯识师赖耶义详玩之,则是众生各一宇宙。某甲与某乙实非同一天地,此中天地,即用为宇宙之别名。而只是彼此之天地同在一处,互相类似,宛然若一而已。唯识师虽将诸识剖得零零碎碎,而有赖耶为根本依,所以宇宙不同散沙之聚,人生不至如碎片堆集、全无主动力。此其观想精微,确有足称者也。但其钩心斗角之巧,益见其纯恃意想构画,决不与实理相应。彼虽诋外道以戏论,而彼乃如此刻画宇宙人生,如图绘一具机械然,毋亦未免戏论乎?《新论》出而救其失,诚非得已。

识之异名甚多,曰心、曰意、曰了别、曰现行,皆其异名也。现行一名系对种子而言。现者,显著义。种子者深潜沉隐。若乃种子所生之识则别有自体而为显著之现象界,故识亦名现行。行者,迁流义,诸识现象迁流不息,故以行言之。一切识聚可总名现行界,亦可省云现界。参考《新论》。

唯识论者既将现界破析为各各独立之无量细分,胜论以极微名细分,今借用此词。唯识师将诸识聚层层破析,最后析成无量相分、见分,故现界只是无量细分。因此推求现界之因缘,所谓种子者,佛书中"因缘"二字,有须分别解释者,亦有时可作复词,今此用为复词。当是一一个别的物事,当是无量数之多。轻意菩萨《意业论》言"无量诸种子,其数如雨滴",可谓善于形容,据《成论》言,种子有体类之异,复有性类之别。体类异者,如眼识聚之种唯生眼识现行,复词。不生余耳识等现;现行,亦省云现,后仿此。耳识聚之种唯生耳识现行,复词。不生余眼识等现,余识皆可类推。尤复当知,每一识聚更析为相见二分时。至此,复有相见别种之论。如一眼识聚,其心、心所各各相见,并不同种。易言之,即相分分别有自相种,不与见分共一种生。眼识聚中各各相见种如是,余耳识等皆可例知。据此可见种子体类各各不同。性类别者,一切有漏种子通三性,注意"一切"两字,非每一种子可通三性。有唯是善性,有唯是恶性,有唯是无记性,非善非恶,名无记。故总举一切种,便通三性。前儒言性,有善恶混之说,大旨颇与此近。综上所述,可见种子说者,是多元论。

已说种子通三性。尤复须知,更分有漏、无漏二性。有漏是污染义,无漏是清净义。有漏性中,分为善、恶、无记三性,如上所说者是。无漏性者唯是纯善,与有漏善绝不同类。故前云三性,实只就有漏性说。无漏性纯善,无所谓三性。据唯识论,一切众生,其赖耶识中均是有漏、无漏两项种子杂居。而众生从无始来,唯染种有漏。生现,具云生起现行。净种无漏。虽寄存赖耶,若非修行至登地上,终不发现云。登地,详《通释》。

种子复分两大类,曰法尔种,法尔犹言自然,不译自然而译音者,恐滥常途所云自然故,是义深故。亦云本有种;法尔本有,不可诘其所由始。曰新熏种,谓前七现行起时,现行即识之别名,已见前。即有余势熏入第八赖耶识中,成为新种故。

谈种子者,颇有三句,略提其要:一、种生种。谓前种生后种。易言之,即每一种子皆是前后自类相生。譬如张人由昨活至今,实非昨日之张人延持至今也。张人昨日之故吾方死,即已续生今之新吾,是即张人前后自类相生。每一种子自类相续,义亦犹是。此即不以种子为恒常法,所以异于梵天、神我等计。

二、种生现。现行省云现。谓种子伏藏第八识中,若遇余缘,余者,犹言其他。旁处用余字者仿此。便能亲生现行。现行从种生已,即有自体,别为现界,一能一所,隐显对待。种是能生,而潜隐赖耶识中;现是所生,而相用显著,俨然判为隐显二界。盖种生现时,而此种自体犹在赖耶识中,并非种体转变成现也,实乃从甲生乙,甲不是乙,乃与乙相对者。不同水转为冰。

三、现生种。谓现行从种生已,虽不暂住,然每一现行皆有余势续生,熏入第八识中成为新种,等流不息。等者,相似义。每一种子皆非恒常法,却是刹刹生灭相续,前后相似而流转下去,故云等流。譬如故我与今我,实是等流。而此新种与本有种杂居,其功用不异本有,已如前说。

问曰:现生种似是现行正起时即有功用别生一新种投入赖耶,何以说新种为现行之余势?答曰:现行起时,并不暂住,元是刹那生灭,而当其才生即灭时,却有一种余势续生,即此余势投入赖耶为新种。如汝今上午起一念,顿时即灭,并非此念永占住汝心中。然此念虽才起即灭,而汝明日犹可忆及,则知此念在今上午才起即灭时已有余力续生,投入下意识中等流不息也。汝但如此体会,便可悟新熏之理。须知所谓余势者,正是现行才起即灭时亲生的物事,但入赖耶便名新种耳。又复须知现行是才生即灭的,故有功用,能续生一种余势,等流下去。若是不生不灭的恒常法,便如疆固的死物,那有功用续生余势乎?此非深于化者不能知也。

种子之说甚繁,兹不及详。《成论》文词过于高浑简约,学者难通。基师揉译《成论》而别为《述记》以释之,用意至善。惜乎《述记》文字理路不清,每记一义,往往不详其原委,令人无从猜度;又于修辞太不经意,揆之文理,常不可通,似是匆忙中乱着几字。故《述记》外,复有八种大著疏释《述记》,卷帙极繁重,非详征八种,《述记》不可读也。佛家无论任何宗派,其书皆名相纷繁,理趣幽远,译笔又伤浑简,故索解人颇不易。吾父尝言:哲学之事,贵乎能穷玄而不失之浑沌,能精析而不陷于浅近。学者贵乎由浅入深,从近致速。中国汉以后学人,合此条件者太少。故凡喜谈佛法者,非怵于来世果报之事,则文人之有浮慧而托于空教、假于玄言借掩其陋,聊以摇荡肆志耳。真能穷一宗之学而析其条流、得其统系,且会意言外,而足以鉴了其所造之域,复能超然自得,不拘于一先生之言、不囿于一方之所趋尚,悠悠千祀,何可获斯人乎?不肖习唯识,而感于其书之难读,聊记趋庭之所聆,亦以自勖。今日差幸有《通释》一书,《佛家名相通释》。治斯学者,当以此为宝笈。是书部乙综述《成论》,纲举目张,博而不繁,要而不略,引申触类,悉有据依。熟读斯籍,而《成论》可通矣。父亲自谓《通释》写得匆遽,犹小有差误,待删订再版云。

唯识师承认有现界,乃进而求其因,爰立种子。以种子为现界之因。故其种子说,实是一种本体论。此与蕴论色心平列、只谈现象、不究根源者,其思想之出发点根本不同。此等变迁之迹值得研究。或问:种为识因,应成唯种,何名唯识？无著既破外因,见前。何为自犯此过？曰:彼建第八赖耶识以含藏种子。如此,则种子非离心而独在,故不为外因。种子不离本识,故唯识义成。赖耶,亦名本识。其理论精巧,颇足快意,但有一根本错误,即彼已立种子,而又依教义说真如无为是识之实性,真如无为,作复词用,实性犹云本体。是则有二重本体过。《新论》弹正,至明且确。有为之救者曰:彼本主张种现互为缘生,复玩前三句中种生现及现生种义,是种与现互为缘生。非以种为本体也。答曰:无著当初讥评诸外道之本体论,而后揭出种子说。参考《摄论》等。其种子即本体,意义甚明,何须为之曲辨？且彼建立本有种,而未言此本有种是真如之发用,则本种与真如本有种省云本种。岂非二重本体？虽云种现互为缘生,而详玩其义,不过谓现行从本种生,而复有功用,熏生新种,使本体日益扩充增盛,本体并非定型的物事而常伸张不已。如此说来,似亦不无意义,在彼多元之本体论亦应有此主张。所可惜者,彼又承袭真如无为实性,致有二重之失耳。又复当知,彼立赖耶摄持无量种子为万有根源,八识聚无量相分见分,是谓万有,种子是其根源。不谓种子为本体,其将何以名之？且赖耶相分有三部分,其一曰器界。器界即诸天体与大地或自然界之总名。此器界是从赖耶相分器种而生,据此,赖耶中种子明明为天地之根,而犹曰种子非本体耶？自无著兄弟迄后学十师乃至此土奘、基,本皆信守教义,以真如为诸法实性,此中诸法亦云诸行,即目诸识聚或无量相见分,亦即现界。不必有意说种子为本体。但从其理论以玩索其思路,确是以种子为现界根源,不谓之本体不得。大乘初兴,于色心诸行只说为缘起,明其非实,绝不为诸行找来源,欲令人悟诸行性空方证真如实性,欲令至此为句。此无二重本体过。唯识立种子为诸行根源,显与龙树诸菩萨异趣。夫异趣无伤也,有二重本体之嫌,斯为缺憾。

父亲云:后人求古哲之缺甚易,了解古哲之长却甚难。凡一学派之大著,常于其从前或并世之异派有所融与改造,在当时为伟大之业,及时移世易、思潮大变,视之如腐朽。实则腐朽之中,神奇寓焉,视读书感悟如何耳。唯识论之主旨,似甚注重于对破诸外道计有是常是一之作者,如梵天、神我等,故以种子为现界根源,取消梵天等作者。种子是生灭法,不是恒常的作者,是待众缘而生现,现即识之别名,此识字是广义,即通目万有。不可视为具有人格之一作者能生诸行,不可至此为句。此其遮拨作者之迷执,可谓神解卓越。人类智慧愈发展,愈益印证其论旨之无可易,则谓之万劫常新可也。至其种理判为二界,无量种子为种子界,八识聚或一切相见分为现行界。而于现界中则建立第八现,为二界之总枢。此第八现,一方面为前七现即前七识聚。作根本依,一方面为无量种子潜存之处,第八理自种及前七现之种均藏于第八现自体中。故是二界之总枢也。种是能生,现是所生,从无始际,能所法尔同时俱有,非是种子先时孤立,现行后生。"非是"二字一气贯下。故种子六义中,可说种子待众缘而生现。六义甚重要,本文未述,可考《成论》及《通释》。试玩四缘义,除第一因缘外,余缘皆依现行立,若不许种现二界俱时相倚,则种子待众缘生现之义不可成。此中理趣奥折,欲曲达之,甚费辞说,此在能悟者自悟,不悟者说亦罔济。种是潜藏,而望现为能生,现则显著,而为种之所生。所生是现象,能生是现象根源,此在本体、现象析成二界,本不应实理,而思唯之巧亦足惊叹。假设将种子活讲不必析成各别之粒子,又不将种现剖为二界。只将第八现说为宇宙大心,说一切种是大心中具足无量势用,《新论》谈本体所谓备万理、含万德、肇万化是也。此大心从其遍为万有实体而言,则有超越义;从万物各各具有大心而言,则一一微尘皆有佛性,不须向自心外寻求超越之真宰也。如此,则于大心上不得说有漏,亦非离大心外别有所谓无为真如,而习气则为后起之事,下意识只是习海非真心,如《新论》所说。庶几斩尽葛藤,如理如量,世有达者,幸深详之。

奘师门下相传四缘义，括以四句，深堪玩味，治斯学者欲识纲领，不可不了此四句。但四缘义须从《通释》入手，进研《成论》及《述记》。

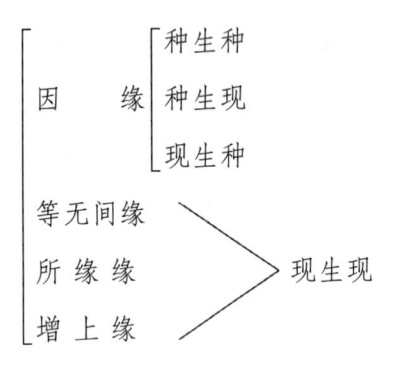

$$
\begin{cases}
因\quad缘 \begin{cases} 种生种 \\ 种生现 \\ 现生种 \end{cases} \\
等无间缘 \\
所缘缘 \\
增上缘
\end{cases} \Bigg\} 现生现
$$

唯识论中关于识相方面之要义，此中不及述者甚多，恐繁姑略。因缘中之生是亲生义，譬如种子生芽；现生现之生是引生义，譬如水、土、空气、阳光等于芽为导引扶殖而令其滋生，是名引生，非亲生之也，须分别。

境中识性及行、果诸方面，《成论》提挈纲要，学者当由此以进窥群经众论，此中未暇涉及。父亲云：加行位中，四寻思、四如实智，已超过哲学家思辨境界，不独地上工夫为哲学家所未有也。六经四子中谈思处，义蕴深远，明儒间有触悟而未能阐明，王船山了解较深而亦未宏也，融会儒佛而出以新意，是《量论》所欲作，老当衰乱，此事遂废，可胜叹哉！小子记此，有无限憾。

儒书中言"心之官则思"及"思曰睿"与"君子思不出其位"，注家皆不通。天心以思为官，则有不专倚耳目等感官之效其用，而有复然炯然独运之明矣。独运故智周万物而未尝滞于物。此圣者实证之事，凡人皆有此明体，惜自为客尘所蔽耳。睿者，大明貌，远离虚妄分别，超过筹度境地，故谓之睿。出位者，流于虚妄分别，即心失其官，便为出位；不出位即圆明遍照，正与"思曰睿"同义。此理详悉发挥，须深探大般若。

本文至此已结，而复略言者如下。

八识析成各片诚不必，但如善会其旨，却极有义趣。妙阐生命秘奥者，无如八识之谈。《成论》谓五识唯外门转，五根即是生命向外追求之工具，而五识则凭依此工具以缘虑于外也。第六意识内外门转，意识能独起思构，其攀援于外也，则穷天际地，驰逞无所不至；其返而内缘也，则理不外求，化自我出。若乃无始习气，潜若深渊，随机腾跃，妄相纷纶，如云蔽日，照之失据，亡照则郁然不知其尽，妄念憧扰时，能觉照则妄自息。妄相本无根，故云失据。若觉照不存，即常为妄习所驱，而此一团迷妄势力无有尽期。真生命之疣赘也。第七末那识，唯是迷执自我，根深蒂固，坚执不破，甚深复甚深。凡夫以是沉沦习海，无出拔期；智者了知无我，浩然与天地同流。第八赖耶识含藏万有，恒转如流，非断非常，无住故非常，无息故非断。无形无象，独立不改，绝待故云独立，恒如其性云不改。周行不殆，借用老子语。周遍流行，无穷无尽，随其所成，常德弗渝，何殆之有？此则生命自性如是，唯智者亲体承当，而凡愚不识也。但此中虽承用赖耶之名，而义实依于《新论》本心之说。本段文首申明善会其旨，原非据《成论》作释，诸有智者应善思择。

《成论》思想虽取精用弘，而得力于胜论数论二宗者尤多。能变之旨，实融数论。八识聚或一切相见分等，解析极细，则由胜论剖析实德业等之方法脱胎而出。基揉成《成论》，一宗护法，无著、世亲之学至护法而完成。奘师西度，正值此派方盛，持以东来，迄今弗坠，其亦有天数欤？若夫一类菩萨与一意识师遗绪，梵天今日似久绝而难寻，奘师当年竟弗传与妄抑。《新论》肇兴，千载遥契，此固数之自然、理不可易者乎？

法相宗种子义

父亲《佛家名相通释》部甲载有法相宗古师种子义,与无著、世亲派之唯识论种子义全不相同。盖古师种子只依诸行上假立,谓诸行自身有能生功用,虽其自身刹那生灭、不曾暂住,然其前前刹刹皆望后后刹刹为能生因,即是前望于后而名为种子,其后望于前即为前所生之果。如木之一叶,其前刹之叶,生已不住,而当其生时,即有功用,能令后刹叶续生,即是前刹叶望于后刹叶而名为种子。一叶如是,千万叶各各皆然。故古学种子非离诸行有别自体另藏赖耶识中,如无著、世亲派之唯识论所云也。"非离"二字至此为句。《十力语要初续》亦有与人书谈及此。父亲每谓无著、世亲派之唯识论变更法相古师之种子义,实弄巧成拙。法相宗即有宗之别名。唯识论可说为法相宗之一支。不肖谨《成论述记》卷十八第二七页谓经部师"主张色心中诸功能用即名种子,前生后灭,此云前生后灭,约一刹那顷而言,不可误计为前刹生已而住,后刹方灭也。凡法于一刹那顷才生即灭,遂于其方生假说为前,于其方灭假名为后,故前生后灭皆约一刹顷言。初一刹是前生后灭,次一刹新生续前亦才生即灭,第三刹新生续前亦不暂住,复如次刹,四刹以往皆准知。故每一刹那皆前生后灭。如大乘等为因果性,相续不断"云云。经部以每一色法或每一念心法皆前望后而名种子,即名因,后望于前即为其前所生之果,以此成立因果,说诸行相续不断,亦如大乘。据此则法相古义似是经部义,父亲谓法相宗是大乘,经部是小乘,二家持论有相同处。

阅张稷若学案

张蒿庵,字稷若,明季大儒也。与顾亭林为讲学友,所著《仪礼郑注句读》一书,亭林特重之,尝曰:"独精三礼,卓然经师,吾不如张稷若。"又曰"炎武年过五十,乃知不学《礼》无以立。济阳张稷若作《仪礼郑注句读》,根本先儒,立言简当。以其人不求闻达,故无当世名,然书实可传"云云。又著《周易说略》四卷,《春秋传议》四卷,《蒿庵集》三卷,《蒿庵闲话》三卷。余思遍读其书,而丧乱流离,不果所愿。今偶阅其学案,复承父亲指示,感发甚多,今略记大要云:蒿庵实思想家也,而其精力多耗于经师考核之业,甚可惜!蒿庵学言,衡论汉以后各派思想有云:"综核之说,可除蒙蔽,其病必至苛察。此评汉以来法家也,汉宣帝、明帝、张江陵皆苛察。权谋之说,可开昏塞,其失必为机诈。汉文帝与蜀昭烈、诸葛武侯皆参用权谋,而不至失之机诈,由有儒学以端其本。文帝心契贾生儒学也,昭烈、武侯皆深于儒。旷达之说,可破拘挛,必至败名检。庄生之学,其流失必至此,魏晋人是也。清净之说,可息嚣竞,必至废人事。道家者流如陈希夷、谭峭、郑牧诸公,皆思想家也,而皆果于遗世。报应之说,可以劝善惩恶,必至觊幸而矫诬。颜之推《家训·归心篇》深信佛家报应说,其觊幸来生福利之情与所述诸神异事,陷于矫诬而不自觉。今之皈佛者皆然。但之推实不为恶,而今之人则作恶无已,却因怵于报应,乃以皈佛奉僧图解免,其觊幸矫诬当亦佛之所深恶也。缘业之说,可以宽忿寡怨,必至疏骨肉而怠修为。深信业缘之说,则天属之爱易弛,僧徒以此弃人伦。凡事悉由夙业,则自修易懈,尤其对社会政治诸大问题每不措意。此与报应之说皆佛教流弊。养生之说,可拯殉欲之害而已,必至贪天而违命。"贪天者不祥,此等人形干虽存,实为废物。详上所论列,综核、权谋二种思想属法家、纵横家之遗,汉已来事功之徒固用其术,不肖者更以角逐于权利之途。旷达、清净二种思想,老庄之遗,凡诗文家、所谓名士或大夫阶级鲜不由此。报应、缘业二种思想,佛教之遗,民间颇普遍,公卿与名士信者亦多。养生则道家枝流余裔,亦盛于民间。蒿庵考察中国社会思想可谓详悉。汉以后之中国人,其智德力各方面日以低落,鲜有淳德硕行,鲜有高深理想,鲜有伟大气魄。东京以来二千余年间,常为夷狄与盗贼交相宰割之局,非天数也,中国人自造之悲运也。观蒿庵所论列,中国社会流行之各派思想,即在闭关时代已是长劫委靡,况当西洋文化侵入,其何可支欤?蒿庵经儒也,其纠正各派而欲归之儒家,用意甚是;然蒿庵虽杰出,究不能不为二千余年来汉学宋学之所囿蔽。儒学之真,蒿庵究未窥也。枝枝节节处,蒿庵所深造自得者固不少,而源头未清,则枝节之得力处终不能尽是也。儒者之学,内圣外王,包络天地,所谓广大悉备也。汉学者考据之业,只于经籍中注意名物度数之训释,其于圣学王道之大全,茫然不知过问也。又自汉世承秦帝制之局,常以禄利诱儒生,使之安于琐碎而不暇玩心高明,其疏释经训则一以随顺帝制为主。综群儒经注,其训释虽繁,撮举大义不过以三纲五常为作人之宝训,故凡君德臣道,士大夫修身行己、进退出处、交游取予之节,皆其所随处申说者,六经大义果如是而已乎?三纲定而君权不可摇,以言乎伦理,则人只有服从君上之威权,长为奴隶。父子之伦诚不可忽,然子之孝于其亲,在养志怡情,而子之思想与行动,为父者固不当一切束之也。妻之言齐也,经训未尝重男轻女,后儒便失此义。若夫言君德而不思君人者不必有德则如之何?且民群不务自治,不求自主,而唯仰一人有德以临乎上,恐尧舜常生亦难为治。帝《典》载君臣之际如手足谊,《易》称汤武革命顺天应人,未尝尊主而卑臣也。荀子言臣民如遇无道之君,则杀然后义、夺然后仁、上下易位然后贞,此与孟子同旨。后儒全失斯意。故莽操之才遇昏庸主,而当儒生曲解经旨成为风尚,乃不得不用极卑污阴险之术以篡帝位,而图避天下后世之讥。自是政治之途日习于污贱,君之得位,其情不可昭示于人;臣之事君,唯习于奴隶道德而不求理之当否。二千余年来,夷狄盗贼乘机而窃大柄者,正利用此污习,岂不悲哉!士大夫修己之道,汉以来讲者,要不外"独善其身"四字。《论语》己立立人、己达达人,《中庸》

成己成物,由求诸子皆志乎为邦,孟子有兼善天下之愿,经师考核之业于此漠然无所触。宋明诸大师深穷道体,高言为天地立心、为生民立命,然只见得道理当如是,而其为学以主静涵养为务,毕竟静存此理于己,却无形将天下国家悉遗之身外。《大易》参赞化育、裁成天地、辅相万物与《中庸》位育等胜义,诸师只诵说经训而已,实未尝身体之以见于行动。西洋人对学术思想与政治社会种种大改革之精神,足使天地翻新、宇宙变质,反与吾六经之道有合。圣人成己必成物,正为成物所以成己。宋明诸师毕竟成得一己而遗天地万物,所成之己非大己也。诸师力辨王伯义利,现代西洋思想实应以此为对治。然其视君权为不易之常经,而于悟解上虽云家国天下皆与吾身同体,但以事功为末,即无形以治平之业屏诸修身以外,终不能扩大集体生活。故其王伯之略徒寄望于君相,义利之分只堪律己,未能以此等大义实施于人群相生相养之一切度制宪纪之间。余平生叹宋学拘碍,非苛论也。诸师修己之道,只成小己,而未能备天地万物为大己,故其严进退出处交游取予之节,只一身不同流合污而已。千言万语不外此旨。此固不容非难,但义止于此,便成个人主义,将与天地万物隔绝,无裁成辅相之功。大己已病,而小己何安之有?若夫爱智求真,哲学与科学所探穷之对象不必同,而基于爱智及求真之精神则一。孔子学不厌,爱智也;孟子曰思诚,求真也。明物察伦,以其所真知明见求群众共喻而相与改造宇宙,即知见起行动,即行动证知见,此云证者,证实义。其知见不限于自得。"不限"二字,吃紧。若谓知见所及可期一般人全喻,是又太浅于窥理也。仁智浅深,随人所了,不期其全与吾同证,此云证者,知义。但总期一般人皆于此理有所得,要不可以独得自封,故云不限。其行动先群众而与为一体,先谓以身先之。此圣人所以成其人己也。孔子愿天下老者安之、少者怀之,安与怀有无量事为,非虚愿而已,席不暇暖,夫岂无故?事为之能就与否是别一问题,其不舍事为之精神,终古与天地万物相流通，不容以近效相责也。孔子许由、求、赤皆有为邦之志，而朱子《集注》乃谓二三子规规于事为之末，明与圣意相左。此不唯朱子一人之误，宋明理学家大概同此态度。诸儒之学，唯务涵养本原，而不免卑视事为，以与群众隔绝，即不能备天地万物而完成大己，此与宣圣及孟、孙诸子精神均不似，养学者超然鉴观之自见。宋学家有反己工夫，是与汉学根本异处。汉学家在帝制思想下训释经文，其投合世主而自以为不谬于经者，宋学诸儒则一切承之，甚或变本加厉。孙复愚陋，误以尊王说《春秋》，宋学家始终奉为宝训。夷与盗之帝者，得利用之以鱼肉夏人。参考《读经示要》。宋学承汉，而弊益甚。孙复之罪，不容未减。综观汉宋群儒，孔氏六经亡失将三千年而不可睹其真。须参考《读经示要》。汉以后，社会流行思想非独蒿庵所举法家与老庄佛氏末流为病而已，儒学早失其源，蒿庵盖未之察也。然复当知，汉学虽于六经之底蕴与宏指少所探究，然经师笃实者，就其知解所及，颇能于经义中取其有关于修身与经世之大训者讲明实践，成为风尚，社会赖以维系，人道犹有所存。唯其所讲明者，常有滞于一节而失其会通，便成弊害。如汉宋诸儒对于"天下有道则见，无道则隐"与"用之则行，舍之则藏"诸语极力弘扬，而不悟此为一时感叹之词。至于"见义不为无勇也"，"吾非斯人之徒与而谁与"，"天下有道，丘不与易也"，"公山弗扰以费畔，子欲往"，"佛肸召，子欲往"，《十力语要》卷二谓春秋时大夫专政，公山、佛肸皆大夫宰臣，实农奴之长也。其叛大夫时，如真能为农民谋公益，夫子必决往以参加农民革命之业，而卒未往者，必公山等之所为反其所期也。此等宏愿大勇，诸儒竟无所感发。二千余年士大夫读《论语》至此等语句，常若熟视无睹，余谓诸儒受帝制思想之影响，说经悉失本旨，此为一例。若从多方面衡之，将不可胜说也。然而诸儒不苟合之精神亦于世道有所济，视晚世贪淫无耻、助桀为虐以祸生人者，其相去奚止天坏乎？宋学诸儒玩心高明，笃实践履，确承圣贤血脉,其差失处当予弹正,其得力处不可轻毁,其未至处当思扩充。宋学屡经变化,详《读经示要》。至晚明诸子如船山、亭林、习斋、二曲、梨洲诸老,庶几上追晚周诸子之规,下足以吸纳西洋科学与民主思想而矫其功利与攘夺之弊。惜哉阎若璩、胡渭、惠栋、戴震之徒以考据之业猥托汉学,媚事东胡,斩绝晚明新宋学之绪,锢蔽颓靡以迄于兹。西化东渐,而吾人自无根底,遂不堪抉择外化以供吾之融和创造,种种剽窃,弥失其据,生吞活剥,终成乖乱。国民党秉政之结果,其失败且甚于北洋。文化破产,精神破产,日甚一日,不得纯委之外力,吾人当自反也。稍前于晚明诸子者,有海忠介,其经济思想原本经义,为县官时,实行均田政策,擅令贫民夺富人田,为之区分妥当,人各安业,无相侵害。华亭徐相国家之田亦被夺,其家属莫敢抗也。使明季天下郡县多得如海公者为政,张、李之乱不作,东胡何自而入乎？儒学未明,儒风未振,故事事无与支也。今当阐明真儒学,由晚明新宋学以上追孔门,此其时矣,不可更自伐也。余因蒿庵衡论过去社会各种思想之弊而未涉及儒学得失,伤时闵乱,有感于怀,故言之不觉蔓延云尔。上来直述吾父口说,记录有未畅者,颇承改正。

蒿庵与亭林书有云："在愚见又有欲质者,性命之理,夫子固未尝轻以示人,其所与门弟子详言而谆复者,何一非性命之显设散见者欤？苟于博学有耻,真实践履,自当因标见本,合散知总。心性天命将有不待言而庶几一遇者,故性命之理腾说不可也,未始不可默喻；侈于人不可也,未始不可验诸己；强探力索于一日不可也,未始不可优裕渐渍、以俟自悟。如谓于学人分上了无交涉,是将格尽天下之理而反遗身内之理也。恐其知有所未至,则行亦有所未尽,将令异学之直指本体,反得夸耀所长,诱吾党以去,此又留心世教者之所当虑也。"父亲谓此段大意甚好,但以直指本体归之异端,则孔子以求仁教学者,非异端欤？仁非本体乎？《新论》语体本《明心》章发明仁体,足正汉宋以来注《论语》者之失。蒿庵《中庸论》谓"言《中庸》者宜指名其物",此意极是。但其物为何,蒿庵则以礼当之。夫礼者,一切典则之总称耳。典则无定体也,随时而制其宜也,于此言《中庸》,将以何为准欤？蒿庵固云"本之诚明以立事",此诚此明,即主乎吾身之本心也,是所谓性也、命也。以真体之流行言,则曰命；以其为吾人所以生之理,则曰性；以其主乎吾身,则曰心,名三而实一也,非本体而何？此等处未可全反宋学,但宋学谈本体而偏溺虚寂,则不得无病,是当矫正耳。

邵子观物

偶阅邵子《观物篇》,略录其精粹之言云:"气一而已,主之者神也。神亦一而已,乘气而变化,能出入于有无死生之间,无方而不测者也。"此段语,父亲谓恐判神气为二,便成大谬。须深玩《新论》体用及于用上分翕辟之义,方知康节根本未澈在。邵子有云:"时然后言,乃应变而言,言不在我也。"又云:"天之神,栖于日者是,案此"天"字谓彼苍者是。人之神,发于目。人之神,寤则栖心,案此"心"字谓心脏,古医家言如是,今谓当指大脑言。寐则栖肾,所以象天也,昼夜之道也。"又云:"能循天理动者,造化在我也。"又云:"学不际天人,不足以谓之学。"又云:"人必内重,内重则外轻。苟内轻,必外重,好利好名,无所不至。"又云:"金须百炼然后精,人亦如此。"又曰:"学不至于乐,不可谓之学。"又曰:"人之神,则天地之神。人之自欺,所以欺天地,可不慎哉！"

读胡石庄学案

胡承诺,号石庄,湖北天门人。明崇祯举人。入清,谒选吏部,以老丐归,闭户不出,穷年诵读。所著书,最重要者《绎志》六十一篇,当时称其学之所造远过顾亭林,至今言明季诸子者,犹盛称石庄。北平及浙江图书馆尚存《绎志》一书。《绎志》之目《志学》第一,《明道》第二,《立德》第三,《养心》第四,《修身》第五,《言行》第六,《成务》第七,《辨惑》第八,《圣王》第九,《睿学》第十,《至治》第十一,《治本》第十二,《任贤》第十三,《去邪》第十四,《大臣》第十五,《名臣》第十六,《谏诤》第十七,《功载》第十八,《吏治》第十九,《选举》第二十,《朋党》第二十一,《辨奸》第二十二,《教化》第二十三,《爱养》第二十四,《税租》第二十五,《杂赋》第二十六,《导引》第二十七,《敕法》第二十八,《治盗》第二十九,《三礼》第三十,《古制》第三十一,《建置》第三十二,《祲祥》第三十三,《兵略》第三十四,《军政》第三十五,《武备》第三十六,《名将》第三十七,《兴亡》第三十八,《凡事》第三十九,《立教》第四十,《论交》第四十一,《人道》第四十二,《出处》第四十三,《取与》第四十四,《慎动》第四十五,《庸行》第四十六,《父兄》第四十七,《宗族》第四十八,《夫妇》第四十九,《祀先》第五十,《奉身》第五十一,《养生》第五十二,《经学》第五十三,《史学》第五十四,《著述》第五十五,《文章》第五十六,《杂说》第五十七,《兼采》第五十八,《尚论》第五十九,《广征》第六十,《自叙》第六十一。父亲以石庄先生为吾鄂先贤,命不肖读此书,因请示其大旨。父亲曰:汝作类书读之,皆佳言也;视为学术界之专著,斯无当焉。稍有识者,审厥品目,便知其如杂货店然。其各目之分,亦多无精严义界,譬如里巷人语、米盐布帛、鸡犬鱼蔬一切杂谈,凡类书性质自如此,而学术界之著作断无有如是者。学术著作必于广大无涯之学术界中有其范围,有其根本问题所在,其思想千条万绪,必有根据、有体系、有宗要。如程朱陆王诸大师语录,一览而知为哲学家言;顾亭林《日知录》,一览而知为政治思想之结晶。此书用读书录之体式,甚不易看,须详《读经示要》第二讲谈宋学处。吾举此二例,汝细心体究之,当可辨识学术性质,不为古今俗书所眩,而自己为学,亦知所用力矣。石庄先生此书,谓其每篇文字皆出自读书之余,反己体认,不为浮语,则诚然也;谓其有所创发,足为一家之言,余无可妄许。先生成就为甚如此,想天资不甚高,亦未肯虚心求师友,果于自负,虽埋头苦读,终不得超越世儒汇辑典制与故训之见地,此亦可为后生鉴戒。余少年时,见梁任公谈晚明诸子,推尊石庄甚至,中心向往。后来自家有进,才知任公短识。昨徐复观因昔者吾郡老辈曾欲宣扬《绎志》一书,亦以为问。余曰:作类书读,甚有价值。《绎志》叙有云"空疏之极,必生迷惑;迷惑之极,至于反悖",此语极切实,汝曹谨识之。然余有大不满于石庄者,入清谒选吏部,虽丐老而归,终亏大节。不肖谨案:父亲《绎志》之评,永为定论。然石庄先生终身枯槁,好学不倦,谒选一事,似可谅也。

赖耶与下意识

父亲尝言:古今中外之大思想家,虽时代悬隔,环境殊异,各自见地不必同,而其用思推理亦必有不期而然之相似处。盖人类之思维,自有其共同之轨范。佛家所云众同分,甚可玩。事物之演变,循乎自然之法则,吾人格物,不容妄臆,必如量而知。又曰:学问之事,若能于根源处体认透彻,自己先有正知正见,则纵览各家派之学说,自能观其会通,辨其浅深偏正,而非可胶滞于语言文字中,妄诤异同也。又曰:哲学中最富于想像力者,莫如印度佛家。余独惜其空想、幻想处颇多,未可全信。然其究极玄微,解析妄相,大无不穷,细无不入,深之不测其底,高之莫探其极,确非小智浮慧者所能悟入。又曰:佛书中亦有许多思想与西洋哲学及近世心理学相似处。如大乘之赖耶识、小乘上座部之细意识,或名细心。与心理学之下意识颇有相似处。相似之言，简非全同。人生在实际生活中，欲望极复杂，如生存欲、男女欲、权力欲等等，形容不尽，凡诸无厌之欲，常求逞而不得遂者，即潜伏而为下意识中种种潜势力，乘机思跃。大乘唯识所谓习气或种子，本说为心物诸现象生起之因，即有宇宙论上为现象界寻求根源之意义，似与心理学上所谓欲望潜伏而思逞的势力不同。但如勿拘名言之迹而推其思想之来路，大乘菩萨何以说心起时即有功用能续生一种余势，所谓习气即此投入赖耶中名为种子？大乘此等思想实由深切反观到心理学上所谓下意识，其中伏藏无量潜势力，因此谈习气而构成宇宙论中之种子说。吾人如将习气与种子等意义活讲，以之应用于心理学，亦可说为伏藏于下意识中种种被压抑的欲望等潜势力常待机腾跃者。大乘说赖耶深细不可知，正与下意识深潜常为吾人所不自觉者相似，上座部之细意识亦可准知。

种子古义与无著、世亲唯识义

无著、世亲之种子说，盖以宇宙万象纷纭错杂，条绪万端，如是众象决非无因而生故，欲觅其根源，遂建立种子。佛氏虽以真如为万物本体，但止说为恒常、寂静，而无流行生长之用。基师《成论述记》卷十八第二十页，破有部等执过去、未来是有自体，大乘时间是假法，无自体，有部等不然。而立量云："汝去来法，应是无为。宗许有法体，无作用故，因如无为法。"此喻也。无为即真如之异名。真如是有体法而无作用，故以为喻。盖佛氏之生灭法方有能生势用；其言真如，则云是恒常法，不生不灭。故虽说为万法之实性，即万物之本体，而终不肯说由真如现起为色心万象，彼计真如无有作用故。此实佛家理论之不可通处。真如既不能为万物生源，故须别立种子以说明宇宙万象之来由，乃取喻于自然界之谷禾等皆有种子为因,而推想宇宙亦从种子故起,由是成立种子说,而未计及种子与真如成为两重本体。《新论》弹正其失,诚千载暗室之孤灯也。详《新论》语体本中卷及《通释》。然法相家古师言种子者,只依诸行本身上有能生之势用而假说种子义,并不谓种子有实自体。参考《佛家名相通释》部甲。小乘经部等言色心持种,其种子义亦与古师相近。及至无著、世亲唯识之说盛行,其种子义乃演变为有实自体,潜藏在赖耶识中而为赖耶所缘之相分。种子与其所生之现行法现行法即心的现象与物的现象,所谓宇宙万象。各有自体,此即显然将宇宙剖分为潜隐种界。与显现现界。两种世界,而种子遂有本体的意义。此实无著唯识派之一大缺失。然继世亲《三十颂》而起之十大论师,其主张似不一致,如安慧立义则与护法有别。《成论述记》卷二十七叙安慧义有云:"种子是现识功能,现识是复词,识亦名现行,详《述记》及《通释》。非实有物,言非离现识而实有物名为种子也。体是假有。"种子但依现识上有能生功用而假说之,故云假有。据此所述,安慧义颇与古师之种子义相近。惜窥基揉译《成论》,独宗护法,余师之意每附带提及,大部则被遗弃,致令后学无从深悉,斯足憾也。复次安慧言识自体,亦不曾分为二分三分等,只言识体非无,依他性摄。后基师则指其为自证分,此乃据护法等义以为之名,并非安慧已有此名也。安慧大概近古师,殊不似护法之分析刻画太甚。《述记》卷二记安慧义有曰:"由识自体,虚妄习故,不如实故,或有执故,无明俱故,转似二分。"据此则安慧本不谓识体上有内外或能所之分。凡情计有内心、外物或能缘、所缘,只是无明妄习忽然执有内外、能所等相,非理实然也。护法等所立相见二分,实已随顺凡情,虽本不直说相分为外物,而确有外物之意义。又且以见分为依自体分上而起之一种能缘用,而不即是自体分,此见与相两相对待,同依识体现起,如一蜗牛变起二角,《述记》引此喻。即识体上固有内外、能所等相,非由凡情妄执所致。余窃不敢许护法等之说有符于实理。诸有智者,脱然超悟,当知安慧无实二分最有冲旨。

先儒禅境

宋明诸师皆从禅家转手,或讳之而不言,亦间有载其事者。如陆象山之于杨慈湖,举四端以发明本心,慈湖当下忽觉此心澄然清明,亟问曰:止于斯耶?象山曰:更有何也。于徐仲诚,令其思孟子"万物皆备于我,反身而诚,乐莫大焉"。仲诚处槐堂一月,有悟,问之,云如镜中观花。象山谓其善自述,因与说云此事不在他求,只在自己身上。仲诚因问:《中庸》以何为要语?答曰:我与尔说内,尔只管说外。詹子南安坐冥目,半月操存,一日下楼,忽见此心澄莹中立者。象山目逆而视之曰:此理已显也。又慈湖在太学循理斋,夜忆先训,默自返观,已觉天地万物通为一体。王阳明在龙场,日夜端居,默坐澄心静虑,以求诸静一之中。一夕大悟,汗出,踊跃若狂。陈白沙静坐,久之,见此心之体隐然呈露。钱绪山静坐僧房,凝神静虑,俟见此心真体。蒋道林寺中静坐半年,一旦忽觉此心洞然,宇宙浑属一身。罗念庵坐石莲洞中有悟,恍惚大汗,洒然自得。罗近溪一日忽悟,心甚痛快,直趋父榻前陈之,其父亦起舞。清人陈拙夫深山静坐月余,忽见此心光明洞彻,与天地万物为一体,一矜持便了不可见。宋明儒此等故事甚多,未及详征遍举。凡反对此等境界者,则谓其识取灵觉之心以为至道,同乎禅师之妄,因举以问父亲。承诲曰:此等境界必于静中得之。静则妄念伏除而本来灵觉之心呈露,谓此非道体固不得,彻乎此者,何可谓之妄?此理非禅师所独有,儒者不见此理,非俗儒则钝根耳。真儒皆深透此理,但其从入之功不必与禅师同,一旦澈悟心体,亦不以此为妙境,更须大有致力处。如颜子之仰弥高、钻弥坚、瞻之在前、忽焉在后与欲从末由云云,仰钻个甚么?高坚是甚物事?

欲从莫由者是甚物事？夫至真之极，万化之源，不谓之高不得也。是为万物主，亦即主乎吾身，炯然大明，私欲不得而干，不谓之坚不得也。无在无不在，故瞻前忽后，欲从而莫由也。钻即鞭辟近里工夫，仰即朱子释《大学》顾諟明命处，所谓常自在之是也。此义甚深，凡夫不喻。武侯云"揭然有所存"，亦与仰之同旨。颜子此种境地，宗门大德最高之诣不过如此。今谓后儒识得心体，便同禅师之妄，然则开妄之端者，不远在颜子乎？须知儒与禅同一求识心体，而有判若天渊者，禅家是佛氏出世法，始终以悟得灵觉为究竟。吾儒非不彻悟此灵觉，而要在视听言动之际与国家天下之间或天地万物酬酢处，极尽吾心之全体大用。此心条理万端与至诚生物不容已处，固无往不是灵觉，然工夫当在伦物之地，保任此灵觉而扩充之，如颜子非礼勿视听言动及为邦之问，方见灵觉中万理万化万物皆备之实与油然沛然不容已之几。孟子称禹、稷、颜回同道，非真知儒门骨髓者不能知。孟子示人以灵觉，便指乍见孺子入井时怵惕恻隐之心。此是圣学血脉，千万不容轻心作解。禅家作用见性，其所谓作用，便与颜、孟作用处绝不同。非礼勿视听等与见孺子入井之恻隐，亦是作用见性，但此作用与禅师所指之几不同，详下文。如因裴休之不悟，而于其退出时忽大声唤裴休。休即应声曰诺，既诺已，即便大悟。休闻声即诺，此时闻觉正是作用。此等作用现起时，元是天真自然之动，未杂入推想等，未作若何拟议。故休于诺已，便悟得此灵觉之心即是真性，非假安排，不由后起。是即禅师作用见性之一例。凡禅师家开示作用见性，虽随机多术，而大旨不外此例。禅师识取视听等作用虽是灵觉，然以较之颜子"四勿"，其于视听言动之际，明于礼非礼之辨，而视听等作用自有不逾之矩。孟子指乍见孺子入井之心，自有同体之仁行乎不容已。此等处识取作用，方是涵万理、肇万化、备万物，而于流行中有主宰之灵觉；于此等作用而言见性，方是真性。若泛取乍见乍闻之一觉，不由筹度拟议者，即谓之灵觉，便于此言作用见性，吾恐终是浮光掠影之见，未克尽此心之全体大用，即不可言见性也。儒者所云尽心尽性之一尽字甚吃紧，必任此心充塞流行于万事万物而肇其化，通其变，全体大用毕现，无一毫亏蔽，是谓尽心，是谓尽性，是谓官天地府万物。若异乎吾儒之学而以闻唤随诺之灵觉认为灵光独耀、迥脱根尘，以是为道，吾惧夫莠之乱苗、紫之乱朱也，程朱诸老先生虽于儒佛教理无研究，而于禅法确曾用过工夫，故其辟禅而终反之儒，自有真实见地。从来议程朱者，其智既不足知此，复不肯虚心求其所以，乃谓阳儒阴释，岂非至愚而无忌惮乎？廖子晦游朱子之门，尝极力寻研于日用事上见所谓广大虚静者，以为大本。又闲居默坐见所谓充周而洞达者，万物在其中各各呈露。而朱子以为用心太过，思虑泯绝，恍惚之间瞥见心性之影象，与圣贤真实知见、端的践履、彻上彻下、一以贯之之学，不可同年而语。朱子戒子晦语极精切。象山禅味较重，宜朱子之不与也。禅家不离灵觉而觅心体，儒者亦何曾舍得灵觉？但不以空灵为依据，而必于伦物之交，求所谓始物之仁或通感之理而克尽之，如朱子所云端的践履、彻上彻下、一以贯之者，斯为尽心尽性之学。禅师之灵觉毕竟是空灵光景，吾儒之外道也。善学者反身参验，较其得失，自无歧途之误。若屏绝禅法而不究，亦异乎诗人资助他山之道，吾弗取也。父亲之训谨录如上，不肖昔读四子书无所得，今乃稍有悟。

郭善邻

商丘郭善邻，号春山。吾父称其乡居为讲会，颇有化民善俗之意。所为《己说》一文，于性道颇有体验。惜其天资不高，闻见寡陋，思想多锢于流俗。如门人举于乡而赠序以勖之，且颂扬圣主，不悟其所谓圣主者乃蹂躏神州之胡虏也。然善邻直是无师友启迪。陆陇其少时交吕晚村,颇闻民族大义,而终欲仕虏,真热中小人也,胡奴也。汤斌尤狡狯,游于孙夏峰以沽名,则尊阳明,及与伪宗程朱者往还,则又随之诋阳明,仕胡而贵显,真鸟兽也。此二虏者,皆从祀孔庙,清世士习卑贱鄙陋,于此可见。

陈白沙先生纪念

陈应耀先生函吾父云:去年戊子为白沙先生五百二十年纪念,拟出一纪念集,请为一文。吾父体气不佳,授意不肖代为写出如下。

五月二十七日惠书,昨始由黄艮庸带至乡间。力于三十五年即有依艮庸终老南海之约,因年力已衰,又素患神经衰弱,冬不可衣裘与向火,故有来此作终焉之计。昔人言弱不胜衣,盖非虚语。朱子集中有告来宾之文,言衰病不堪束带,盖其平生耗脑血过甚,亦神经衰弱之象也。力来此忽忽逾半年,颇不耐热闷潮湿之苦。春间屡欲往沪,而沪友皆以战事难免为阻,故尚滞此间。入夏以来,恒觉热闷,令人疲困,不得敛其气而凝其神,用思不能,观书亦不得。艮庸家距广州四十余里,力昨抵广,即径赴其家,未入城一次,乡居言语多不通。艮庸教于中大,不便常聚。吾日危坐一楼,如老僧入定,虽杂念似伏,而藏识海中无量染种潜滋暗长,未易奏廓清之功,惭愧无已。兼以气候苦人,此心每为境缘所逼,不获自在。平生修学,到老不脱凡夫,诚自憾也!承命为白沙先生五百二十年诞辰纪念集写一文字,论理论情皆当竭尽心力而为之。但文字本于神思,神思发于兴会,兴会不至则神郁而思滞,虽欲写一小文,不可得也。此时此地,兴会索然,实无可写文字。唯因来命触及少时读白沙先生遗集,其感发处犹可略忆,敬为先生陈之如下。

余读白沙先生书,约在十六七岁时。当时受感最大最深者,首在

《禽兽说》,其文如下:

> 人具七尺之躯,除了此心此理,便无可贵,浑是一包脓血裹一大块骨头。饥能食,渴能饮,能著衣服,能行淫欲,贫贱而思富贵,富贵而贪权势,忿而争,忧而悲,穷则滥,乐则淫,凡百所为,一任血气,老死而后已,则命之曰禽兽可也。

余乍读此文,忽起无限兴奋,恍如身跃虚空,神游八极,其惊喜若狂,无可言拟。当时顿悟血气之躯非我也,只此心此理方是真我。血气一团宛然成藐小之物,而此心此理则周遍乎一切物之中,无定在而无所不在,是夐然绝待也。人生任血气用事,即执藐小之物为自我,其饥食渴饮乃至穷滥乐淫,一切与禽兽不异,此其人虽名之曰人,实乃禽兽也。若能超脱血气之藐小物而自识至大无匹之真我,则炯然独灵,脱然离系,饥食渴饮著衣居室,皆有则而不乱、循理而不溺,不溺谓无贪著。乃至贫贱不移、富贵不淫,浩然大自在,此乃《易》之所谓大人。大人与天合德,即人即天也。天者,真我,非超越乎吾人与万物而独在,如宗教家所谓神也。非字至此为句。

余因白沙《禽兽说》,顿悟吾生之真,而深惜无始时来,一切众生都不自觉。余曾以此说示人,似皆视为平常语句,无复感触,乃叹众生陷溺之深,虽仲尼、释迦出世,亦救他不得也。余尝语一友云:汝之此身浑是一包脓血裹一大块骨头,白沙已说得明白。吾更进一言,汝之骨头、脓血息息变换,常由阳光、空气、水火与动植等食料和集转变,幻似七尺之形,此形确尔如露、如电、如阳焰、如芭蕉、如聚沫,一切无实。而汝乃的的确确有虚灵明觉,备万理、含万德之无尽宝藏。如汝初出母胎,呱地一声,此一声似已表示其对人间世有无限悲感。此感不可知其所从来,浸假而表现其对父母之爱。渐有敬长、亲仁、信友、泛爱众，以至为国家安危与民群休戚而不惜牺牲一己，其道德之崇高如此；又自日用知识逐渐推广演进，至于哲学上广大幽玄之理境、科学上精微奇异之发见乃至政治社会各方面之创造，凡诸知识与智慧之神用不测，皆不可说为从无而生有。余所谓人生本有虚灵明觉而备万理、含万德之无尽宝藏者，此为确不容疑之事。白沙所云此心此理即指此无尽宝藏而言。吾人当认识此无尽宝藏是为真我，万不可迷执血气之藐小物为我，因此起惑造业而丧其可贵之宝藏。万不可至此为句。此是白沙苦心处，吾人奈何不悟！

阳光、空气乃至动植等食料之幻化物，谓身。分明如露、如电、如阳焰等，而其间确有真真实实之无尽宝藏，是为吾人真性，亦云真我。吾人何忍不好自护持而可任血气乘权以损害此真我哉？

有人难言：先生从人类之道德与智慧等方面而征明人生本有备万理、含万德之无尽宝藏，殊不知人类实有无量无边罪恶，此非从无尽宝藏中流出乎？答曰：无尽宝藏中决无罪恶种子，罪恶属后起，只由迷执血气之藐小物为自我，遂有物我对峙，由计有自我故，同时即计有他人或外物。由此造作种种罪恶。孔门之学生克己，佛氏首断萨迦耶见，身见。此等义趣甚深广大，难为迷妄者言。

有问：无尽宝藏是一人独有耶？抑万物共有耶？答曰：一人独有之无尽宝藏，即是万物共有之无尽宝藏。譬如一沤独具之大海水，即是无量众沤同具之大海水。一为无量，无量为一，此非玄谈，悟时自知。

黄梨洲《白沙学案》云："有明儒者不失其矩矱者亦多有之，而作圣之功，至先生白沙。而始明，至阳明而始大。"此实不刊之说。余尝怪阳明平生无一言及白沙。昔人有谓阳明才高，直是目空千古，故于白沙先生不复道及。果如此说，阳明必终其身未脱狂气也。阳明之贤，决不至是。湛甘泉在白沙门下名位最著，阳明与甘泉为至交，而论学则亦与之弗契,足见阳明于白沙必有异处,而终不道及者,正是敬恭老辈,非慢也。其异处安在,余亦欲论之而未暇,今更无此意绪也。

附记:此文写就,因问父亲云:血气之形如露如电等,则为幻形;虚灵而备万理、含万德之无尽宝藏是为真性,亦云真我。真幻分说,似是佛家义。且一真一幻不可融和,此等宇宙观及人生观似不免冲突。小子所疑,愿承诲示。父亲曰:佛家分别真幻,诚然,彼为出世思想。今俗所云血气之形属彼五蕴中色蕴法,亦摄十二缘生中,十二缘皆属流转法,是幻不待言。若依大乘空宗,五蕴是缘起法,《大智论》说为颠倒虚诳法,有宗则谓之有漏依他法,皆是幻义。佛家主出世,故其说为幻或妄法者,即含劣义。说之为幻妄,即是呵毁词,令人对之起厌离与断舍想,故云含劣义。今吾所云血气之形如露如电等者,虽亦是幻法,但此不含劣义,只言其不实在,无可怙守,亦无所厌舍,故于此赞毁两忘,此是与佛法天壤悬隔处。又复当知,形以不实在故,说为幻妄。无尽宝藏是一切形之本源,是无所从生,无生亦无灭,不生灭故名真实。真非超幻而独存,幻亦不离真而别有。幻依真而得起故。吾人如迷执幻法,便丧其真我。若自识真我,直养毋害,日用间悉是真机流行,则幻法亦莫非真体之显现也。此中真机谓真我之势用,真体即谓真我。悟此,则真幻本自融和,何冲突之有?汝若精究《新论》,具云《新唯识论》。当可释所疑。不肖闻之有省。

释显扬论法与法空俱非有无

《显扬》卷十七"复次如是所说无分别者,于何等法说无分别耶"云云,此处文字费解。今析举《论》文,略释如下。

《论》曰:以下分行举《论》文,不别标"《论》曰"。法与法空,俱无二分别、二种戏论故,名无分别。

释曰:法谓法相,即有为法,或生灭法。法空,显一切法相非有非无,及法性非有非无故。

"云何为二?谓有及无。何以故?"

释曰:何以者,问法及法空何故俱非有无二者也。

"色非是有,遍计所执相无故;亦非是无,彼假所依事有故。"

释曰:举色者,例显一切法故。遍计所执相,详在《通释》。家父所著《佛家名相通释》。色法何以非是有?于色法上,无有如彼遍计所执相故,斯云非有。色法何以非是无?所执相者是假法。遍计所执相云云者,譬如桌子是凡情于日用中所执之相,其实本无有独存的实物如所谓桌子者,故是假法。假法虽无,而彼假法必有所依故起。譬如吾人当昏夜中见杌而作人相想,人相虽无,人相喻假法。而人相必依杌相故起。杌相喻假法所依事。由此譬况,可知一切所执之相即假法者,桌子、杯子乃至大圜气界曰天,椭圆重浊曰地,以及吾人五官百体曰身,皆所执相也,皆假法也。其所依事定有,非无所依事,假法可无端突起故。"非无"二字一气贯下。夫假法所依事者,其即《新论》《新唯识论》之省称。所谓一翕一辟之大用刹那刹那新新而起者欤?愚者丧真而执物,智者即物而会真,道远乎哉!愚者自安于愚,则无如之何耳。

"色空亦非有,遍计所执相无,所显故。"

释曰:即色明空,例显一切法空。色空性者,亦明其非有。由于色法上无有遍计所执相,即是于色法实性上无妄执之相,故云非有。此之非有,正是遍计所执相无之所显故。凡夫不悟遍计所执相本无,闻说宇宙万象皆空或皆非有,必大惊怪,不悟当前桌子、杯子甚至吾身皆缘吾人妄想坚执,谓是一一独存实在的物事;若离妄执,此一一桌子、杯子或人身等皆不可得。即就科学言,将人身析至细胞,再析之还是原子、电子,而电子并非有质的小颗粒,由此可证身相只是吾人遍计所执相,事实上本无实身相。夫身相且如是,况其他乎?当知色空性上亦云非有,以是所执相无之所显故。理实如是,非以本有为非有也。

"亦非是无,诸法无我有,所显故。"

释曰:色空性者亦非是无,何以故?凡夫闻说诸法实性所谓真如,诸法实性亦省云法性。便将法性当作实物去推测,于是或计为有,或计为无,哲学家凡建立某种本体者,皆属计有;其否说本体者即计无。此皆妄情倒计。诸佛悯彼无知,为彼计有者说遍计所执相,而呵之曰汝所执相即是法我相。"法我"一词,解见吾父《通释》。此法我相本来空无,随汝妄情故起,妄情空故,法我相俱空。是故《大经》、三论无量无边言说,总明无我而已。法我亦省云我。然复须知,言诸法无我者,但明无有我而已,不可于无我之外更作一切皆空或都无所有之想,当知了无我已,须悟无我而非无有。易言之,法性实有,但不如凡情所执之实物。吃紧。凡情所执之实物相,名法我相;而此法性实非凡情猜度所及故。凡情所起法我相,终不与法性相应故。是以悟入法性即明无我,岂复于此妄计法性亦无?法空性者即谓法性。论文此处,说亦非是无,正以诸法无我而非无法性,是云诸法无我有,唯此无我之有,正显法空非是无,故曰诸法无我有,所显故。此等句子含义深广无边,前人已费解,今人于古书文理更远隔。且穷玄至此,已是究竟处,冀有慧者得悟,故略释于上。

"如于色、色空如是,于余一切法及一切法空,当知亦尔。非离诸法及法空外更有余境是可得者。"

释曰:举色法例显一切法,举色空例显一切法空,佛法之所知境尽于此矣。下文云"此上更无所知境故",宜深玩。哲学穷究宇宙,亦区为实体与现象。实体,佛书中亦云法性或实性等。现象者,相当于此所云一切法;实体者,相当于此所云一切法空。

"是故但说二无分别,非无分别,更无分别,有无穷过。此上更无所知境故。"

释曰:前问于何等法说无分别耶？今已说明于法与法空俱无二分别云云。即已答讫,非无分别更无云云者,谓非是说无分别言,将欲显更无可分别也。直以吾人所知尽于法与法空之域,于法而穷至色空,非有亦非无,以明法性。法尔如是,"法尔"一词,吾父《新论》《语要》间有解说。此义深微,须虚怀玩之。更无可复穷矣。倘于法性更问所从来,将层层追诘。犯无穷过,故曰"此上更无所知境"。老子言道体而曰"不可致诘",亦此意也。

"是故必有离言相取。中略。由此圣慧,虽不取如所言相性,而取离言相性故。"

释曰:佛书中凡言取者,多就妄情或妄识说。妄情分别之取,是取著义。著者,执著。迷妄分别而横执为如是如是者,即取著相。亦有例外,如此云离言相取之取字,则是悟入义,非取著也。欲明离言云云,须先解言字。言者,谓心于境取象。王辅嗣《老注》所云指事造形,非无方无相也。虽无色等方相,而非无方相,深思之自知。此之取象,在心名想,出诸口或形诸文字则为言。故言者,无形而有方,无象而有相。人心役于实用而起想,无可离于方相。易言之,无往不作实物来取著。然终是心上造作之物而已。是故以言显事,不可得事之实,以言显真理,真理谓法性。非独显不到,乃更知迷谬也。显事不得实者,如口说火,口不被烧,火之能燃性,言不得而显之也。以言显理,如名法性以真如,便将真如作一实物去猜度,道他是如此如彼、这模那样,此即随言取执。《论》云"如所言相性者",正谓此耳。圣者得法空慧,不取如所言相性,而取离言相性,大哉斯言!此大无外。至哉斯言! 离言相性者,正目真如妙体,此非言说安足处所,唯证相应,言不得而拟之也。心行路绝,语言道断,万岁之远,有证及斯者,犹旦暮遇之也。

"复次要先思议,方入现观,是故应离不可思议处,方便思议"云云。

释曰:佛法所以兼融世间哲学及宗教而有其特殊造诣者,当于此数语中求其精神与面目。